논리철학

배중률에 대한 철학적 반성

건지학술총서

02

Philosophy of Logic

논리철학

배중률에 대한 철학적 반성

양은석

전북대학교출판문화원

일러두기

1. 본문 내 A, B, C, D 등으로 정리된 내용은 각 철학자의 주장을 재구성한 것이다. 논의의 편의를 위해 도입한 방식이므로 양해를 바란다.

2. 증명의 마지막에 사용된 ■ 기호는 증명이 끝났음을 의미하는 기호이다. ▲ 기호는 정확한 증명은 아니지만 증명에 준하는 과정이 끝났음을 의미하는 기호이다.

3. 각 장에서 다루는 주요 인물들의 저술 인용은 약어로 표기하고 나머지 인물들의 저술 인용은 출판연도로 표기하였다.

4. 이 책의 4-7장은 논리주의, 직관주의, 형식주의의 현대 수리 철학적 논쟁과 그것의 연장선상에서 제기된 논의들이다. 그 흐름의 맥에 관심이 있는 독자는 이 부분을 먼저 읽어도 된다.

5. 각 장은 독립적으로 읽어도 무방하게 구성되어 있다. 8장 3절은 기호 논리학이나 수학에 대한 어느정도의 지식이 전제되어야 한다. 각 논리의 보다 전문적 논의를 위해서는 필자의 『논리와 구조』를 참조하기 바란다. 관련 지식이 없더라도 글의 논지를 이해하는 데는 별 어려움이 없기 때문에 8장 3절은 빼고 읽어도 무방하다.

6. 이 책은 1999년에 출판된 『논리와 철학 : 언어, 의식 그리고 자연』(동과서)을 수정 · 보완한 것이다. 원 저술의 5장은 삭제되었고 이 책 2, 7장은 새로 첨가된 내용에 해당된다. 나머지 장의 대부분도 원 저작을 수정 · 보완하여 글의 완성도를 높였다.

서문

2003년 초 서울의 어느 대형 서점에 갈 일이 있었다. 교양 논리학 교재로 어떤 것들이 있는지를 둘러보던 중 몇 해 전 필자가 쓴 책이 그곳에 꽂혀 있는 것을 우연히 발견하였다. 그 첫 느낌은 부끄러움이었다. 솔직히 필자는 『논리와 철학』을 출판하면서 가능한 한 빠른 시일 안에 수정본을 내기로 마음먹었었다. 그 이유는 필자의 저술에 내용상 이런저런 부족한 점들이 있었기 때문이다. 아울러 이러한 점들을 독자들이 서점에서 뒤적이며 볼 것을 생각하니 마음이 편치 않았다.

하지만 개인적인 연구에 몰두하면서 필자는 이러한 불편함에 대해서 잊고 있었다. 수정본을 내겠다는 마음이 전혀 없는 것은 아니었지만 이런 저런 일들로 관련 작업을 차일피일 미루고 있었다. 그러던 중 필자는 2014년 『논리와 구조』라는 논리학 저술을 출판하게 되었다. 이 출판을 계기로 더 늦기 전에 『논리와 철학』의 수정본을 내야겠다고 마음을 먹고 개정 작업을 착수하게 되었다. 개정 작업을 해 놓고 보니 여전히 여기 저기 마음에 들지 않는다. 그래도 이렇게 수정본을 내야 필자의 마음이 조금이나마 편할 것 같다.

이 전 저술의 서문과 다른 어떤 내용을 이 책의 서문으로 삼을까를 생각해보았다. 그러나 철학적으로 그때 생각을 대신할 무언가가 아직은 떠오르지 않는다. 그때 서문의 주내용을 여기에 다시 싣는 것이 아직은 나을 것 같다. 주 내용은 다음과 같다.

논리학을 듣고 감동한다면 어떨까 모르겠다. 그것처럼 모순적인 말도 없을 것이다. 여하튼 감수성이 예민하던 시절 논리학을 들었고 그때 생각들은 아직도 정리되지 않은 채 화두처럼 남아 있다. 물론 당시 들은 수업내용이 무엇인지는 정확히 기억나지 않는다. 그저 지금 보면 논리학이라기보다는 논리철학이라고 부름직할 것들이었다.

논리학이 서구인들의 철학적 세계관을 반영한다는 것 그리고 진정한 논리는 그것을 넘어서야 한다는 것은 학문의 토착화가 문제되던 시대적 상황과 잘 어울리는 주장이었다. 영어공용어론이 공론화 되는 지금에 비추어보면 반미, 반파쇼를 외치던 당시에나 어울릴 것처럼 보이는 토착화 문제를 나는 아직 떨쳐 내지 못하고 있다. 어쩌면 반미, 반독재 투쟁의 문제의식을 공유하면서 거기에 참여하지 못한 부끄러움이 지금까지 이런 문제에 천착하게 하는지도 모르겠다. 여하튼 이 책엔 서구 논리학을 수용한다고 할 때 재고해 봄직한 나의 문제의식이 간접적으로나마 그렇게 담겨져 있다.

왜 논리학을 비판적으로 검토하려는지 물을지도 모르겠다. 혹 논리학이라고 하면서 좁은 의미의 형식 논리학만 생각하고 있다고 비판할지도 모르겠다. 내 지도교수가 돼 버린 당시 논리학 선생님 그리고 개인적 기질과 관심 그런 것들이 지금의 논리철학에 관심을 기울이도록 했을 것이다. 한편으로 나는 전통 연역 논리학의 창시자 아리스토텔레스, 그것을 가능하게 한 파르메니데스와 플라톤 그리고 아리스토텔레스적 발상을 계승하면서 현대 기호 논리학을 탄생시킨 프레게의 논리철학에 관심을 갖게 되었다. 그리고 다른 한편으로 그러한 생각에 반대하는 논리철학에도 관심을 기울이게 되었다. 비트겐슈타인의 논리철학, 대안 논리로 간주되는 직관주의 논리, 다치 논리, 퍼지 논리 등에 대한 관심은 전적으로 그런 소박한 문제의식과 관심의 소산이다.

어떤 하나도 꼼꼼하게 이해하지 못하면서 그런 포괄적 문맥에 집착한 것은 서양 논리철학의 주류와 그것의 한계나 문제점을 서둘러 보고 싶었기 때문이다. 그리고 그 생각이 조악하나마 지금과 같은 하나의 글로 꾸며지게 되었다. 이 글에서 중심으로 삼는 논리적 원리 배중률은 형식 논리의 원리일 뿐 아니라 형이상학의 원리이다. 그리고 또 그만큼 비판적으로 다뤄져 온 원리이기도 하다. 그 점에서 난 배중률이 철학적으로 다루어 볼 만한 중요한 논제라고 생각한다. 이 글은 철학적 입장에 따라 배중률이 어떻게 달리 받아들여질 수 있는 지에 초점을 맞추고 있다. 각 입장의 철학적 의의와 한계를 짚어 낼 수 있다면 이 글의 소박한 목적은 달성된 셈이다. 한편 이 글의 접근 방식은 서구 철학으로 보면 대륙적이라기보다는 영미적이다. 그것은 전적으로 필자의 관심이나 재능, 기질적인 한계 때문이다.

전북대 출판문화원 관계자님들과 선, 후배, 동료 그리고 여러 선생님들이 이 책을 출판하는 데 힘이 돼 주셨다. 특히, 이 책이 교정되는 데 이혜은 선생의 도움이 컸다. 그분들의 도움과 노고에 이 책이 최소한도의 보답이라도 될 수 있다면 좋겠다. 아울러 여기에 쏟아질 독자들의 여과 없는 비판이 필자에게는 더 없는 힘과 도움이 될 것이다. 마지막으로 이 책을 사랑하는 아내에게 바친다.

2015. 8.

목차

01 논리와 철학

1. 논리의 철학적 배경

아리스토텔레스가 최초로 동일률, 모순율, 배중률[1]을 공리로 언명한 이래 그것들은 서양 논리학사에서 오랫 동안 보편적 존재와 사유 법칙으로 간주되어 왔다. 그러나 최근의 논리학 체계들에 비추어보면 그것들이 왜 가장 보편적인 논리적 원리이어야 하는지는 분명하지 않다. 위의 논리적 원리들은 현대 기호 논리학 중 아리스토텔레스의 전통 논리학(traditional logic)을 계승한 고전 논리학(classical logic)을 다루는 대부분

---

1 명제 논리학의 기보법에 따르면, 동일률, 모순율, 배중률은 다음으로 기호화될 수 있는 원리이다. (동일률) $p \rightarrow p$, (모순율) $(p \wedge \neg p) \leftrightarrow F$, (배중률) $p \vee \neg p$. 필자는 앞으로 모순율을 한 문장과 그것의 부정 문장의 연언은 거짓에 해당한다는 $(p \wedge \neg p) \leftrightarrow F$로, 무모순율은 그러한 경우는 있을 수 없다는 것을 의미하는 모순율의 부정에 해당하는 $\neg(p \wedge \neg p)$로 사용한다. 고전 논리에서 모순율과 무모순율은 동치이며 이 둘을 구분하는 것은 큰 의미가 없다. 하지만 대안 논리에 해당하는 비고전 논리(non-classical logic)에서 모순율과 무모순율이 반드시 동치인 것은 아니다. 아울러 두 원칙 모두 타당한 논리식이 아니다. 가령 연관 논리(relevance logic)에서 모순율과 무모순율 모두 타당한 논리식이 아니다.

의 교과서에서 (고전 논리학의 증명 이론을 위한) 공리로 사용되지 않는다. 나아가 대안 논리(alternative logic)로 간주되는 연관 논리(relevance logic), 다치 논리(mant-valued logic), 퍼지 논리(fuzzy logic) 등에서 배중률, 모순율은 더 이상 타당한 논리적 원리도 아니다.

그럼에도 불구하고 아직도 많은 철학자들은 그러한 원리들의 보편성을 고집스럽게 주장한다. 재미있는 사실은 논리학자들보다 서양 전통 형이상학이나 존재론을 하는 철학자들이 더 집요하게 그러한 원리들의 보편성에 천착한다는 점이다.

동일률, 배중률, 모순율은 실제로 기호화된 체계를 구성하는 논리적 원리 이상의 의미를 지닌다. 그것은 오랜 서양 형이상학을 지탱해 온 사유와 존재에 관한 철학적 원리이기도 하다. 그러한 원리에 대해 본격적으로 문제제기가 일기 시작한 건 아직 채 1세기도 되지 않는다. 그렇지만 최근 컴퓨터 공학과 인공지능 등 인지과학 분야에 맞는 다양한 논리학의 개발 등에서 볼 수 있듯이 우리에게 알려진 (많은) 논리적 원리들은 논제와 무관하게 보편적으로 타당한 것으로 볼 수 없다.

그러한 문제의식과 움직임의 싹을 우리는 현대 기호 논리학의 발생에서 나타난 논리주의, 형식주의, 직관주의의 서로 다른 철학적 입장 특히 그들 사이에서 벌어진 배중률 논쟁에서 볼 수 있다. 그들이 배중률에 대해 첨예하게 대립하게 된 것은 단순히 형식화된 논리적 원리 때문이 아니라 그들이 논리에 대해 가졌던 철학적 입장의 차이 때문이다. 논리에 관한 플라톤적인 실재론을 지향한 논리주의자들은 임의의 개념과 명제가 인간으로부터 독립해서 있을 수 있고 참이 될 수 있다고 본다. 반면 논리에 관한 칸트적 구성주의를 채택한 직관주의자들은 인간 정신이 유한한 절차에 의해 구성할 수 있는 것들에 한해 그것의 참과 거짓을 말할 수 있다고 주장한다. 이러한 철학적 입장 차이를 수리철학 분야에서 첨예하게 보여준 것이 바로 당대 일어난 배중률 논쟁이다.[2]

역사적으로 보면 위에서 언급된 논리적 원리들 특히 배중률과 모순율은 두 대립항의 배타적 관계[3]를 전제하는 데서 성립한다. 우리는 그 원형을 아리스토텔레스를 넘어 플라톤에게서도 발견할 수 있다. 그들은 현실에서 직면하는 수많은 대립과 갈등, 모순을 벗어나 그것들로부터 자유로울 수 있는 곳에서 논리적 원리들의 타당성을 보고자 했다. 그것이 우리가 잘 알고 있는 로고스이다. 원칙상 로고스에는 어떠한 모호성(vagueness)이나 애매성(ambiguity)이 있을 수 없다. 언어의 모호성과 애매성 그리고 그것이 반영하는 현실의 수많은 모순과 갈등은 단지 의견(doxa)과 그것이 보여주는 현실 세계의 몫이다.

배타적 모순 관계를 전제하는 전통 논리학의 로고스에 대한 이상은 현대 수리 논리학의 발생에서 인공 언어의 이상으로 재현된다. 즉 전통 논리학의 발생에서 모호성과 모순이 있는 현실(의 의견 영역으)로부터 벗어난 항상 참됨을 보존할 수 있는 영역이 플라톤, 아리스토텔레스가 영혼의 언어라고 부른 로고스였던 것처럼, 현대 논리학의 발생에서 모호성과 애매성을 수반하는 자연 언어에서 벗어나 엄밀성과 정확성을 보유한 언어는 다름 아닌 논리 언어로서의 인공 언어이다. 현대 수리 논리학은 인

2 형식 논리학에서 가장 중요하게 간주하는 것은 내용이 아닌 형식이다. 실제로 논리적 참과 타당성은 내용보다는 형식에 의존한다. 흥미로운 것은 배중률 논쟁이 형식적 차원이 아닌 진리론 내지 인식론적 문제의식에서 제기된다는 것이다.

3 필자는 이를 '배타적 모순 관계'로 명명한다. 배타적 모순 관계란 한 진술과 그것의 부정 진술은 양립할 수 없다. 즉 그러한 두 진술이 동시에 참일 수는 없다는 것을 의미한다.

공 언어의 이념을 통해 탄생한 것이다.[4]

아리스토텔레스의 기본 공리들을 보존하는 고전 논리체계[5]가 로고스에 반영된 아리스토텔레스적인 이상을 보존하고 있다는 사실은 현대 논리학의 발생에서 수학과 논리학의 기본적 기호들과 그것들 사이에서 성립하는 원칙들에 대한 형식주의를 비판하고 플라톤적인 실재론의 입장을 견지한 논리주의자들에게서 확인할 수 있다.[6] 이에 반대하여 나타난 대표적 입장이 논리에 관한 배중률의 보편성을 인정하지 않는 직관주의이다.[7] 더 급진적인 형태는 논리학을 진리론에 기반하여 두고 구상하기를 꺼리는 자연주의자들에게서 나타난다. 우리는 논리에 관한 자연주의 태도를 보이는 후기 비트겐슈타인[8]과 실용적 자연주의 입장을 취하는 콰

---

4 이와 관련하여 프레게(G. Frege)의 「개념표기법(Begriffsschrift)」의 서론부분(B, 5-8쪽)과 러셀(B. Russell), PM, 1차 서문, 1-3쪽, 비트겐슈타인(L. Wittgenstein)의 TLP, 3.323, 3.324, 3.325 그리고 브라우어(L. E. J. Brouwer), IF, 78-79쪽 등을 참조할 것. 수리논리의 일부로서의 명제, 술어 논리에 있어서 그것이 탐구하는 대상은 더 이상 고전적인 개념이 아니라 그것의 의미고정이 손쉬운 수적 대상들 특히 자연수이다. (프레게와 러셀의 집합을 통한 수의 정의 그리고 체르멜로-프렝켈 집합론 즉 ZF-집합론을 통한 서수와 기수의 정립, 페아노 산술체계 따위를 고려하라.) 여기서 그것이 일상적인 개념일 경우 프레게의 개념의 외연을 통한 수의 정의(FA, §68)는 사실상 불가능하다. 프레게는 이를 전통 논리와 마찬가지로 배중률을 통해 정립한다(FD, 159쪽). 그러나 특정언어를 제외한 일상어의 개념들은 그 의미가 고정되지 않을 뿐만 아니라 그 외연에 있어서 경계를 설정하기 어려운 문제점을 수반한다.

5 이와 관련하여 힐버트(D. Hilbert)(1977b), 380쪽 참조.

6 이의 대표적인 인물은 프레게와 러셀이다. 프레게는 고전 논리학을 계승하여 언어의 개념을 통하여 함수와 수를 정의한다. (계산으로서의 논리와 언어로서의 논리를 고려하라.) 프레게와 러셀의 플라톤적 성격과 관련하여 양은석(1993) 3장 참조. 그 외에 수학에 있어서 플라톤주의를 수학적의미 대상을 일종의 발견의 대상으로 간주하는 고전수학자들에서 확인할 수 있다. 이와 관련하여 브라우어, IF, 81쪽, 매디(P. Maddy)(1990), 1장, 뮤니츠(M. K. Munitz)(ed.)(1973) 등을 참조할 것.

7 브라우어와 하이팅으로 대표되는 초기 직관주의의 입장은 논리의 기본법칙들에 관한 직관적 자명성과 더불어 (수학적 대상에 관한) 사유의 필연법칙을 인정하는 한에 있어서 아리스토텔레스의 "로고스"에 관한 "지성"으로서의 이상을 보존한다. IF, 80-81쪽 참조.

8 프레게와 러셀의 논리주의가 갖는 플라톤적인 입장에 대한 비트겐슈타인의 반론이 구체화되는것은

인[9]에게서 보다 근본적인 배중률 비판을 발견할 수 있다. 형식체계로서는 인공지능 분야에서 유용하게 쓰이는 다치 논리와 퍼지 논리, 그리고 연관 논리와 대수 논리 같은 데서 더 이상 고전적인 모순율과 배중률은 논리적으로 타당하지 않다.

이 책에서 필자는 우리에게 널리 알려진 아리스토텔레스의 전통 논리학을 포함하는 고전 논리학뿐만 아니라 많은 논리학이 논리에 관한 특정한 철학적 입장 가령 특정 언어나 세계관을 반영한다는 점을 말하고자 한다. 즉 서로 다른 특수한 논리학은 많은 경우 상호 구별된 철학을 배경으로 한다. 그리고 논리 체계를 구성하는 (타당한) 논리적 원리들은 그에 따라 서로 달라질 수 있다. 그 점에서 위에서 언급된 논리적 원리들은 보편적으로 타당하기보다는 논제에 따라 그 철학적 기반에 따라 제한적으로 타당할 수밖에 없다. 심지어 언급된 논리적 원리들은 각자가 취하는 철학적 입장에 따라 달리 해석될 수도 있다. 이 책은 이러한 점을 밝히는 데 온 노력을 기울일 것이다.[10]

자신의 전기철학이나 전기철학은 논리에 관한 칸트와 아리스토텔레스의 이상을 보존한다. (논리적 형식의 선험적 성격과 형식의 실체에로의 귀속을 고려하라.) 논리에 관한 후기 비트겐슈타인의 입장은 전기철학에 대한 자생적 반성으로부터 나타난다. 자연주의 맥락과 관련해선 양은석(1997a)과 4장 그리고 박만엽(1998)을 참조.

9 이와 관련하여 콰인(W. V. Quine)(1989), 329-54쪽과 (1963), 2장을 참조할 것.

10 논리학의 복수성을 인정하는 대표적인 저술로 비엘(J. C. Beall)과 레스탈(G. Restall)의 Beall & Restall(2006)을 들 수 있다.

2. 논리주의와 논리주의 비판자들 : 논의 범위와 한계

아리스토텔레스의 전통 논리학에서 다루는 기본 대상이 개별 대상에 관한 생물학적 속성으로 간주될 수 있는 유(類)와 종(種)에 해당하는 개념들이었다면, 고전 논리학에서 다루는 기본 대상은 집합에 의해 정의되는 수들 특히 자연수이다. 즉 순수 수학을 논리학으로 환원하여 정초하려는 초기 논리주의 작업(FA, 99쪽, GDA, 138쪽 참조)에서 발생한 현대 수리 논리학에서 인공 언어에 의해 구성된 연역적인 논리 체계는 일차적으로 수적 대상들 특히 자연수와 그것들 사이의 관계를 증명해 보여주는 산술을 근거 짓는 역할을 한다.[11]

여기서 작업은 논리적 기호의 의미와 그 기호들 사이의 관계를 바탕으로 마련되는 (형식) 논리의 기본 원리들에 대한 입장 차이가 논리주의의 논리에 관한 철학적 입장에 비추어 어떻게 달라지는지를 검토하는 것이다. 이에 대한 구체적인 논의는 '개념'과 배중률에 대한 논리주의의 근본 전제와 그것에 대한 다른 비판과 관련되어 있다. 이를 위하여 먼저 2, 3장에서는 논리주의의 근간으로 볼 수 있는 플라톤과 아리스토텔레스의 논리 철학에서 발견할 수 있는 배중률의 언어, 철학적 전제가 무엇인지를 살펴 볼 것이다. 그리고 4장에서는 논리에 관한 형식주의와 심리주의에 반대하며 등장한 '논리주의'의 기본 입장을 프레게의 배중률에 대한 논의를 중심으로 살펴볼 것이다.

5장에서는 이와 반대로 형식주의와 더불어 논리주의를 비판하고 논리에 관한 한 (선험적) 심리주의를 채택한 '직관주의'를 그들의 배중률 비판

---

11 이는 1계 논리 언어이론으로서의 페아노 산술과 체르멜로-프랭켈 집합론 소위 ZF-집합론을 통해 손쉽게 확인될 수 있다.

을 중심으로 살펴볼 것이다.

6, 7장과 8장에서는 진리론보다는 의미론에 바탕을 두고 논리를 설명하려고 하는 두 입장을 검토할 것이다. 6장에서는 논리에 관한 자연주의적 입장을 비트겐슈타인의 배중률에 대한 논의를 중심으로 검토할 것이다. 그는 논리주의와는 다른 관점에서 직관주의의 배중률 비판을 재비판한다. 비트겐슈타인의 모순에 관한 태도는 초일관 논리(paraconsistent logic)와 연관지어 해석될 여지를 갖는다. 7장에서는 그의 모순관을 초일관 논리와 관련지어 논한다.

마지막으로 8장에서는 인지과학의 부흥과 함께 부각되고 있는 논리 분야인 퍼지 논리에서 배중률이 어떻게 문제될 수 있는지를 이의 창시자인 자데를 중심으로 살펴볼 것이다.

이 책은 논의의 일관성을 기하기 위해 배중률을 중심으로 지금까지 언급한 논리 철학적 입장들을 다룬다. 역사적으로 플라톤주의적 입장에서 프레게와 러셀이 배중률의 보편적인 사용을 지지하고, 칸트적 선험주의 입장에서 브라우어와 하이팅이 그러한 배중률 사용을 비판하는, 그리고 자연주의적 입장에서 비트겐슈타인이 그것을 다시 비판하는 이들의 배중률에 관한 논쟁은 하나의 흐름으로 한데 묶일 수 있다. 그에 따라 4, 5, 6장의 논의는 논리 철학적인 면에서 상당히 유기적으로 연관되어 있다.

그러나 이 글이 의도하는 바는 어떤 논리학사적인 흐름을 독자들에게 제공하는 것이 아니다. 따라서 각 장의 논의가 반드시 역사적 흐름과 맥을 같이 하진 않는다. 가령 2, 3장은 배중률에 대한 논의를 위한 예비 작업으로 나머지 장과 역사적으로 상당한 거리가 있다.[12] 8장 또한 4 ~ 7장에

12 각 장의 논의는 필연적인 연관 관계가 없다. 언급했듯이 이 책의 주 목적은 배중률을 중심으로 철학

서 다루어진 논의들의 상호 연관성에 비추어 볼 때 다른 장들과의 유기적 연관성이 다소 떨어진다. 그러나 최근에 일고 있는 논리를 다양화하는 흐름을 이해하기 위한 지표로 삼을 수 있을 것이다.

적 입장에 따라 논리적 원리들에 대한 해석이 달라질 수 있다는 점을 보이는 것이다.

1부

전통 논리학 형성기

02

예비적 논의

개념, 명제, 술어, 계사 : 플라톤 '이다/아니다' 논의

1. 예비적 논의 배경 및 목적

최고류 형상을 둘러싼 『소피스트』 255e-257a '이다/아니다' 논의[1]는 논리철학 측면에서 중요성을 지닌 논의이다. 우선 논리적으로 다음의 의의를 거론할 수 있다. 첫째 그의 '논의'는 형식 논리학의 중요한 메타 정리 중 하나인 '일관성 원칙(the principle of consistency)'이 전통 논리학 형성기에 무엇에 바탕을 두고 구상되었는지를 보여준다. '논의'는 형상에 대해 ~이고 ~이 아니라고 하면서도 모순에 빠지지 않고 형상의 자기 동일성과 참여 관계를 일관되게 유지할 수 있다는 점을 보여준다. 즉 그의 '논의'는

---

* 이 장은 양은석(2000a)를 최소한도로 수정한 것임.

1 여기서 '이다/아니다'는 운동을 중심으로 [(x)이고 x가 아니다]란 형식의 주장을 펴는 곳을 말한다. 이하 주로 '논의'로 약칭. 그리고 『소피스트』는 편명 없이 절로만, 다른 인용은 저자(연도)형식으로 대부분 본문 내 처리.

무모순성에 기초한 일관성 추구의 전형을 보여준다.[2] 둘째 그의 '논의'는 진술의 의미단위를 이루는 이름(개념)과 판단단위를 이루는 문장(명제)의 구별 그리고 주술형식에 바탕을 둔 명제 구상을 보여준다. 즉 '논의'는 '이다'란 계사를 사용해서 개념을 주술형식으로 묶어 그 연관 관계에 따라 판단을 행할 수 있다는 점을 보여준다.[3]

철학 특히 존재론이나 형이상학 측면에서는 다음 의의를 거론할 수 있다. 첫째 그의 '논의'는 '존재란 무엇인가'라는 질문에 대한 선대 철학자 파르메니데스와 헤라클레이토스의 답변을 넘어선 해결방식을 보여준다.[4] 즉 그는 '아님'을 다름으로 해석하여 비존재를 존재 영역 안에 편입시키고 '이다/아니다'를 통해 운동이 자기 동일성과 참여 관계를 갖는 형상이 되게 함으로써 두 선대 철학자의 대립 문제를 해소한다.[5] 둘째 그의 '논의'

---

2 플라톤은 문장의 의미차이를 통해 ~이면서 ~이 아니란 진술을 할 수 있다고 생각한다. 가령 운동은 자기 자신과 같지만 같음은 아니라는 의미에서 "운동은 같음이면서 같음이 아니다" 라고 할 수 있다(256a). 블라스토스와 콘포드는 이러한 '이다/아니다' 논의가 일관적이고 참이라고 주장한다(Vlastos(1973a), 290쪽 주46, Cornford(1979), 287쪽). 특히 콘포드는 그것(참과 일관성)을 플라톤이 보여주려고 한 바로 진단하며(Cornford(1979), 285쪽), 로스는 같은 논의 문맥의 연장에서 플라톤 후기 변증법 목적이유와 종차에 따른 나눔을 통해 유와 종차에 따른 나눔을 통해 형상의 위계를 정하는 것이 아니라 일관성, 비일관성 같은 관계를 연구하는 것이라고 진단한다(Ross(1953), 117쪽).

3 이는 로고스의 명제적 성격에 잘 반영되어 있다. 이와 관련하여 주술 관계에 대해서는 다소의 반대가 있으나 개념(이름)과 명제(문장) 구분은 대체로 인정된다. 구뜨리는 정의에 의해 플라톤이 명제를 주술 관계 유형으로 한정하였고 그것이 아리스토텔레스를 거쳐 20세기까지 논리학의 초석을 이루었다고 진단한다(Guthrie(1978), 160쪽). 데니어의 경우 플라톤이 『소피스트』에서 이름과 동사, 문장을 구별하였고 아리스토텔레스가 그것을 논의의 출발점으로 삼았다고 진단한다(Deneyer(1993), 183쪽). 이러한 점들은 아리스토텔레스 삼단논법과 관련해 캅에게서 비교적 잘 논의되어 있다(Kapp(1967) 특히 4장 참조).

4 널리 알려져 있듯이 이는 일과 다, 정지와 운동 문제에 잘 반영되어 있다. 이와 관련하여 정지와 운동 특히 운동(변화) 관점에서 최고류 형상 문제에 접근한 대표적 인물이 양문흠 교수이다(양문흠(1992a), 195-222쪽, (1992b), 281-319쪽, (1995), 249-76쪽 참조).

5 이는 외연 함의를 지닌 최고류 대신 '가장 중요한 류'로 번역할 것을 주장하는 플라톤 연구가들

는 자신이 처한 중기 형상론의 모순에 대한 극복 방식을 보여준다. 우리는 '이다/아니다'를 둘러싼 그의 형상 논의에서 형상들이 자체성(자기 동일성: (τό) αὕτο καθ' αὕτο)과 본성(φύσις), 한정성(περάς)만 아니라 타자성((τὸ) πρὸς ἀλλο), 가능성(힘: δύνμις)), 무한정성(ἀπειρον)도 갖게 되는 것을 발견할 수 있다.(254c4-5) 그의 '논의' 는 형상들이 어떻게 자기 동일성을 유지하면서 참여관계(μὲθεσις, μετὲκειν)도 가질 수 있는 지를 보여준다.[6]

『소피스트』의 부제「존재에 관하여: 논리적」에서 예견할 수 있듯이 두 가지 측면은 함께 연관되어 있다. 즉 어느 한 쪽이 다른 어느 쪽을 전적으로 배제할 수 없도록 상호 유기적으로 연결되어 있다. 가령 명제 특히 항상 참인 진술로서의 로고스(ἀληθὴς λόΥος)[7]는 관계성 속에 있는 형상을 인식, 판단하기 위한 인식(지식)과 판단의 필요조건으로 작용한다(256a-b, Rosen(1983), 260, 277쪽). 즉 로고스를 통해 지식(ἐπιστήμη)을 이루는 존재하는 형상들과 그것들 사이의 관계를 파악하고 판단할 수 있다(248a; 254a-b 참조).[8] 반면 관계성 속에 있는 형상은 이름 복합체로서의

(Guthrie(1978), 151쪽 주2)에서 많이 논의되었다. 그 점은 '비존재'로 간주된 οὔκ ἔστιν이 어떻게 존재 영역 안의 '~이 아닌 존재 (τὸ μὴ ὄν')로 해될 수 있는 지를 보이는 부분에 잘 나타나 있다(258c-259d 참조).

6 이 점에 대해서는 플라톤 연구가들 사이에 큰 이견이 없다. 다만 무한정성, 타자성, 가능성 등의 수용을 놓고 전, 후기를 연속적으로 볼 것인가 아닌 가에서 입장이 갈라진다. 연속성, 단절성 문제는 이 글 주제와 무관하기 때문에 여기서 특별히 거론하지 않는다.

7 최고류 형상 논의에서 로고스가 유의미한 진술뿐만 아니라 참인 진술의 역할도 한다는 점은 술어론자와 반술어론자에게서 모두 받아들여지고 있다(Ackrill(1965), 199-206쪽), Vlastos(1973a), 301쪽, Sayre(1969), 195쪽 주68). 이하 "로고스"는 '항상 참인 진술로서의 로고스'를 의미한다.

8 언어 철학 문맥에 한정한다면 로고스 내에서 이름간의 의미차이는 지칭 대상(형상)의 차이를 나타낸다(256a-b).

로고스가 있기 위한 존재론적 필요조건을 작용한다(260a-b 참조). 즉 자기 동일성을 지닌 형상들의 참여 관계로 그러한 로고스의 진술 가능성이 마련된다(259e).[9]

이 글에서는 두 측면 중 전자를 중심으로 '이다/아니다' 논의를 재검토하고자 한다.[10] 그 이유는 다음의 두 가지 때문이다.

첫째는 '이다/아니다' 해석을 둘러싸고 대립하는 술어론자와 반술어론자 모두 플라톤 '논의'를 충분히 살리지 못하고 있다는 점이다. 전자는 외연적이지 않은 주술 관계를 설명하기 어려운 문제점이 있고, 후자의 경우에는 비대칭적인 (주술 관계) 문장의 의미를 설명하기 어려운 문제점이 있다. 필자는 지칭론(theory of reference)을 바탕으로 한 의미론(theory of meaning)을 통해 플라톤 '논의'가 이해되어야 하고, 그러한 문맥에서 반드시 외연적인 고려를 하지 않더라도 주술 관계가 지켜질 수 있다고 생각한다. 그리고 그것은 ἔστιν 경우에도 마찬가지라고 생각한다.[11] 즉 형상들의 결합 관계는 주술 관계로 이해되어야 하고 그것은 ἔστιν 경우에도 마찬가지로 적용되어야 한다.[12] 이에 대한 예비적 논의

---

9 마찬가지로 언어 철학 문맥에 한정한다면 대상(형상)결합으로 인해 로고스가 의미 있게 된다(252b, Rosen(1983), 270쪽).

10 이는 형상 관계의 존재론적 측면과 무관하게 논리적 측면을 논하겠다는 것을 의미하지 않는다. 다만 선대 철학자들, 플라톤 자신과 관련해 '논의'가 지닌 역사적, 형이상학적 가치와 의의를 따로 논하지 않겠다는 것을 의미한다.

11 이름이 대상을 지시(명명)하고 이름의 의미가 문장에서 결정된다는 것은 프레게 이후 '문맥원리(the context principle)'로 널리 알려진 바이다. 차이점이 있다면 플라톤에게서 "이다 (ἔστιν)"와 "아님(οὔ)"이 존재와 다름 형상을 지시하는 이름의 역할을 한다는 것이다.

12 필자는 ἔστιν의 이러한 특성을 '계사적 술어'나 '계사적 술어매김'으로 정의할 것이다. 그리고 이러한 입장의 술어론을 "유사-술어론(quasi-predicationalism)"으로 명명할 것이다. 이에 대한 구체적인 논의는 4장 참조.

가 2절과 3절에서 이루어질 것이다.

둘째는 이와 관련하여 유사-술어론을 채택할 경우, 플라톤 '논의'에서 심각한 결함을 발견할 수 있다는 점이다. 물론 그간 여러 연구가들이 플라톤 '논의'에 문제점이 있다는 것을 지적하였다. 가령 보스톡은 'x는 y이다'와 'x는 y가 아니다'에서 술어항의 역할이 다르다는 점을 지적하였고 (Bostock(1978), 115쪽), 전통적으로 'x가 있다', 'x는 y이다', 'x는 y가 아니다'에서 ἔστιν의 의미가 다른 것으로 간주되었다.[13]

각각의 논의가 정당한지도 문제지만 플라톤 '논의'에는 그 이상의 문제점이 있다. 즉 그의 '논의'에는 플라톤이 중기부터 꾸준히 관심을 기울여 온 일관성 원칙이 지켜질 수 없는 참여 모순이 있고, 이로 인해 로고스와 형상 결합이 인식(판단)과 존재 맥락에서 양립하기 어려운 문제점이 있다. 이는 논증의 정당성 문맥에서 본다면 그의 '논의'가 일관적이고 참이라는 블라스토스의 주장과 달리 그 자신의 의도를 충분히 살릴 수 없는 논증이었다는 점을 보여준다.[14] 이에 대한 논의는 유사 - 술어론을 바탕으로 4절에서 이루어질 것이다.

2. 술어론, 반술어론 그리고 남은 과제

플라톤 '논의'에 나타나는 ἔστιν 해석을 두고 크게 대립하는 두 입장은 술어론(predicationalism)과 반술어론(anti-predicationalism)이다. 전자

13 각각은 '존재', '계사', '같음'을 의미한다. 이와 관련하여 Conford(1979), 296쪽, Rosen(1983), 281쪽 참조.

14 필자는 이를 플라톤 '논의'의 "논증의 비일관성(argument inconsistency)"으로 명명할 것이다.

는 대체로 전통 논리학 형성기에 플라톤, 아리스토텔레스의 역사적 연속성에 주목한다. 반면 후자는 플라톤 논리학을 아리스토텔레스 논리학으로부터 철저히 구별한다. 가령 전자 입장을 대표하는 블라스토스는 플라톤 '논의'를 내포(의미)와 외연 문맥에서 고려할만한 주술 관계와 그렇지 않은 주술 관계로 나누어 검토한다.[15] 반면 후자 입장을 대변하는 콘포드는 비실체-속성 관계와 비형식화 맥락을 들어 주술 관계 접근을 거부한다(Conford(1979), 264-68쪽).

이러한 차이는 논리적 측면에서는 주어와 술어를 잇는 (2항 관계) ἔστιν의 계사 역할을 인정할 것인지 아닌 지의 차이로 나타난다.[16] 그리고 존재론적 측면에서는 μετὲκειν의 참여함을 대칭적인 것으로 간주할 것인지 아닌지의 차이로 나타난다.[17]

1) 반술어론 비계사 논의와 대칭성 논제 비판

반술어론은 초기 콘포드부터 최근 로젠에 이르기까지 플라톤 '논의' 해석의 한 축을 담당하는 주요한 입장이다. 이를 대표하는 인물로 콘포드, 세이어, 로젠 등을 꼽을 수 있다. 이들은 '비계사 논의'와 '대칭성 논제'를 통해 술어론을 비판한다. 즉 (2항 관계 긍정의) ἔστιν은 주어와 술어를 잇는 계사가 아니고, μετὲκειν은 어느 한 형상이 다른 형상에 일방적으로

---

15 블라스토스는 전자를 "바울적 술어화(Pauline predication)"로 후자를 "일상적 술어화(Ordinary predication)"로 명명한다(Vlastos(1973b), 253-54쪽).

16 필자는 전자의 논의를 "계사 논의(copula argument)"로 후자의 논의를 "비계사 논의(non-copulaargument)"로 명명할 것이다.

17 필자는 전자를 "대칭성 논제(symmetry thesis)"로 후자를 "비대칭성 논제(asymmetry thesis)"로 명명할 것이다.

참여하는 비대칭적 관계가 아니라는 것이다.

구체적으로 콘포드와 세이어는 전통적으로 계사로 간주된 2항 관계 긍정의 ἔστιν이 부정과 마찬가지로 '동일성' 내지 '같음'을 의미한다고 본다 (Conford(1979), 279, 281, 296쪽, Sayre(1969), 194-95쪽 주67, 198쪽). 그리고 '대칭성 논제'를 통해 주장을 정당화한다. 즉 이들에 따르면 플라톤은 아리스토텔레스처럼 한 진술의 (논리적) 문법구조를 따르는 주술 형식의 분석을 의도하지 않고 단지 형상들의 결합 관계만 표현하고자 했다. 그리고 형상들의 결합 관계는 상호 참여하는 대칭적 관계이기 때문에 비대칭적 주술 관계는 성립할 수 없다(Conford(1979), 264-66, 268쪽, Sayre(1969), 187, 195-200쪽).[18]

로젠의 경우 콘포드, 세이어와 마찬가지로 참여를 결합과 따로 구분하지 않으나(Rosen(1983), 253쪽), '대칭성 논제'에 맞는 구체적인 논의가 없다. 대신 플라톤 '논의' 문맥에 맞춰 비계사 해석을 끌어낸다. 즉 그는 (각각의 표현이 지시하는) 형상과 형상들의 관계가 표현의 의미를 결정하는 의미론적 심층 구조를 빌어 ἔστιν의 계사 역할을 부정한다.

그는 심층 구조에서 볼 때 ἔστιν이 (1항, 2항 관계에 관계없이) '존재' 혹 '존재 소유'를 의미한다고 본다(같은 책, 275-76, 278, 280쪽. 그리고 이에 기초해서 문법적으로 2항 관계 부정진술에 해당하는 ἔστιν을 다름에 귀속되는 불필요한 관사로, 2항 관계 긍정진술에 해당하는 ἔστιν ('x는 자기 자신과 같다(x is the same as itself)' 형식)을 '자기 자신'에 의해 '(x는 x와 동일하다x is identical with x)'는 2항 관계 진술을 의미하는 것으로 간

---

18 세이어가 ἔστιν의 계사 사용을 놓고 콘포드를 비판하는 아크릴을 재비판한다는 점 특히 μετέκειν의 비대칭적 용법과 대칭적 용법 구분을 재 비판한다는 점(Sayre(1969), 193-200쪽)을 제외하고는 두 인물 사이에는 별다른 차이가 없다.

주한다(같은 책, 270, 278, 280쪽). 즉 '존재'를 의미하는 존재론적 "이다"와 '계사'를 의미하는 구문론적 "이다"는 구분될 수 있고, "이다"의 본래 의미는 전자에 의해 이해되어야 한다는 것이다(같은 책, 278-83쪽).

두 논의는 '논의' 의미론이 형상관계 진리론에 의존한다는 점을 ἔστιν 논의에 반영하고자 한다는 점에서 술어론자들이 잘 드러내지 못한 플라톤 존재론의 역할이나 중요성을 부각시킬 수 있다. 특히 로젠의 경우 ἔστιν이 그것이 지시하는 존재 함의를 지닌다는 점을 적절히 설명하고 있다.

그러나 이러한 존재론적 문맥만 갖고서 반술어론이 정당하다고 할 수는 없다. 왜냐하면 술어론자인 아크릴과 블라스토스 모두 의미론이 진리론에 의존한다는 점을 인정하기 때문이다(Ackrill(1965), 202쪽, Vlastos(1973a), 291-92쪽 주46, 47). 즉 존재론적 측면은 ἔστιν 의미 논의를 둘러싼 구문론과 진리론의 문맥적 강조점의 차이일 뿐 술어론자들이 틀렸다는 것을 입증할 결정적 단서가 되지는 않는다. 로고스-형상참여 대응 문맥에서 보면 형상참여가 로고스가 있기 위한 선조건이 된다는 점만 강조되어 있을 뿐 그 반대의 측면 즉 로고스가 형상참여 인식과 판단의 선조건이 된다는 측면은 상당히 간과되어 있다(Conford(1979), 259, 264-65쪽, Sayre(1969), 193쪽, (1983), 235쪽, Rosen(1983), 252-53, 283쪽).[19]

구체적인 논의 문맥에서는 다음의 문제점을 지적할 수 있다.

첫째, ἔστιν을 둘러싼 비계사 논의의 논거가 부적절하거나 불충분하

---

19 로젠의 경우 로고스의 형상 인식 역할을 일정 정도 강조하나 로고스 의미론이 구문론이 아닌 진리론 차원에서 다뤄져야 한다는 점을 지나치게 강조함으로써 전자 측면의 논의를 사실상 배제하고 있다(Rosen(1983), 13, 14장 참조).

다는 점이다. 전자의 2항 긍정 "이다is"에 대한 '~와 같다is the same as' 해석은 "같음"을 "이다"와 별도로 지칭한 문맥에서 고려한 사례에 비추어 볼 때 플라톤 진리론 문맥에 맞는 해석이라고 할 수 없다(이하 〈사례7〉 참조). 후자의 경우 플라톤 진리론 문맥에서 왜 2항 부정의 ἔστιν이 다름에 귀속되고 긍정의 ἔστιν이 '자기 자신'에 의해 1항 관계에서 소거될 수 있는 지에 대한 뚜렷한 이유를 제시하고 있지 않다(Rosen(1983), 270, 278쪽). 특히 플라톤이 καθ'가 아닌 πρὸς형식으로 "다른 것들(ἀλλο)"과 "자기 자신(αὔτο)"을 동일하게 다루고 있음에도 불구하고, 어떻게 전자와 후자를 2항, 1항의 다른 관계 형식의 진술로 간주할 수 있는지에 대한 근거를 제시하고 있지 않다.[20]

둘째, ἔστιν의 존재 형상의 지시를 인정하면서 얼마든지 "이다"의 계사 역할을 인정할 수 있다는 점이다. 즉 2항 관계 ἔστιν 의미가 플라톤의 존재론에 의존한다는 것으로부터 그것이 구문론적으로 계사 역할을 하지 않는다는 것이 따라 나오지는 않는다.[21] 오히려 2항 관계 ἔστιν의 계사 역할을 인정할 경우 플라톤 진리론 문맥에서 더 설득력 있는 논의를 펼 수 있다. 즉 (플라톤의) 일상적인 문맥에서의 자연어 ἔστιν사용이 아닌 '논의' 문맥에서의 ἔστιν사용을 심층 의미구조의 반영이라고 할 때, '논의' 문맥에서 [(x)이고 x가 아니다] 구조를 따르는 ἔστιν이 존재 함의를 지닌다고 하면 구문론적 문맥에서나 진리론적 문맥에서 더 설득력 있는 논의가

---

20 콘포드와 세이어는 이러한 문맥에서 "같음"을 "다름"과 마찬가지로 2항 관계 진술로 간주한다(Conford(1979), 285쪽, Sayre(1969), 194쪽 주67).

21 (참인 진술로서의 로고스에 관한 한) 2항 관계 ἔστιν은 구문론적으로 계사 역할을 하고 진리론적으로는 존재 형상을 지시할 수 있다. 그것이 존재 함의를 지닌 2항 관계 ἔστιν의 역할이라고 할 경우 거기에는 아무런 모순이 없다.

될 수 있다.[22]

중요한 것은 이들이 존재론 문맥을 들어 아리스토텔레스적 계사 해석을 비판함에도 불구하고 정작 아리스토텔레스 자신은 계사가 존재 함의를 갖는 것을 부정하지 않았다는 점이다. 즉 아리스토텔레스는 논리적으로 계사 역할을 하는 '이다'가 형이상학적으로 존재 함의를 지니는 것으로 간주한다(Aristotle(1966), Δ 7장 특히 1017a22-35 참조).

셋째, 이와 관련하여 주어와 술어를 논의의 주체와 객체라는 일반적 맥락에서 이해할 경우 형상들의 결합 관계는 얼마든지 비대칭적인 것으로 간주될 수 있다는 점이다. 그리고 이러한 문맥에서 형상 결합을 이해할 때 비로소 문장의 의미 차이가 제대로 설명될 수 있다. 앞선 논의에서 보듯 콘포드와 세이어는 형상 결합이 쌍방적이라는 점을 들어 그 관계를 대칭적인 것으로 간주한다. 그러나 그것은 대칭성을 주장하기에는 충분한 논거가 되지 못한다.[23]

우리는 결합의 상호성을 인정하고도 플라톤 논의 문맥에서 그 관계를 비대칭적인 것으로 간주할 수 있다. 즉 '논의'의 형상 결합이 임의의 최고류 형상이 지닌 자기 동일성과 참여 관계 (혹 자체성과 타자성), 한정성과 비한정성, 본성과 가능성의 관계를 보여준다고 할 때, '논의' 문맥에서 결합의 주체와 (주체의 결합 가능성을 함의하는) 객체가 구분될 수 있다. 가령, 운동 형상은 존재 형상에 참여함으로써 있을 수 있고 같음 형상에 참

---

22 유사-술어론은 아니지만 이러한 문맥에서 ἔστιν의 일관된 해석을 끌어내는 이가 데니어이다 (Deneyer(1993), 129-38쪽).

23 의미 차이를 들어 콘포드를 비판하는 아크릴을 재 비판하는 세이어가 제시하는 논거도 '참여'가 '혼합', '결합' 등을 의미하는 진술과 마찬가지로 사용되었다는 것을 보이는 정도이다(Sayre(1969), 196-97쪽 주69).

여함으로써 자기 자신과 같을 수 있으며, 이것은 존재가 운동에 참여하는 것과는 분명히 구별된다. 그리고 같은 문맥에서 로고스의 주어와 술어를 구분할 수 있다. 즉 "운동이 있다"는 전자의 참여관계를, "운동은 자기 자신과 같은 것이다"는 존재와 함께 후자의 참여관계를 반영한다고 할 수 있다(이하 〈사례2〉, 〈사례6〉, 〈사례7〉 참조).[24]

2) 술어론 계사 논의의 문제점

형상 결합은 단순한 혼합이 아닌 (자기 동일적인) 한 형상이 다른 형상에 참여하는 비대칭 관계이며 그것이 로고스 진술의 주술 관계에 반영돼 있다고 보는 이들이 아크릴, 블라스토스 같은 술어론자이다. 이들은 '계사 논의'와 '비대칭 논제'를 갖고 자신들의 입장을 정당화한다. 특히 반술어론자와 반대로 주로 '계사 논의'를 빌어 비대칭성을 주장한다.

아크릴은 콘포드를 겨냥한 술어론을 편다. 그는 예비적 논의에서 형상 결합이 언어 의미를 일방적으로 결정하는 것이 아니라 양자가 상보적이라는 점을 들어 개념들 간의 관계와 그것을 지배하는 규칙이 형상 관계와 그것을 지배하는 규칙도 될 수 있다고 본다.[25] 이러한 논의를 배경으로 2

---

24 이 점은 변증법의 과제인 유와 종차에 의한 정의에서도 마찬가지이다. 유와 종차의 연언에 의한 동연성에도 불구하고 정의에 있어 피정의항과 정의항은 구분될 수 있다. 문장에서 피정의항이 주어 역할을 하고 정의항이 술어 역할을 하는 것은 아리스토텔레스에도 계승되고 있는 바이다(양은석(1997a), 217-34쪽 참조). 또 아리스토텔레스 논리학이 개념 논리학이라고 불리는 데서 알 수 있듯이 도식화된 A, E, I, O 형의 주술 관계는 개별자-속성이 아닌 플라톤 형상에 상응하는 개념-개념(형상-형상) 내지 보편자-보편자 사이의 관계이다.

25 아크릴은 「형상 결합」에서 형상 결합의 예비 논의(251d-252e)를 빌어 '형상 결합으로 인해 (로고스) 진술이 의미 있다'는 주장의 결정적 단서로 삼는 259e4-6이 로고스와 형상 결합의 대응 문맥에서 이해되어야 하는 것으로 재해석한다. 즉 (일관성과 비일관성에 준하는) 진술의 유의미함(무모순함)과 그렇지 않음(모순됨)이 한편으로 형상들의 결합과 비결합을 입증해 주고 다른 한편으로 그런 형상 관계를 전제한다는 점을 259e 진술이 반영하는 것으로 간주한다(Ackrill(1965), 201-2쪽). 나아가 형

항 긍정의 ἔστιν을 계사로 해석한다. 즉 두 개념 이름을 잇는 ἔστιν은 명명된 형상간의 참여 관계에 상응하고 이에 기초해 볼 때 2항 긍정 ἔστιν은 '이다'를 의미한다.[26] 그리고 이러한 '계사 논의' 문맥에서 형상 결합의 비대칭성을 주장한다. 즉 유와 종 사이의 형상 결합 관계나 최고류 형상 결합 관계는 (개념 사이의) 포섭 관계나 진술의 의미 차이를 반영하는 비대칭적 주술 관계를 통해 파악될 수 있고, 그러한 관계를 나타내는 계사 역할의 참여함은 '논의'에 2격의 결합함(κοινωείν with genitive)으로 표현되어 있다(Ackrill(1978) 216-20쪽).

블라스토스 경우 아크릴 입장을 받아들이면서 '계사 논의'를 보완하고 철저화한다. 우선 플라톤 '논의' 문맥의 진리론에 제약된 주술 관계(바울적 술어화)를 그렇지 않은 주술 관계(일상적 술어화)와 구분하고, 전자의 주술 관계를 포섭이 아닌 종속 관계로 간주한다.[27] 그리고 ἔστιν이 참여함에 대응한다는 점을 감안할 때 어느 관계에서든 주술 관계는 비대칭적인 것으로 간주될 수 있다고 본다(Vlastos(1973a), 298-99쪽 주66). 그는 이러한 술어화에 기초해 ἔστιν의 (1항 관계) 존재 해석을 거부한다. 즉 ἔστιν은 아크릴 주장처럼 전통적 세 가지 의미로 해석되어야 할 것이 아

상 결합 관계가 진술의 개념 결합관계에 따라 이해될 수 있고 그러한 결합 관계를 반영하는 언어에 대한 연구가 플라톤 변증법의 과제라고 진단한다(같은 글, 203-5쪽).

26 가령 "운동은 같음이면서 같음이 아니다"라고 할 때 연언의 왼쪽은 운동 형상이 같음 형상에 참여함을 나타내는 '운동은 (자기 자신과) 같은 것**이다**'를 의미하고, 연언의 오른 쪽은 운동 형상이 같음 형상과 관련해 다름 형상에 차여함을 나타내는 '운동은 같음과 **같지** 않다'를 의미한다(Ackrill(1978), 212-13쪽).

27 블라스토스의 바울적 술어화의 종속관계 도식은 주술 관계를 포섭관계로 보아 최고류라는 동위의 형상 참여를 위계를 달리하는 대상-속성 관계로부터 충분히 구분할 수 없었던 아크릴의 문제를 극복할 수 있는 방법이다(블라스토스 술어화 해석과 관련해서는 Ackrill(1978), 213-14, 220-21쪽을 참조.).

니라 2항 관계 '계사'와 '같음'으로 일관되게 해석되어야 한다(같은 글, 288쪽 주44).[28]

대체로 이들은 아리스토텔레스 개념(명사) 논리학 좀 더 엄밀히 말하면 프레게의 포섭, 종속 구분에 맞춰 플라톤의 '논의'를 이해한다. 이러한 논의는 반술어론자들이 잘 드러낼 수 없는 (자체성을 지닌 한 형상이 타자성도 함께 지니는) 형상 결합이 어떻게 인식되고 의미 있게 진술될 수 있는 지를 보여주는 로고스의 역할을 부각시킬 수 있다. 그러나 프레게의 주술 관계 도식을 따름으로써 관계에 있어 반술어론자들이 플라톤의 '논의' 문맥을 빌어 비판하는 외연의 포함관계나 개별자-속성(대상-성질)의 특성을 배제하지 못하는 한계가 있다.[29] 특히 로고스-형상참여에 있어 구문적 주술 관계 도식에 맞춰 ἔστιν이 참여함에 대응한다고 봄으로써 다음의 문제가 빚어진다.

첫째, '계사 논의'를 둘러싼 ἔστιν 해석의 정당성 문제이다. 먼저 이들이 공유하는 2항 관계 부정의 '같음' 해석에서는 그들이 의도하지 않은 존재론적 함의를 배제할 수 없는 문제가 있다. 즉 부정진술이 그들이 주장하는 '~와 다름에 참여함'이라는 존재론적 함의만 지닌다고 볼 충분한 이유가 없다. 그것은 얼마든지 '같음에 참여하지 않음'으로 해석될 수

28 블라스토스는 이다-참여 대응 문맥에서 "이다"의 애매한 어법(amphiboly)을 빌려 그런 자신의 주장을 정당화한다(Vlastos(1973a), 286-92쪽 특히 291쪽 주46).

29 아크릴은 집합적 원소나 포함관계를 만족하지 않는 255d의 참여함 사례를 예외로 처리하고, 블라스토스는 플라톤 존재론에서 형상이 개별자를 원소로 하는 집합(instance-classes)으로 간주될 수 없다는 점을 인정하면서 자신의 방법이 '논의'를 이해하는 최선의 방법이라는 점을 들어 프레게적 주술 관계 도식을 정당화한다(Ackrill(1978), 221쪽, Vlastos(1973a), 320쪽).

다.[30] 반면 블라스토스가 주장하는 1항 관계 '존재' 해석의 반대에서는 플라톤이 제시한 실제 사례를 배제해야 하는 문제가 있다. 즉 그의 (1항 관계) ἔστιν의 존재 용법에 대한 거부는 '논의' 문맥에서 플라톤이 제시하는 254d, 256a의 사례(이하 〈사례2〉, 〈사례6〉:A)를 설명하지 못한다. 그는 플라톤 연구가들이 ἔστιν존재 해석의 가장 중요한 논거로 삼는 사례를 의도적으로 배제하거나 간과하고 있다.[31]

둘째, 플라톤 '논의' 문맥에서 ἔστιν-참여함을 이들처럼 단순 대응시키기 어렵다는 점이다. 즉 플라톤의 '이다/아니다' 논의 문맥에는 언급된 254d, 256a의 사례가 포함될 수 있고, 그것을 로고스-형상참여 대응 문맥에 적용할 때 ἔστιν에 대응하는 것은 존재 형상이지 참여함이 아니다.(이하 〈사례2〉, 〈사례6〉 참조) 마찬가지로 다름 형상의 참여함에 대응하는 것은 οὔκ이지 οὔκ ἔστιν이 아니다.(256b) 이는 블라스토스 주장과 달리 ἔστιν, οὔκ ἔστιν이 존재와 다름을 명명하는 역할도 할 수 있다는 점을 보여준다.(Vlastos(1973a), 291쪽 주46 참조)

---

30 블라스토스는 "~이 아님"을 다름으로 해석하는 256a-b를 주장의 근거로 삼으나 이는 다음 두 가지 점에 비추어 정당하지 않다. 첫째, 언급은 해석을 하는 바로 그곳에서 플라톤이 '같음'과의 분리도 함께 주장하고 있다는 점이다("우리가 그것(운동)이 같음이 아니라고 할 때는 운동이 그것을 통해 같음으로부터 분리돼서 같음이 아닌 다른 것이 되게 하는 다름과 결합하기 때문이다(ὅταν δὲ μὴ ταύτον διὰ τὴν κοιωνὶαν αὖ θατὲρου, δι' ἣν ἀποχωριζομὲνη ταύτου γὲγονεν οὐκ ἐκείνο ἀλλ' ἕτερον), 245b"). 둘째, 같은 곳에서 플라톤이 ἔστιν해석에 의존해 같음과의 분리, 다름과의 참여를 주장하지 않았다는 점이다. 같음과 다름 형상에 대응하는 것은 술어항에 해당하는 ταύτον과 부정을 나타내는 οὐκ(μὴ)이다(같은 곳).

31 블라스토스는 오웬의 견해를 빌려 1항 관계 존재용법을 거부하고 256d8-9의 진술을 빌려 2항 관계 사례 "운동은 존재하는 것이다"를 제시한다(Vlastos(1973a), 286-88쪽). 그러나 "그러나 존재는 그들(운동, 정지) 모두와 결합한다. 왜냐하면 그것들이 있기 때문이다. Tὸ δὲ γε ὄν μικτὸν ἀμΦοίν' ἔστὸν γὰρ ἀμΦω που, 254d", "그러나 존재에 참여함으로써 그것(운동)이 있다 ''Εστι δέ γε διὰ τὸ μετὲκειν τού ὄντος , 256a"의 존재용법이 어떻게 논의에서 배제될 수 있는 지에 대한 적절한 설명이 없다.

셋째, 이런 맥락에서 ἔστιν의 술어적 성격을 인정할 경우, '논의' 의미론이 지칭론에 바탕을 두고 있다는 블라스토스 주장이 오히려 더 잘 설명될 수 있다는 점이다. 우선, 필자는 플라톤 진리론 내지 존재론 즉 최고류 형상 논의에 제약된 술어화가 그렇지 않은 술어화와 구별되어야 한다는 블라스토스 주장에 동의한다. 그러나 그는 아리스토텔레스, 프레게 주술 관계에 집착함으로써 술어화에서 (존재론에 제약된) 심층문법 내지 구문론을 충분히 살려내지 못하였다. 즉 바울적 술어화로 명명한 주술 관계 도식에는 다음의 두 가지가 보완되어야 한다. 첫째, 플라톤이 이미 다섯 형상을 최고류로 명명한 만큼 거기서 주어-술어 사이의 외연적 고려는 불필요하다. 둘째, 플라톤이 형상의 참여관계를 논하고 있는 만큼 주어와 술어는 계사보다는 참여함에 준해 구분되어야 한다. 즉 (자기 동일적인) 한 형상이 다른 형상에 참여한다고 할 때, 참여함의 주체와 객체가 주어와 술어로 간주되어야 한다.[32]

3. 플라톤 '논의': 유사-술어론의 예비적 검토

이 절의 목적은 유사-술어론적인 재구성에 앞서 플라톤 '논의'의 전체적 흐름을 개관하는 것이다. 서두에서 언급했듯이 플라톤 논증의 주요한 전제 중 하나는 논리적 모순은 허용될 수 없다는 '일관성 원칙'이다. 플라톤이 논증의 기술로 삼는 귀류법은 그러한 원칙을 전제로 한다. 최고류 형

---

32 이를 통해 참여함에 관한 반술어론자들의 '비대칭성 논제' 비판(Ackrill(1978), 221쪽, Sayre(1969), 200쪽 주74)을 피할 수 있고 존재론에 제약된 플라톤 '논의'도 더 잘 설명할 수 있다. 즉 플라톤 '논의'는 유사-술어론 입장에서 보다 잘 설명될 수 있다.

상에 관한 논의도 마찬가지 방식으로 전개된다. 플라톤은 우선 논리적 비일관성을 들어 다음의 가정 1, 2를 거부한다.

가정1: 어떤 것도 서로 결합하지 않는다.
가정2: 모든 것은 서로 서로 결합한다.
가정3: 어떤 것은 다른 어떤 것과 결합하고 어떤 것은 그것(다른 어떤 것)과 결합하지 않는다.

그리고 제3의 가정(가정3)을 정당화하는 과정에서 최고류 형상에 관한 논의를 끌어들인 후, 그러한 논의를 배경으로 구체적인 '이다/아니다' 논의를 전개한다.

먼저 가정 1, 2를 반대하는 데서 간접적으로 드러난 주요한 사실은 플라톤이 한 형상의 자기 동일성 즉 자기 자신과 같고 다른 형상과 다른 동일성과 비동일성이 로고스나 형상 결합을 통해서만 밝혀질 수 있다고 본다는 점(가정1)과 논리적 모순을 현대적 문맥과 다르게 대립자(ἐναντὶον)의 결합 불가능성으로 본다는 점(가정2)이다.(251e-252d) 최고류 형상 논의는 대체로 이런 범위에서 구성되고 규제된다. 구체적으로 플라톤은 가정 1, 2에서 거론한 존재, 운동, 정지[33] 세 형상을 내세워 254d에서 다음과 같은 결합 논의를 편다.

〈사례1〉 [결합불가능성] **운동**과 **정지**는 결합하지 않는다.
; 왜냐하면 이 결합은 운동이 정지하고 정지가 운동하는 모순을 야기하기 때문이다 (252d, 255a-b).

---

33 앞으로 사례와 정리에서 최고류 형상을 고딕으로 처리해 그러한 형상을 지시하는 표현과 구별한다.

〈사례2〉 [결합가능성] **운동**과 **정지**는 **존재**와 결합한다 (또는 **존재**는 **운동**, **정지**와 결합한다).

; 왜냐하면 운동과 정지는 모두 존재하기 때문이다 (254d).

그리고 세 형상이 각각 자기 자신과 같고 나머지 둘과 다르다는 점을 들어 (254d), 255a 이하에서 다음과 같은 동일성 논의를 편다.

〈사례3〉 [비동일성] **운동**과 **정지**는 **같음**이나 **다름**이 아니다.

; 왜냐하면 운동과 정지에 공통으로 적용되는 항은 그 둘 중의 하나일 수 없기 때문이다 (왜냐하면 그렇게 되면 운동은 정지가 되고 정지는 운동이 되는 모순이 발생하기 때문이다.) (255a-b).

〈사례4〉 [비동일성] **존재**는 **같음**이 아니다.

; 왜냐하면 '존재'와 '같음'에 의미 차이가 없다면, 운동과 정지가 존재한다고 할 때 그것들이 모두 같음이라고 말하는 것이 되기 때문이다 (왜냐하면 그렇게 말하는 것은 〈사례3〉과 모순을 일으키기 때문이다.) (255b-c).

〈사례5〉 [비동일성] **존재**는 **다름**이 아니다.

; 왜냐하면 우리는 우선 존재하는 것들을 (i) '그 자체로' 있는 것들과 (ii) '다른 것과 관계해' 있는 것들로 나누어 말할 수 있고, 이 구분에 따르면 (iii) 다름은 항상 다른 것과 관계해 그렇게 불려질 수 있다. 이때 존재와 다름이 다르지 않다면 다른 것들 중에 (i), (ii)의 것들이 있고 이는 (iii)에 위배되기 때문이다 (왜냐하면 그렇게 말하는 것은 (iii)의 전제와 모순을 일으키기 때문이다.) (255c-d).

그러나 결합의 주체와 객체가 무엇인지는 분명하지 않다. 특히 형상의 자기 동일성(〈사례3〉 - 〈사례5〉)과 관련된 결합 관계는 아직 정확히 말할 수 없다. 결합 관계는 운동 형상을 예로 삼아 로고스 진술 가능성을 보이는 255e - 257a에서 좀 더 분명하게 이해될 수 있다. 이 부분은 최고류 형상을 지시하는 이름들 특히 '이다/아니다'의 진술 가능성이 마련되는 곳이기도 하다.[34]

먼저 플라톤은 앞의 세 형상 사이에 성립하는 결합 관계를 배경으로 운동에 대한 '이다/아니다' 논의를 편다.

〈사례6〉 "운동이 있고 (운동이) 정지는 아니다."
A: "운동이 있다."
; 왜냐하면 **운동**이 **존재**에 참여하기 때문이다(256a).
B: "운동은 정지가 아니다."
; 왜냐하면 **운동**은 **정지**에 참여하지 않기 때문이다(256b).

A에서 앞선 운동과 존재의 결합이 운동이 존재에 참여하는 관계로 이해되고 있으며 그것을 통해 "운동이 있다"는 ἔστιν 진술을 할 수 있다는 것을 알 수 있다. 그리고 유사한 방식으로 운동이 정지에 참여하지 않음으로써 "운동은 정지가 아니다"라고 말할 수 있다.

그러나 이것은 아직 충분한 결합 논의가 못된다. 다음 사례에서 보듯 '운동은 정지와 다른 것'으로 간주할 때(255e), 거기에는 좀 더 부가적인

34 참여함 (μετὲκειν)의 비대칭성과 '이다/아니다'의 계사적 술어해석을 바탕으로 한 필자의 유사-술어론은 이 부분의 플라톤 'μετὲκειν', 'ἔστιν', 'οὔκ ἔστιν' 사용을 통해 구상된 것이다. 필자는 그 외 부분에서는 플라톤이 'μετὲκειν', 'ἔστιν', 'οὔκ ἔστιν' 을 지금같이 엄격하게 사용하지 않았다고 생각한다. 앞선 사례(〈사례1〉 - 〈사례5〉)에서 그러한 용례를 충분히 발견할 수 있다(254d, 255a, b, d 참조). '이다/아니다' 논의는 이러한 문맥에 의존해서 제한적으로 해석되어야 한다.

참여 관계가 필요하다.

〈사례7〉 "운동은 (자기 자신과) 같은 것이고 같음은 아니다."

A: "운동은 (자기 자신과) 같은 것이다."

; 왜냐하면 **운동**은 (자기 자신과 관련해 πρὸς ἑαυτὴν) **같음**에 참여하기 때문이다 (256a-b).

B: "운동은 같음이 아니다."

; 왜냐하면 **운동**이 **다름**에 참여함으로써 **같음**과 분리되기 때문이다 (256b).

B에서 주목할 것은 '참여하지 않음'을 나타내는 분리가 다름에의 참여에 의해 성립한다는 점이다. 운동이 정지에 참여하지 않는다고 할 때, 마찬가지로 그것은 다름에의 참여를 통해 그렇게 되는 것이다. 이를 통해 'x는 y가 아님'을 나타내는 다름 혹 비동일성 진술이 x 형상이 같음 형상에 참여함을 의미한다고 할 수 있다(256a-b). 플라톤은 이러한 논의를 배경으로 다음 사례가 별다른 논증 없이 추론될 수 있다(κατὰ τὸν ... λόγον)고 본다.

〈사례8〉 "운동은 (다른 것과) 다른 것이고 다름은 아니다."

A: "운동은 (다른 것과) 다른 것이다."

B: "운동은 다름이 아니다."

존재 형상을 통해 "이다/있다(ἔστιν)"라는 진술을 할 수 있고(256a) 다름 형상을 통해 "아님(οὔκ)"이라는 진술을 할 수 있다는 점(256a, b)을 감안할 때, 〈사례8〉은 〈사례7〉과 마찬가지 방식으로 이해될 수 있을 것으로 보인다. 실제 운동을 중심으로 한 형상의 자기 동일성과 결합 관계는 다음으로 정리될 수 있다.

(1) **운동**, **정지**, **존재**, **같음**, **다름**은 각각 자기 동일적이다.
(2-1) **운동**은 **정지**에 참여하지 않는다.
(2-2) **운동**이 **존재**에 참여함으로써 운동이 있다(이다).
(2-3) **운동**이 **같음**에 참여함으로써 운동은 (자기 자신과) 같다.
(2-4) **운동**이 **다름**에 참여함으로써 운동은 (다른 것과) 다르다.

표면상 이는 형상 결합 관계 맥락에서 자기 동일성을 지닌 형상의 자체성과 타자성이 어떻게 설명될 수 있는 지를 잘 보여준다. 그리고 다섯 형상을 지시하는 표현 "존재(이다, 있다)", "운동", "정지", "같음(같은 것)", "다름(다른 것, 아님)"에 제한해 형상 결합에 맞는 로고스 진술이 어떻게 의미 있게 구성될 수 있는지도 보여준다.

4. 플라톤 '논의'의 유사-술어론 해석

플라톤 '논의'는 구문론적으로 보면 다음과 같은 방식으로 요약될 수 있다. 표층문법에서 계사 역할을 하는 '이다', '아니다'는 주어와 술어 사이의 결합 가능성과 불가능성을 나타낸다. 반면 심층문법에서는 주어의 '있음(존재)', '다름'과의 결합 가능성을 나타내는 술어 역할을 한다. 이러한 해석은 "이다"를 '있음'으로 보는 존재론자들이나 "이다"와 '참여함'의 단순 대응을 거부하는 데니어에 비추어 자연스럽게 구상될 수 있다. 나아가 블라스토스보다 더 철저하게 지칭론에 바탕을 둔 의미론을 펼 수 있다. 그러나 이러한 구상은 '논증의 비일관성'이라는 문제를 야기한다. 이를 증명론적으로 구성해 보이는 것이 이 절의 과제이다.

1) 최고류 형상들의 자기동일성과 참여관계

254d-255d를 중심으로 논의된 자기 동일성을 둘러싼 최고류 형상들의 결합 관계 사례(〈사례1〉 - 〈사례5〉)는 참여함에 의존한 결합 해석을 전제로 다음의 공리적 방법으로 증명될 수 있다 (단 [공리1*]에서 자기 지시적 서술에 준 하는 참여(자기참여전제, 255c-d 참조), 동일 형상의 대치 가능성(대치전제, 255a-d 참조)을 전제로(〈사례3〉 - 〈사례5〉 참조)[35]).

(임의의 형상 X, Y와 **같음**, **다름**, **존재** 형상에 있어서)

[공리1] X는 오직 그 자신(X)과만 동일하다. 〈자기 동일성〉

[공리1*] 단 X의 자기 동일성은 다음 세 조건을 만족하고 세 조건이 서로를 함의하지 않을 경우 오직 그 경우에만 (iff) 성립한다.[36]

1-1 [동일성]

X는 자기 자신(X)과 '같다' iff X는 **같음**에 참여한다.

1-2 [비동일성]

X는 자기 아닌 것(¬X)과 '다르다' iff X는 **다름**에 참여한다.

---

35 논의 과정에서는 '형상의 존재', '존재, 운동, 정지 세 형상은 자기 자신과 같고 서로 간에 다름'이라는 증명되지 않은 플라톤적 전제(254d)가 있다.

36 [공리1]의 자기 동일성은 "X = X"처럼 등식 형식으로 동일률을 설정하는 프레게와 러셀과 달리 개념(항) "X"의 동일성을 통해 동일률을 설정하는 비트겐슈타인, 램지 작업과 유사하다. 그러나 형상의 자기 동일성 진술은 [공리1*]를 통해 가능하다. 영어에서 if and only if 는 "~일 경우 오직 그 경우에만"을 의미하며 이는 "iff"로 약칭하여 표현된다.

1-3 [존재성]

X는 '존재한다' iff X는 **존재**에 참여한다.

[공리2] X가 Y와 결합할 경우 오직 그 경우에만 X는 Y에 참여한다.

X가 Y와 결합한다 iff X는 Y에 참여한다.[37]

[공리3] 대립되는 형상들 사이의 참여(결합)는 불가능하다.

세 공리를 사용해서 우선 〈사례1〉, 〈사례2〉는 다음으로 증명할 수 있다.

[정리1] **운동**과 **정지**는 결합하지 않는다.

〈증명〉

1. **운동**은 **정지**와 결합하지 않는다.

1.1. **운동**이 **정지**와 결합한다. (가정)

1.2. **운동**은 **정지**에 참여한다. (1.1과 [공리2])

1.3. **운동**은 **정지**와 결합하지 않는다. (1.2가 [공리3]과 모순)

2. **정지**는 **운동**과 결합하지 않는다. 1과 유사한 방식으로.

■

[정리2] **운동**과 **정지**는 각각 **존재**와 결합한다.

---

37 [공리2]는 주술 관계를 염두에 둔 결합 관계이다. X와 Y의 상호 결합은 다음에 해당한다. X와 Y가 결합한다 iff X가 Y에 참여하고 Y가 X에 참여한다.

〈증명〉

1. **운동**은 **존재**와 결합한다.

1.1. **운동**이 존재한다. (전제)

1.2. **운동**은 **존재**에 참여한다. (1.1과 [공리1*]:1-3)

1.3. **운동**은 **존재**와 결합한다. (1.2와 [공리2])

2. **정지**는 **존재**와 결합한다. 1과 유사한 방식으로.

■

세 형상들이 자기 자신과 같고 서로 간에는 다르다고 할 경우(254d), 세 형상에 관한 한 각각은 [공리1*]에 의해 같음과 다름 형상에 참여하게 된다.(255b) [보조정리1].[38] 이로부터 대치전제를 바탕으로 나머지 사례를 증명할 수 있다.

[정리3] **운동**과 **정지** 각각은 **같음**이나 **다름**과 (자기) 동일하지 않다.

〈증명〉

1. **운동**은 **같음**과 (자기) 동일하지 않다.

1.1. **운동**이 **같음**과 (자기) 동일하다. (가정)

1.2. **정지**는 **같음**에 참여한다. ([보조정리1])

1.3. **정지**는 **운동**에 참여한다. (1.1, 1.2와 대치전제)

1.4. **운동**은 **같음**과 (자기) 동일하지 않다. (1.3이 [공리3]과 모순)

2. 나머지 경우는 유사한 방식으로.

■

---

38 [보조정리1] 1-1: **존재**(**운동**, **정지**)는 **같음**에 참여한다.
1-2: **존재**(**운동**, **정지**)는 **다름**에 참여한다.

[정리4] **존재**는 **같음**, **다름**과 (자기) 동일하지 않다.

〈증명〉

1. **존재**는 **같음**과 (자기) 동일하지 않다.

1.1. **존재**가 **같음**과 (자기) 동일하다. (가정)

1.2. **운동**은 **같음**에 참여한다. ([보조정리1])

1.3. **운동**은 **존재**에 참여한다. (1.1, 1.2와 대치전제)

1.4. **운동**은 (자기 자신과) 같다. (1.2와 [공리1*]:1-1)

1.5. **운동**은 **존재**한다. (1.3과 [공리1*]:1-3)

1.6. **존재**는 **같음**과 (자기) 동일하지 않다. (1.4, 1.5가 [공리1*]와 모순)

2. 나머지 경우는 유사한 방식으로.

■

이로부터 최고류 형상에 관한 다음 귀결이 따라 나온다.

[귀결1] **존재**, **운동**, **정지** 각각은 **같음**과 결합한다. ([보조정리1]과 [공리2])

[귀결2] **존재**, **운동**, **정지** 각각은 **다름**과 결합한다. ([보조정리1], [정리3], [정리4] 와 [공리2])

그리고 자기참여 전제를 바탕으로 다음 귀결을 끌어낼 수 있다.[39]

[귀결3] **존재**, **운동**, **정지**, **같음**, **다름**은 각각 자기 동일적이다. ([귀결1], [귀결2] 와 [공리1*])

---

39 본성에 의한 것으로 간주될 수 있는 자기 참여(255c-d 참조)는 동일성 진술과 구별된 다음 형태를 나타낸다. 1. 존재는 있다. 2. 같음은 (자기 자신과) 같은 것이다. 3. 다름은 (다른 것과) 다른 것이다.

정리와 귀결은 널리 알려진 형상들의 자기 동일성과 참여 관계에 대한 플라톤의 새로운 해결 방법을 보여주는 것이기도 하다. 여기서 형상들이 더 이상 배타적 자기 동일성이 아닌 참여 관계를 허용하는 포섭적 자기 동일성의 특성을 갖게 되는 것은 [공리1*] 때문이고, 그것이 결합 관계로 이해될 수 있는 것은 [공리2] 때문이다. 두 공리는 다음절에서 논의될 내용과 갈등을 일으키게 될 것이다.

2) **로고스와 형상참여 : 계사적 술어매김과 형상 참여**

앞선 논의를 배경으로 로고스 진술과 형상들의 결합 관계를 다음 두 정의로 표현할 경우, 255e 이하 '논의'의 앞선 두 사례(〈사례6〉, 〈사례7〉)는 플라톤이 주장하는 의미 차이의 맥락(οὐ ὁμοιως … εἰρὴκαμεν, 256a)에 맞춰 일관되게 설명될 수 있다. 구체적으로 두 사례는 '이다/아니다'에 관한 다음 정의를 통해 증명될 수 있다(단, 표층문법이 심층문법에 의존한다는 점을 전제로(〈사례6〉 - 〈사례8〉 참조)[40]).

[정의1] (심층문법의) 술어 역할 정의

(임의의 형상 X에 대하여)

1-1 : X가 존재에 참여한다 iff "x가 '있다'" 또는 "x는 y'이다'."

---

40 즉 [정의2] 형상 Y에의 참여와 참여하지 않음이 [정의1]의 **존재**와 **다름**에의 참여에 의존하고, 진술의 (x'과) y가 형상 결합에 따른 지시와 의미 맥락에 맞게 표현될 수 있다는 것(256a-c 참조)을 전제로, 이와 관련하여 [정의2]를 좀 더 엄밀히 하면 다음과 같다.

2-1.1: X는 **존재**에 참여하고 (X와 관련해) **같음**에 참여한다 iff "x는 (자기 자신(x)과) 같은 것이다."

2-1.2: X는 **존재**에 참여하고 (¬X와 관련해) **다름**에 참여한다 iff "x는 (다른 것(¬x)과) 다른 것이다."

2-2: X는 **다름**에 참여하고 Y에 참여하지 않는다 iff "x는 'y'가 아니다."

1-2 : X가 다름에 참여한다 iff "x는 y가 '아니다'."[41]

[정의2] (표층문법의) 계사 역할 정의

(임의의 형상 X, Y에 있어서)

2-1 : X는 (X'과 관련해) Y에 참여한다 iff "x는 (x'과) 'y인 것'이다."

2-2 : X는 Y에 참여하지 않는다 iff "x는 'y'가 아니다."

문법전제와 [귀결3]을 바탕으로 〈사례6〉, 〈사례7〉은 다음으로 증명될 수 있다.

[정리5] "운동이 있고 (운동이) 정지는 아니다."

〈증명〉 다음 A, B의 연접(adjunction)에 의해.

A. "운동이 있다."

1. **운동**이 존재한다. ([귀결3]과 [공리1*])

2. **운동**은 **존재**에 참여한다. (1과 [공리1*]:1-3)

3. "운동이 있다." (2와 [정의1-1])

B. "운동은 정지가 아니다."

1. **운동**은 **정지**와 다르다. ([귀결3]과 [공리1*])

2. **운동**은 **다름**에 참여한다. (1과 [공리1*]:1-2)

---

41 1-2를 좀 더 엄밀히 하면 다음과 같다.
1-2.1: X는 **다름**에 참여한다 iff "x는 y가 '아니'다."
1-2.2: X는 **존재**에 참여한다 iff "x는 y가 아니'다'." (외 따옴표 참조)
존재에의 참여는 1-1, 1-2 모두에 항상 수반하기 때문에 [정의1-2]에 존재를 따로 포함시키지 않았다.

3. "운동은 y가 아니다." (2와 [정의1-2])

4. **운동**은 **정지**에 참여하지 않는다. (1, 2와 문법전제)

5. "운동은 정지가 아니다." (3, 4와 [정의2-2])

■

[정리6] "운동은 (자기 자신과) 같은 것이고 같음은 아니다."

〈증명〉 다음 A, B의 연접(adjunction)에 의해.

A. "운동은 (자기 자신과) 같은 것이다."

1. **운동**은 (자기 자신과) 같다. ([귀결3]과 [공리1*])

2. **운동**은 **같음**에 참여한다. (1과 [공리1*]:1-1)

3. **운동**은 **존재**에 참여한다. ([귀결3]과 [공리1*])

4. "운동은 x이다." (3과 [정의1-1])

5. **운동**은 (자기 자신과 관련해) **같음**에 참여한다. (1, 2와 문법전제)

6. "운동은 (자기 자신과) 같은 것이다." (4, 5와 [정의2-1])

B. "운동은 같음이 아니다."

[정리5]: B와 유사한 방식으로.

■

3) 참여모순과 로고스-형상참여 양립 불가능성

〈사례8〉은 논증의 타당성 맥락에서 보면 플라톤이 의도적으로 근거제시를 회피하지 않았나 하는 의혹을 불러일으킨다. 지금까지와는 달리 여기서는 참여모순의 논리적 비일관성과 로고스-형상참여 양립 불가능성이 발생한다. 우선 지금까지 방식으로 〈사례8〉을 증명해 보자.

[정리7] "운동은 (다른 것과) 다른 것이고 다름은 아니다."

〈증명〉 다음 A, B의 연접(adjunction)에 의해.

A. "운동은 (다른 것과) 다른 것이다."

1. **운동**은 (다른 것과) 다르다. ([귀결3]과 [공리1*])
2. **운동**은 **다름**에 참여한다. (1과 [공리1*]:1-2)
3. **운동**은 **존재**에 참여한다. ([귀결3]과 [공리1*])
4. "운동은 y이다." (3과 [정의1-1])
5. **운동**은 (다른 것과 관련해) **다름**에 참여한다. (1, 2와 문법전제)
6. "운동은 (다른 것과) 다른 것이다." (4, 5와 [정의2-1])

B. "운동은 다름이 아니다."

1. **운동**은 **다름**과 다르다. ([귀결3]과 [공리1*])
2. **운동**은 **다름**에 참여한다. (1과 [공리1*]:1-2)
3. "운동은 y가 아니다." (2과 [정의1-2])
4. **운동**은 **다름**에 참여하지 않는다. (1, 2와 문법전제)
5. "운동은 다름이 아니다." (3, 4와 [정의2-2])

■

이로부터 다음의 귀결을 끌어낼 수 있다.

[귀결4]

4-1: **운동**이 **존재**와 결합할 경우, 운동은 **다름**과 결합한다. ([정리7]: A와 [공리2])

4-2: **운동**이 **다름**과 결합할 경우, 운동은 **다름**과 결합하지 않는다. ([정리7]: B와 [공리2])

[귀결5] [귀결4-1]을 통해 "운동은 (다른 것과) 다른 것이다."란 진술을 할 수 있고, [귀결4-2]를 통해 "운동은 다름이 아니다."란 진술을 할 수 있다. 그리고 그 역도 마찬가지이다. ([정리7]과 [귀결4])

[귀결4-2]에서 우리는 '운동이 다름과 결합하면서 결합하지 않는' 모순에 처하게 된다는 것을 알 수 있다. 이것이 필자가 이 글에서 보이고자 하는 참여모순이다. 참여관계가 모순을 일으킨다는 것은 플라톤이 형상의 자기 동일성과 참여관계의 논의 맥락에서 꾸준히 견지하고자 한 논리적 일관성이 사실상 지켜질 수 없다는 점을 보여준다.

나아가 [귀결4]를 받아들일 경우, 인식(혹 판단)과 존재(혹 의미 있음) 맥락에서 제기된 형상의 자기 동일성과 참여관계를 나타내는 로고스-형상참여 대응이 성립할 수 없는 문제가 발생한다. 즉 가정 1, 2에 비추어 로고스-형상참여 양립 가능성 주장은 가정 3에 오히려 위배된다.

우선 로고스가 형상들의 결합에 의해 마련될 수 있다는 주장이 성립할 수 없다.([귀결5]의 → 방향) 왜냐하면 로고스에 반영된 형상 운동은 다름과 결합하는 동시에 결합하지 않는 모순 관계에 있고 이는 논제 (2)에 반영된 가정 3에 위배되기 때문이다.([귀결4] 참조) 그렇다면 로고스가 자기 동일적인 형상들의 참여관계 때문에 (의미)있다고 할 수 없다.

마찬가지로 로고스를 통해 형상들의 참여관계를 인식하거나 진술할 수 있다는 주장이 성립할 수 없다.([귀결5]의 → 방향) 왜냐하면 형상들이 참여 모순을 일으키지 않는 한, 그것들은 플라톤이 주장하는 로고스 진술의 의미 연관에 맞게 결합하지 않을 것이고 이는 가정 3을 반영하는 논제 (2)에 위배되기 때문이다. 그렇다면 자기 동일적인 형상들의 참여관계를 로고스로 인해 판단한다고 할 수 없다.[42]

5. 유사-술어론 논의와 한계

유사-술어론은 플라톤 '논의'의 구문론적 접근을 포기하지 않으면서 '논의'의 진리론 문맥을 최대한 살리려는 입장이다. 앞서 논의한 대로 이러한 입장은 술어론과 반술어론의 치우친 해석이 지닌 문제점들을 극복할 수 있다. 그리고 필자는 이러한 접근이 플라톤 '논의'의 진리론 문맥에 비추어서도 대체로 정당하다고 생각한다(3절 참조). 그렇다면 플라톤 '논의'가 지닌 존재론적 가치(주술 관계 구문론이 진리론에 제약되고 의미론이 지칭론에 의존하는 특징)와 논리적 한계(참여모순과 로고스-형상참여 양립 불가능성을 일으키는 논증의 비일관성)를 보여줄 수 있다는 점에서도 유사-술어론은 나름의 의의를 지닐 것이다.

그러나 이러한 논의에는 분명한 한계가 있다. 왜냐하면 이러한 입장은 255e-257a '이다/아니다' 논의에 나타난 플라톤 '참여함', '이다/아니다' 사용에 준해 나머지 (참인 진술로서의) 로고스와 (최고류) 형상 결합이 이해될 수 있다는 강한 조건을 받아들이는 한에서만 정당화 될 수 있기 때문이다. '참여함'의 비대칭성과 '이다/아니다'의 계사적 술어 역할은 이러한 문맥에서만 타당하다. 제시된 범위를 넘는 다양한 용례에서는 결코 정

42 그것이 불가능하지 않다면 형상관계는 지금의 로고스가 아닌 다른 방식으로 밝혀질 수밖에 없다.

당화될 수 없다.[43]

43 증명에 사용된 전제 또한 마찬가지이다. 이 점에서 술어론이나 반술어론을 다시 지지할 수 있다. 그러나 위 맥락의 반술어론에는 (참인 로고스 진술에 반영된) 논리적 측면이 간과됨으로써 (형상결합의) 진리론 해석이 독단화 되기 쉽고, 거꾸로 술어론에서는 지나친 (주술 관계) 형식적 측면의 강조로 (형상결합의) 존재론적 특성이 제대로 반영된 논의가 되기 어렵다.

03
배중률의 언어·철학적 전제

1. 배중률 논의 배경 및 목적

여기서 필자가 보이고자 하는 것은 모순율과 더불어 아리스토텔레스에게서 공리로 언명된 배중률(τὸ πάν(ἅπαν) φάναι ἤ ἀποφάναι)이 플라톤의 나눔의 방법에 사용된 양분법에서 비롯된 것이라는 점과 그러한 양분법이 성립하기 위해서는 개념과 대상의 확정성(ὅρος)과 한정성(πέρας)을 전제해야 한다는 점이다. 즉 배중률은 다른 무엇보다도 그러한 언어와 대상의 특성을 반영하는 논리적 원리인 것이다.

그러나 배중률과 연관된 그 간의 논의는 이러한 점에 크게 주목하지 않은 것처럼 보인다. 왜냐하면 아리스토텔레스의 배중률과 연관된 논의 대부분이 미래의 우연 명제에 해당하는 '해전' 사례가 배중률을 어기는가 하는 정도에 관심을 기울여 왔기 때문이다.[44] 비록 아리스토텔레스의 해전

---

* 이 장은 양은석(1998b)를 최소한도로 수정한 것임.

에 관한 논의가 배중률과 연관된 논제이기는 하나 그것만으로는 배중률이 배경으로 하는 기본적인 언어, 철학적 전제가 충분히 드러나지 않는다.[45] 그리고 아리스토텔레스가 주장하는 배중률은 우리에게 잘 알려진 고전 논리의 배중률과 동일하지도 않다.

이 장의 목적은 위에서 지적한 아리스토텔레스가 주장하는 배중률이 갖는 특성을 좀 더 조명하고자 하는 것이다. 이와 관련하여 이러한 논의는 다음의 두 가지 면에서 긍정적인 가치를 가질 수 있을 것이다. 첫째로 이 글은 논리학사(論理學史)적으로 아리스토텔레스의 삼단논법의 배경을 이루는 논리적 원리 배중률이 어떻게 발생한 것인지를 확인할 수 있는 계기를 마련해 줄 것이다. 둘째로 최근의 다양화된 논리에 비추어볼 때 논의하고자 하는 대상의 특성에 따라 타당한 논리적 원리들이 달라질 수 있다.[46] 그러한 점을 감안할 때 이 글은 배중률이 어떠한 특성을 만족하는 대상들에 적합한 논리적 원리인지를 확인할 수 있는 기회를 제공할 것이다.

논리적 원리와 연관된 언어와 대상의 특성을 문제 삼고자 한다는 점에서 이 글은 분명 기술적인 것을 문제 삼는 수학적 작업이 아닌 철학적 작업에 해당한다. 그 구체적인 논의를 위하여 2절에서는 중간을 배제하는 양분법을 검토할 근거를 마련해 주는 아리스토텔레스의 약한 삼단논법

---

44 이와 관련하여 Lukasiewicz(1970), 114-15쪽, Kneale(1978), 45-54쪽 등을 참조.

45 아리스토텔레스에게 있어서 미래의 우연 명제와 같은 경험 명제는 논리의 본질적인 논의의 대상이라고 할 수 없다. 아리스토텔레스는 학적 지식(ἐπιστήμη)이 지각에 의하여 획득되는 것이 아니라는 점을 분명히 하고 있다(「후서」 87b28-35 참조). 학적 지식의 대상들은 지성이나 사유의 대상이며 그러한 대상들 사이의 관계에 대한 지식은 로고스를 통해 마련되는 논증을 통해 이루어진다. 그리고 배중률은 그러한 논증의 전제이다. 이러한 점은 이 글의 논의 과정에서 어느 정도 드러날 것이다.

46 이와 관련하여 양은석(1997b), 117-35쪽을 참조할 것.

과 거기에 사용된 배중률을 검토할 것이다. 그리고 3절에서는 그러한 논의를 가능하게 한 플라톤의 나눔의 방법에 사용된 양분법이 무엇이며 그것이 어떠한 언어와 존재론적 특성을 배경으로 해서 정립된 것인지를 살펴볼 것이다. 마지막으로 4절에서는 그 동안 주도적 역할을 해 온 논리의 형식화의 측면에 의해서 그 역할이 간과된 철학적 측면에 대한 중요성을 일깨우는 최근의 철학적 논리학의 작업과 연관하여 필자의 이런 논의가 어떤 측면에서 의미를 가질 수 있을지를 간단히 재고할 것이다.

2. 약한 삼단논법과 배중률

아리스토텔레스가 그의 존재론적 대상인 형상과 관련하여 개념의 내포와 외연에 있어서 확정성을 가정하고 있다는 사실은 이미 다른 지면에서 지적되었다.[47] 그러한 확정성의 연원은 존재의 한정성을 전제하는 파르메니데스까지 소급될 수 있다(『단편』 8 참조).

그러나 "존재" 개념만으로 주술 구조의 명제 하에서 정립되는 아리스토텔레스의 배중률과 배중률을 만족하는 대상들의 특성을 설명할 수는 없다. 그러한 형식의 배중률 모습은 개념 정의를 위하여 플라톤이 나눔의 방법에 사용한 양분법에서 발견할 수 있다. 그리고 양분법의 사용에는 아리스토텔레스가 전제하는 개념과 그것이 지시하는 대상의 확정성과 한정성이 전제되어 있다. 여기서 검토할 것은 이러한 해석의 단초를 마련해

47 아리스토텔레스는 형상을 반영해 낼 수 있는 그러한 언어를 의견과 구분하여 로고스로 표현하고 있다. 이에 대한 논의를 위해서는 양은석(1997a), 2, 3장을 참조할 것. 여기서 말하는 개념의 확정성과 대상의 경계 범위의 한정성은 개념의 내포와 외연의 확정성에 상응한다.

주는 아리스토텔레스의 약한 삼단논법(ἀσθενής συλλογισμός)과 배중률에 대한 논의이다.

1) 나눔의 방법으로서의 약한 삼단논법

아리스토텔레스가 약한 삼단논법이라고 표현하는 것은 바로 플라톤의 나눔의 방법이다(「전서」 46a31-33). 이를 통하여 아리스토텔레스는 한편으로 플라톤의 나눔의 방법이 갖는 연역적 성격을 인정하며 다른 한편으로 그것이 추론으로서의 충분한 연역적 방법은 될 수 없다는 점을 보인다. 필자의 논의와 관련하여 주목할 것은 개념 정의와 관련하여 나타난 아리스토텔레스의 이러한 논의에서 유형화된 삼단논법 자체에서 볼 수 없는 배중률의 모습을 발견할 수 있다는 것이다.

이를 위하여 먼저 아리스토텔레스가 나눔의 방법을 약한 삼단논법이라고 부르는 이유를 확인해 보자. 그것에 대하여 아리스토텔레스는 다음의 두 가지 이유를 들고 있다(46a33-34). 첫째, 나눔의 방법은 증명되어야 할 것을 전제하고 있다. 둘째, 나눔의 방법은 필요한 것보다 일반적인 결론에 도달한다.

이 두 가지 이유를 아리스토텔레스는 플라톤의 '낚시꾼' 정의에 사용된 나눔의 방법을 삼단논법적으로 분석하여 보여준다. 우선 아리스토텔레스에 따르면 '낚시꾼' 정의에 사용된 나눔의 방식은 다음으로 정형화될 수 있다.[48]

48 엄밀히 말해서 〈사례1〉과 〈사례2〉가 이종적인 사례로 분리되는 것은 아니다. 단지 아리스토텔레스는 플라톤의 나눔의 방식을 따를 경우 〈사례1〉의 분석이 수행될 뿐이지 플라톤이 기대하는 "인간은 죽는 동물이다"라는 귀결이 따라나오지 않으며 그 귀결로부터 시작하는 〈사례2〉 또한 주어진 방식의 분석이 수행될 뿐이지 "인간은 다리가 있는 죽어야 할 동물이다"라는 귀결이 따라나오지 않는다는 것을 지적할 뿐이다(그러한 점에서 주어진 사례는 일종의 연장된 삼단논법(προσυλλογισμῶν,

〈사례1〉

1. 모든 동물은 죽는 것이거나 그렇지 않은 것이다.

2. 인간은 동물이다.

---

3. 모든 인간은 죽는 것이거나 그렇지 않은 것이다.

(3': 모든 인간은 죽어야 할 (운명에 있는) 동물이다.)

〈사례2〉

1. 모든 죽어야 할 (운명에 있는) 동물은 다리가 있거나 그렇지 않은 것이다.

2. 인간은 죽어야 할 동물이다.

---

3. 모든 인간은 다리가 있거나 그렇지 않은 것이다.

(3': 모든 인간은 다리가 있는 (죽어야 할 운명에 있는) 동물이다.)

여기서 1, 2의 전제로부터 귀결된 결론 3은 3'의 진술보다 일반적인 진술이 된다. 그리고 〈사례1〉에서 귀결될 수 없는 3'의 진술이 〈사례2〉의 과정 1에 사용되고 있다. 이 두 점이 바로 위의 두 가지 이유에 해당한다. 즉 3'은 증명되어야 할 전제이며 결론 3은 필요한 것(3')보다 일반적인 진술인 것이다. 이를 통해 아리스토텔레스가 보이고자 하는 것은 플라톤의 나눔의 방법은 올바른 추론이 될 수 없다는 것이다. 아리스토텔레스는 이러한 잘못된 귀결이 발생하는 이유를 대개념보다 보편적인 것을 매개념

42b1-26참조).으로 간주될 수 있다. 다만 여기서는 편의상 〈사례1〉과 〈사례2〉를 구별하였다.) 이를 통하여 아리스토텔레스는 플라톤의 나눔의 방법을 따를 경우 "인간은 죽는 동물이다"나 "인간은 다리가 있는 죽어야 할 동물이다"와 같은 귀결이 사실상 증명되지 않고 전제된 것임을 확인시키고 있다.   아리스토텔레스의 주장을 따라 구체적으로 〈사례1〉, 〈사례2〉의 오류가 발생하는 이유를 지적하면 다음과 같다. 〈사례1〉, 〈사례2〉에서 매개념으로서의 "동물"이나 "죽어야 할 동물"은 "죽는 것"과 "죽지 않는 것" 그리고 "다리가 있는 것"과 "다리가 없는 것"으로 나누어져 있다. 그러나 이러한 나눔은 옳지 않다. 왜냐하면 매개념으로서의 "동물"이나 "죽어야 할 동물"이 대개념으로서의 "죽는 것"과 "죽지 않는 것" 그리고 "다리가 있는 것"과 "다리가 없는 것"보다 보편적이기(외연이 넓기) 때문이다. ▲

으로 사용했기 때문이라고 진단하고 있다(46b2-3).

이러한 아리스토텔레스의 진단이 바른 것인가 하는 문제[49]는 이 글에서의 논의 과제가 아니다. 여기서 주목할 것은 각각의 사례의 과정 1과 3에 아리스토텔레스의 유형화된 삼단논법의 사례[50]에서 볼 수 없는 우리에게 흔히 알려진 배중률이 나타나 있다는 점이다.[51] 나눔의 과정에서 배중률c를 고려하고 있다는 사실은 그가 정의(ὁρισμὸς)를 발견하기 위한 올바른 나눔의 방법을 문제 삼는 데서 잘 드러난다.

아리스토텔레스는 임의의 유에 대한 종차로의 나눔을 통해 주어진 유의 성질을 갖는 최후의 종차 즉 제일 종차(τὰ ἄτομα τῷ εἴδει τὰ πρῶτα)에 이를 수 있다고 생각한다(「후서」 96b15-16). 예를 들어 동물류를 육상 동물과 수중 동물로 나누고 육상 동물을 다시 두 발을 갖는 것과 그렇지 않은 것으로 그리고 두 발을 갖는 것을 날개가 있는 것과 그렇지 않은 것으로 나누어 그러한 이름을 나누어 갖는 제일 종차인 인간에 이를 수 있다. 이때 제일 종차를 주어로 하고 그것을 포함하는 유와 종차를 술어로 하여 다음의 명제를 구성할 수 있다.

---

49 플라톤이 나눔의 방법을 수행하는 데 있어서 개념을 양분하는 실질적인 개념을 선택하였는가 하는 문제점이 남아 있다고는 해도, 이는 아리스토텔레스에게도 동일하게 적용되는 문제이다. 왜냐하면 예를 들어 "죽는 것"이란 개념이 "동물"이란 개념보다 더 보편적이기(외연이 넓기) 때문이다. 그리고 비록 종합의 구체적인 방법이 제시되지는 않았다고는 해도 플라톤에게 있어서 유에 따른 나눔의 방법으로서의 변증법은 종합과 분석이 결합된 방법이다. 그러나 아리스토텔레스에게 와서 유에 따른 나눔의 방법은 분석의 과정과 동일시되고 있다. 따라서 분석을 수행하기 위한 종합의 과정은 논증(ἀπόδειξις)으로서의 삼단논법에서 배제되고 있다는 것을 알 수 있다.

50 완벽한 삼단논법과 관련하여 나타나는 1, 2, 3격에 해당하는 삼단논법의 사례는 다음과 같은 것이다.
〈사례3〉 모든 동물은 죽는다.
모든 인간은 동물이다.
―――――――――
모든 인간은 죽는다.

51 앞으로 필자는 이러한 배중률을 배중률c로 명명할 것이다.

〈사례4〉 "모든 인간은 날개 없는 두 발 가진 육상 동물이다."

이는 피정의항에 해당하는 '인간'을 주어로 하고 그것과 외연에서 동연적일 수 있는 정의항에 해당하는 여타의 유와 종차의 연언을 술어로 하는 전형적인 플라톤의 정의 방식이다. 아리스토텔레스는 이러한 명제가 나눔의 과정에 의하여 논증될 수 있다는 점을 인정한다.(92a4, ὥστ᾽ εἰ καὶ ἀπεδείκνυτο τῇ διαιρέσει) 이는 아리스토텔레스가 주어진 명제가 추론의 결론이 될 수 없음에도 불구하고 그 연역적 성격을 승인하는 측면을 잘 보여준다. 주목할 것은 이러한 올바른 나눔의 방법이 수행되기 위하여 아리스토텔레스가 나눔에 있어서 배중률c를 그 원칙으로 할 것을 강조하고 있다는 점이다. 그러한 점은 다음의 진술에 잘 나타나 있다.

> 우리가 상호 대립하는 것들과 (그것들을 구별하는) 종차를 그리고 (유에 속하는) 모든 것들이 그 하나나 나머지 하나에 속한다$_{1}$는 것을 가정할 때 그리고 (정의하고자 하는) 항이 그 둘 중의 하나에 있다$_{2}$고 가정하고서 그것을 알 때, 그것에 대하여 종차가 술어화되는 다른 모든 항들을 우리가 아는가 그렇지 않은가는 중요하지 않다. … 그 대립하는 것들이 중간을 배제한다$_{3}$면, 모든 것이 그 종차 중의 하나에 속한다$_{4}$는 것은 가정이 아니다(97a14-21).[52]

여기서 1과 4의 진술이 배중률c에 해당한다는 것은 〈사례4〉의 경우를 위의 진술에 적용하여 1계 논리 언어로 표현할 때 잘 드러난다. 1과 4는 다음으로 기호화될 수 있다.

---

52 밑줄과 밑줄 번호 및 괄호는 필자 주. 이하 인용도 마찬가지임.

x: (동물에 속하는) 임의의 대상, A_M: 육상 (동물),

$\neg A_M(B_M)$: 비육상(수중) (동물), M: 동물 (단 M을 x의 정의역으로 하여)

$$(\forall x)(A_M x \vee \neg A_M x)$$

주목할 것은 주어진 경우를 언어로 표현할 때 다음에 해당한다는 점이다.

〈사례5〉 "모든 동물은 육상 (동물)이거나 수중 (동물)이다."[53]

이는 다름 아닌 아리스토텔레스가 잘못된 매개념의 사용을 비판하는 〈사례1〉, 〈사례2〉의 과정 1의 경우에 해당한다. 이때 주어진 과정에 해당하는 사례는 피정의항에 대한 고려 없이도 주장될 수 있다. 즉 '동물'류를 나누는 최초의 종차 '육상의'와 '수중의'는 특정 유에 대한 대립하는 종차로의 나눔만으로 성립하는 경우인 것이다. 그리고 그러한 사례에 적용될 수 있는 것이 바로 배중률c이다.

그러나 이 글의 논의와 연관해서 정작 중요한 것은 다름 아닌 3의 진술이다. 왜냐하면 3의 진술은 배중률c에 대한 전제인 동시에 아리스토텔레스가 고려하고 있는 배중률과 연관되어 있기 때문이다.[54]

---

53 프레게의 구분에 따를 경우 〈사례5〉는 $(\forall x)(Mx \rightarrow (A_M x \vee \neg A_M x))$로 기호화되는 것이 마땅하다. 그러나 이러한 기호법은 그 자체로는 배중률에 대한 기호법이 되지 못한다. 아리스토텔레스의 발상에 따를 경우 M을 단순히 정의역으로 처리하는 것이 타당하다(인용 참조).

54 현대적 기호법을 적용하여 〈사례1〉, 〈사례2〉의 과정 3의 경우에 해당하는 2의 진술에 배중률이 적용될 수 있다는 것을 지적할 수 있다.
H: 인간, (H를 x의 정의역으로 하여) $(\forall x)(A_M x \vee \neg A_M x)$
"모든 인간은 육상 동물이거나 수중 동물이다"
그러나 그것은 여기서 아리스토텔레스가 문제 삼고 있는 경우는 아니다.

2) 대립하는 술어의 중간을 배제하는 원칙으로서의 배중률

아리스토텔레스는 위 절에서 논의된 경우를 배중률로 명명하고 있지 않다. 아리스토텔레스가 표현하는 배중률은 다음의 경우이다.[55]

> 주어에 대하여 임의의 술어는 긍정되거나 부정된다. 임의의 명제는 긍정이거나 부정이다(88b1, τὸ πάν φάναι ἢ ἀποφάναι).[56] (1)

> "주어에 대하여 임의의 술어는 긍정되거나 부정된다"는 것은 참이다. "임의의 명제는 긍정이거나 부정이다"는 것은 참이다(71a13- 14, ὅτι μὲν ἅπαν ἢ φήσαι ἢ ἀποφήσαι ἀληθές).[57] (2)

이러한 문제는 2.1절에서 살펴본 배중률(배중률c)의 해석이 잘못된 것은 아닌가 하는 의문을 야기시킨다. 그러나 아리스토텔레스는 2.1절에서 검토된 것과 유사한 다음의 경우에서 자신이 고려하는 배중률(배중률A)을 명시적으로 언급하고 있다(73b23-24).

---

55 '참'이라는 메타적 진술을 포함하는 경우를 논외로 한다고 할 때, (1)의 경우에 해당하는 배중률은 다음으로 기호화될 수 있다.

$(\forall X)(Xa \vee \neg Xa)$ (1-1)

$(\forall P)(P \vee \neg P)$ (1-2)

이는 아리스토텔레스가 주장하는 배중률이 명제 논리나 1계 술어 논리로 정확하게 표현될 수 없다는 점을 보여준다. 왜냐하면 엄밀히 말해서 명제 논리에서는 양화 연산이 사용될 수 없고 ((1-2) 참조) (1-1)은 술어를 변항 처리한 2계 논리 언어에 해당하기 때문이다. 그러한 점에서 본다면 아리스토텔레스의 배중률은 주어항에 양화연산을 도입하는 A, E, I, O형으로 유형화될 수 있는 삼단논법의 명제로 표현될 수 없다. 앞으로 필자는 이러한 배중률을 배중률A로 표현할 것이다.

56 이와 관련하여 18a35-36, 73b23, 77a22, 30 참조.

57 이와 관련하여 71b25, 72a10-11 부분을 참조할 것.

〈사례6〉 (모든) 수는 홀이거나 짝이다 / (모든) 선은 직이거나 곡이다[58]

이러한 문제점은 배중률c의 전제를 이루는 중간을 배제하는 원칙을 통해 해소될 수 있다. 먼저 배중률c가 중간을 배제하는 원칙과 어떻게 연관될 수 있는지를 살펴보자.

〈사례5〉나 〈사례6〉에서 '모든'을 빼 버릴 경우, 로스가 지적하듯이 주어진 사례는 다름 아닌 지시된 유 전체를 상호 대립하는 두 종차로 나눈 경우이다(Ross(1949), 73b24에 대한 주 참조). 즉 '수는 홀이거나 홀이 아니다'는 수의 전 영역을 홀과 홀 아닌 종차로 분할한 것이다. 이 점을 아리스토텔레스는 다음으로 표현하고 있다.

> 왜냐하면 (한 성질의) 반대는 동일한 유 내에서 (그 성질에 대한) 결여나 모순이기 때문이다. 예를 들어 짝이 홀이 아닌 것의 결과인 한 수 내에서 홀이 아닌 것은 짝이다(73b21-22).

여기서 양화 연산 '모든'을 수반하는 경우나 그렇지 않은 경우 모두 술어항에 해당하는 (상호 대립하는 것들을 나타내는) 종차 사이의 중간이 배제되어 있다. 위절에서 지적한 배중률c가 '(대립항의) 중간을 배제하는 원칙' 하에서 타당한 원리라는 것은 이러한 종차를 통하여 이해될 수 있다.[59] 그리고 대립항의 중간을 배제하는 경우로 한정할 경우, 배중률c는

---

58 배중률을 문제 삼을 때, '짝'과 '곡'은 '홀이 아닌'과 '직이 아닌'으로 이해되어야 한다(73b22, οἷον ἄρτιον τὸ μὴ περιττὸν ἐν ἀριθμοίς ᾗ ἕπεται 참조).

59 아리스토텔레스는 그러한 원칙을 모순의 본성으로 간주한다(72a12-13). 즉 아리스토텔레스는 논증의 전제를 선택하는 데서 상호 대립하는 경우의 한가지인 두 명제의 모순 관계를 정립한다. 그리고

피정의항을 고려할 필요 없이 나눔의 과정만으로 주장될 수 있다.

아리스토텔레스는 『오르가논』에서 배중률c와 더불어 배중률A와 연관된 중간을 배제하는 원칙에 대한 구체적인 논의를 하고 있지 않다. 반면 『형이상학』에서 그는 중간을 허용할 경우 배중률이 더 이상 타당하지 않다는 것을 통해 이를 설명하고 있다. 그것은 다음의 진술에 잘 나타나 있다.

> 만약 논증을 위해서 진술하는 것이 아니라면(εἰ μὴ λόγου ἕνεκα λέγεται) 모든 모순되는 것들 사이에 그것(중간)이 있어야 한다. 그렇다면 우리는 참도 아니고 거짓도 아닌 것을 말할 수 있을 것이다. … 다시 (한 성질의) 부정이 그것의 대립자(의 주장)를 함의하는 모든 유 내에 그것(중간)이 있게 될 것이다(Γ7, 1012a5-10).

그러나 아리스토텔레스가 배중률을 어기는 이러한 경우를 논증에서 배제하고 있다는 점에 유의할 필요가 있다. 아리스토텔레스는 위의 인용 바로 뒤에서 다음의 진술을 통해 배중률을 어기는 경우가 정의상 허용될 수 없다는 점을 분명히 하고 있다.[60]

> 예를 들어 수의 영역 내에 홀도 아니고 홀 아닌 것도 아닌 수가 있게 된다. 그러나 그것은 불가능하다. 그리고 그것은 정의상 분명하다(1012a10-12).

중간을 배제하는 것을 그러한 모순의 본성으로 간주한다.

60 이 글의 논의와 관련하여 현대적 의미의 '정의'보다는 희랍어 ὁρισμὸς의 문자적 의미에 주목할 필요가 있다. 희랍어로 ὁρισμὸς는 '경계지움'이나 '한계지움'을 의미한다.

트레데닉(Tredenick)이 지적하듯이 여기서 말하는 정의가 구체적으로 무엇인지는 분명하지 않다(Aristotle(1933), 202쪽 주a). 분명한 것은 〈사례6〉에 해당하는 경우를 중간을 배제하는 원칙을 따르는 배중률의 전형적인 사례로 간주하고 있다는 것이다. 여기서 주어진 두 진술에 나타난 배중률은 배중률A의 경우라기보다는 배중률c의 경우인 것처럼 보인다. 그러나 그러한 배중률이 아리스토텔레스가 주장하는 배중률A의 경우라는 점은 중간을 배제하는 원칙과 배중률을 구별하지 않는 다음의 두 진술을 통하여 확인될 수 있다.

> 대립하는 것들 사이의 어떠한 중간도 대립하는 것들 중의 하나가 술어화되는 같은 주어에 대하여 술어화될 수 없다(K6, 1063b19-20).[61]

> 모든 것은 ~이면서 ~이 아니라고 하는 헤라클레이토스의 교설은 모든 것을 참이 되게 하고, 모순 사이에 중간이 있다고 하는 아낙사고라스의 교설은 모든 것을 거짓이 되게 한다(Γ7, 1012b24-27).

전자의 인용은 중간을 배제하는 원칙과 관련하여 아리스토텔레스가 주장하는 배중률이 배중률A의 경우에 해당한다는 점을 잘 보여준다. 이러한 점에 기초하여 〈사례6〉에 배중률A를 적용할 경우, 주어진 사례는 다음으로 이해될 수 있다.

> a를 '이것 (τὸδε τι)'으로서의 '이 수'라고 하고 X에 홀(K)을 대입할 경우, "이 수

61 "그러나 다른 한편 모순 사이에 중간이 있을 수 없다. 그러나 우리는 (어떤) 하나에 대하여 다른 하나를 긍정하거나 부정해야 한다(Γ7, 1011b24-25)." 참조.

는 홀이거나 홀이 아니다(Ka∨ㄱKa)"라는 배중률을 만족하는 사례가 성립한다.

배중률에 대한 이러한 적용 가능성은 플라톤과 구별되는 개별자를 배제하지 않는 아리스토텔레스의 특성을 잘 반영해 주는 것처럼 보인다. 그러나 그것은 아리스토텔레스가 배중률을 어떻게 배중률c가 아닌 주어를 상항 처리하는 배중률A의 경우로 정립하게 되었는지에 대한 의문을 불러일으킨다.

이에 대한 이해의 단초는 플라톤의 양분법 내에서 마련될 수 있다. 그리고 중간을 배제하는 원칙과 관련된 정의의 구체적인 내용이 무엇인지를 지적할 수 없었지만, 위 인용의 전후 문맥상 최소한 그것이 이름(ὄνομα)이 (의미를 담지하는) 기호(σημείον)로서의 역할을 수행하는 의미 확정을 전제한다는 것은 지적할 수 있다(1012a22-24 참조). 그리고 그러한 기호가 지시할 수 있는 것들은 지각이 아닌 지성이나 사유의 대상들(πάν τὸ διανοητὸν καὶ νοητὸν)이다(1012a2-4). 즉 대립하는 것들이 중간을 배제하기 위해서는 그러한 언어와 대상들을 전제해야 하는 것이다.

이러한 언어와 대상 영역이 바로 개념의 의미가 확정되고 그것이 지시하는 대상의 경계 범위가 한정될 수 있는 영역이라는 점은 이미 다른 지면에서 논의되었다. 다음절에서 논의될 것은 이러한 논의의 단초를 마련해 주는 양분의 원칙과 그러한 원칙이 성립하기 위한 전제들이다.

3. 양분법과 양분의 언어, 철학적 전제

아리스토텔레스에게서 배중률A가 중간을 배제하는 원칙으로 나타난다면 플라톤에게서 양분법은 중간을 나누는 원칙으로 나타난다. 양자가 갖는 차이[62]에도 불구하고 그것들이 동일선상에서 이해될 수 있는 것은 특정 유에 대한 두 종차로의 나눔에 한정할 경우, 아리스토텔레스가 배중률A와 특별히 구별하지 않는 중간을 배제하는 원칙이 플라톤이 주장하는 중간을 나누는 원칙과 같다는 점 때문이다. 실제로 중간을 나누는 양분법 안에서 2절에서 살펴본 배중률의 두 모습을 모두 발견할 수 있다. 이에 대한 논의는 2절에서 남겨진 문제점에 대한 이해의 실마리와 더불어 아리스토텔레스가 전제하는 개념의 내포와 외연에 있어서의 확정성이 어떻게 마련된 것인지를 확인할 수 있는 계기를 제공해 줄 것이다.

1) 나눔의 방법과 배중률

양분법이 성립하기 위한 조건에 대한 논의에 앞서 여기서 검토할 것은 나눔의 방법으로 간주되는 플라톤의 후기 변증법에 배중률A가 어떻게 나타날 수 있는가 하는 것이다. 플라톤이 주장하는 형상들을 대상으로 인정할 경우, 그의 나눔의 방법 안에서 배중률A뿐만 아니라 배중률C의 모습 또한 발견할 수 있다. 이를 밝히는 것이 여기서의 과제이다.

이를 위해 먼저 검토할 것은 아리스토텔레스가 비판하는 나눔의 방법이 플라톤에게서 정확히 어떻게 이해되어야 하는 가이다. 아리스토텔레

---

62 단칭명제가 아닌 경우 플라톤의 경우에 해당하는 양화 연산이 도입되지 않은 다음과 같은 명제는 아리스토텔레스의 경우 비확정 명제에 해당한다. "인간은 백인이다", "기쁨은 선이 아니다". 이러한 경우 임의의 명제와 그 부정 명제 사이의 관계가 양화 연산이 수반되는 경우처럼 반드시 모순관계인 것은 아니다(17b29-37 참조). 그리고 모순관계는 기본적으로 임의의 명제와 그 부정명제 사이의 관계이지 플라톤에게서처럼 두 긍정명제 사이의 관계는 아니다. 아리스토텔레스에게서 전제를 선택하는 것은 상호 모순관계에 있는 임의의 명제와 그 부정 명제 중 하나를 선택하는 것이다(72a11-12와 Aristotle (1960), 46쪽 주c 참조). 그리고 배중률은 그러한 모순이 갖는 중간을 배제하는 본성으로부터 성립하는 것이다.

스가 비판의 예로 든 낚시꾼 정의는 플라톤에게서 기본적으로 다음의 과정을 통해 수행된다.

(피정의항: 종개념, 정의항: (보편) 유개념과 종차들[63])

1. 피정의항을 포함하는 유개념의 설정
2. 유개념에 종속되는 종차들로 분할
3. 종차들 중 피정의항을 포함하는 종차들과 유개념의 연언
4. 피정의항과 동연인(coextensive)유와 종차들의 연언(에 의한 '정의'의 완성)

1의 과정은 흔히 알고 있는 후기 변증법에 있어서의 종합(συναγωγή)에 해당하며 2의 과정은 분석(διαίρεσις)에 해당한다. 즉 1의 과정은 바로 정의하고자 하는 개념을 포함하는 보편적인 유개념을 발견하는 종합의 과정이며, 2의 과정은 발견된 유개념에 종속되는 하위의 종차들을 분할의 작업을 통해 구별해 내는 분석의 과정이다.[64] 그러나 이것을 통해 피정의항에 대한 정의가 완성되는 것은 아니며 이를 위해서는 3과 4의 과정이 요구된다. 즉 2의 과정을 통해 구별된 종차들 중 정의항에다 피정의항에 해당하는 종개념을 포함하는 종차들만을 유개념과 연언 시킬 경우 피정의항과 연언된 정의항들 사이에 외연의 동치관계가 성립하는 것이다.[65] 이를 '낚시꾼' 정의에 적용하면 다음과 같다(『소피스트』

63 플라톤에게서 유와 구별되는 종차란 표현은 나타나지 않는다. 다만 아리스토텔레스와 연관된 논의의 편의를 위하여 유와 종차란 표현을 사용한다.

64 이와 관련하여『소피스트』256d-e, Cornford(1979), 184쪽을 참조할 것.

65 세이어(K. M. Sayre)는 각각의 정의항이 피정의항에 대한 필요조건이나 그것들의 연언은 충분조건이란 표현을 통해 정의의 이러한 점을 잘 설명하고 있다. 그러나 그러한 과정을 양분법과 연관시키고 있지는 못하다(Sayre(1969), 216-23쪽 참조).

218e-221c).

(피정의항: "낚시(꾼)", 정의항: "기술"과 기술에 종속되는 종차들)

1. 낚시(꾼)은 기술(을 가진 사람)이다.

2. 기술은 획득술과 제작술로, 획득술은 강제적인 것과 평화적인 것으로, 강제적인 것은 수렵에 의한 것과 경쟁에 의한 것으로, 수렵(사냥)에 의한 것은 생물(동물)과 무생물에 의한 것으로, 생물(동물)에 의한 것은 육상동물에 의한 것과 수중동물에 의한 것으로, 수중동물에 의한 것은 물고기와 물새에 의한 것으로 물고기에 의한 것은 상해에 의한 것과 그물에 의한 것으로 상해에 의한 것은 갈고리에 의한 것과 작살에 의한 것으로 분할될 수 있다.

3. 2의 전자에 해당하는 것들과 1의 기술(을 가진 사람)을 연언

4. "'낚시꾼'은 '갈고리에 의해 상해를 일으켜서 물고기란 수중동물(생물)을 사냥에 의해 강제로 획득하는 기술을 가진 사람'이다."

여기서 우리는 플라톤이 종합을 통하여 "낚시(꾼)"을 포함할 수 있는 보편 유로서의 "기술(을 가진 사람)"을 설정한 후(과정 1, 219a) 나눔을 통해 기술에 종속되는 이름들을 분할해 내고 있다(과정 2, 219a-221c)는 것을 알 수 있다. 그리고 마지막으로 낚시꾼을 정의하는데 기술과 그것의 분할을 통해 얻어진 것들 중 낚시꾼을 포함하는 이름들만을 모아서 그것의 정의로 간주하고 있다(과정 3, 과정 4, 221b-c)는 것을 알 수 있다.

그러나 분석의 과정에서 종합이 전적으로 배제되는 것은 아니다. 분석의 과정에는 피정의항을 그것을 포함하는 (그 필요조건에 해당하는) 정의항 일부와 결합시키는 종합의 과정이 포함되어 있다.[66]

---

66 아리스토텔레스나 그의 논리학을 지지하는 입장에 설 경우 이러한 과정은 2절에서 살펴본 추론의 전

이러한 과정은 나눔의 방법에서 배중률의 모습을 발견할 수 있는 계기를 마련해 준다. 이를 위하여 아리스토텔레스의 삼단논법적 분석과 관련하여 주어진 예가 변증법에 어떻게 적용되어야 하는지를 다음의 정형화된 양식을 통해 확인해 보자.

〈1〉 종합에 의한 '기술'의 설정

1. '낚시꾼'은 '기술자'이거나 '비기술자'이다.
   ('낚시꾼'은 '기술자'에 포함되거나 '비기술자'에 포함된다.)
2. 낚시꾼은 기술자이다.

〈2〉 나눔에 의한 '기술'의 분석

1. 기술은 '제작술'과 '획득술'로 분류된다.
   (기술 개념의 외연은 그것에 종속되는 '제작술'과 '획득술' 개념의 외연의 합과 일치한다.)
2. 낚시는 제작술이거나 획득술이다.
3. 낚시는 획득술이다.
4. 획득술은 '강제적인 방법'과 '평화적인 방법'으로 분류된다.
5. 2-4의 유사과정의 반복

〈3〉 '낚시꾼'을 포함하는 종차들과 유개념의 연언에 의한 '낚시꾼'의 정의

낚시꾼을 정의하기 위한 나눔의 과정에서 과정 3(〈2〉:3)은 피정의항

제에 불과한 것일 수 있다. 그러나 콘포드는 이러한 점 때문에 플라톤의 논리학을 아리스토텔레스의 형식 논리학과 철저히 구별하고 있다(Cornford(1979), 264-65쪽 참조). 이 두 입장 중 어느 입장이 더 타당한 것인가 하는 논의는 이 글에서의 관심 사안이 아니다. 여기서는 그러한 변증법에서 배중률의 모습을 발견할 수 있다는 것에 대해 논의하고자 한다.

에 해당하는 종개념을 포함하는 하나의 종차를 발견하는 종합의 과정이라고 할 수 있다. 이때 3의 과정이 성립하기 위하여 전제되는 2의 과정(⟨2⟩:2)에서 아리스토텔레스가 언명한 배중률A의 모습을 발견할 수 있다.[67] 즉 정의항과 연관된 각각의 대립하는 술어는 피정의항에 해당하는 특정한 주어에 귀속될 수 있는 임의의 술어와 그렇지 않은 술어에 해당하는 것이다.

이러한 점은 배중률에 있어서 주어를 상항 처리하는 경우가 어떻게 발생됐는지를 확인하는 계기를 마련해 준다. 그리고 그러한 내용은 2.1절의 인용 중 2의 진술을 통하여 일정 정도 확인할 수 있다. 왜냐하면 정의하고자 하는 피정의항을 주어로 간주할 경우, 과정 2는 다름 아닌 배중률A를 만족하는 경우이기 때문이다.

여기서 주목할 것은 피정의항을 주어로 하는 배중률A가 성립하기 위해서 아리스토텔레스의 중간을 배제하는 원칙에서처럼 유(또는 전체)의 중간을 가르는 양분(⟨2⟩:1)이 전제되어야 한다는 점이다. 그러한 양분 안에서 배중률c의 모습 또한 발견할 수 있다. 그것은 다음의 진술에 잘 나타나 있다.

> 그렇다면 어디서 우리가 정치인의 길을 발견할 수 있겠는가? 우리는 그것(그 길)을 발견하고 그것에 단일한 형상을 각인시켜 나머지 것들부터 그것을 분리해내야 한다. 그런 다음 이 길로부터 벗어난 나머지 모든 길에 또 다른 하나의 형상을 각인시켜야 한다. 그리고 우리 영혼이 <u>모든 지식의 대상들을 이 두 형</u>

---

67 양분에 논의의 초점이 맞춰져 있기 때문에 분석의 과정에서 이 부분은 상당히 생략되어 있다. 그러나 그것이 분석의 과정에서 이 부분이 빠질 수 있다는 것을 함의하지는 않는다. 주어진 과정과 관련하여 『소피스트』 219d와 스미스(R. Smith)(1995), 51-52쪽을 참조할 것.

상 중 하나에 속하는 것으로 인지하도록 해야 한다(「정치인」 258c).

제작술과 획득술이 모든 기술을 포함한다는 것을 안다면, 테아이테토스야, 우리가 낚시를 (둘 중) 어디에 놓을 수 있겠는가?(『소피스트』 219d)[68]

개념 정의를 위한 양분 안에서 배중률C와 더불어 아리스토텔레스가 주장하는 배중률A의 사례가 발견될 수 있다는 점은 왜 배중률A가 중간을 배제하는 원칙 하에서 이해되어야 하며 그것이 왜 양분법으로 소급되어야 하는지를 잘 보여준다. 그러나 그것만으로 양분법의 특성이 밝혀진 것은 아니다. 이에 대한 다음의 논의는 양분법의 언어, 철학적 전제가 무엇인지를 확인하도록 해 줄 것이다.

2) 양분의 조건과 전제들

유에 대한 두 종차로의 나눔에 한정하지 않는다면, 배중률A를 만족하는 모든 사례가 양분의 사례가 될 수 있는 것은 아니다.[69] (술어에 해당하는 부정항이 고유한 이름을 갖는 것은 위의 사례들에서나 나타나는 특수한 경우이다.) 그러한 점은 일정 정도 배중률A와 구별되는 양분법의 특성을 반영해 준다. 그러나 다른 한편 그러한 특성은 그것에 전제된 개념의 내포와 외연의 확정성을 잘 보여준다. 즉 주어로서의 개별자에 대한 술어이자 형상 (또는 보편자)를 지시하는 개념은 그러한 확정성을 전제하고 있는 것이다. 이 글의 논의에서 초점을 맞추는 것은 바로 그러한 점이

68 이와 관련하여 「정치인」 262b 참조.

69 이는 배중률C에서도 또한 마찬가지이다.

다.[70]

낚시꾼 정의에 사용된 나눔의 방법에서 최초의 유개념을 설정하는 과정을 제외한 분석의 과정에서 플라톤이 부정항이 아닌 특수한 이름을 갖는 대립항을 사용하고 있다는 점과 위절의 인용에서 그러한 이름이 지시하는 것을 형상으로 간주하고 있다는 점에 유의할 필요가 있다. 왜냐하면 『소피스트』 편에서 나눔의 방법은 '전체'와 '부분' 관계에 있는 형상들을 구별하는 방법이며(253c-e), 각각의 형상들은 로고스 안에서 그것에 고유한 이름(πρέποι ἄν ὀνόματι)에 의하여 명명될 수 있기 때문이다(219b-c).[71] 양분법은 그러한 형상과 이름을 구별하기 위하여 도입된 방법이다. 그리고 양분법의 기본적인 조건들은 그러한 언어, 철학적 전제를 잘 드러내 준다. 이를 「정치인」 261-265의 내용을 통해서 구체화 해보자.

플라톤은 전체에 대한 부분으로의 나눔을 수행하는 데 있어서 그 부분이 형상을 갖는 것이어야 한다(ἀλλὰ τὸ μέρος ἅμα εἶδος ἐχέτω, 262b)는 점을 주지시킨다. 왜냐하면 전체로서의 형상이 주어졌을 경우, 그것의 부분이 있는 것은 필연적이나 그것이 반드시 형상이어야 할 필요는 없기 때문이다(263b). 즉 '부분'은 '형상'이 있기 위한 필요조건이지 충분조건은 아니다. 그리고 (형상이 아닌) 부분이나 (부분인) 형상 모두 그것에 상응하는 이름을 가질 수 있다(261e, 262c 참조). 그러한 형상이 아닌 부분을 배제하도록 하는 것이 바로 양분법이다. 양분법은 다음의 원칙을 만족하는 한에서 성립한다.[72]

---

70 이에 관한 기본적인 논의는 양은석(1997a), 40-43쪽에 제시되어 있다.

71 이와 관련하여 『소피스트』 219-221 부분을 참조할 것.

72 플라톤은 개념정의를 위한 나눔의 방법을 수행하는 데 있어서 [원칙A]를 따를 것(265a 참조)을 강조

[원칙A] 전체를 양분하는(διὰ μέσων διαίρεσις) 개념들만이 그 부분에 고유한 형상을 지시한다. 양분된 두 부분은 다음 세 조건을 모두 만족시켜야 한다.

조건1 : 양분된 두 부분의 합은 양분되기 이전의 전체와 그 외연에서 일치해야 한다.

조건2 : 양분된 두 부분 각각은 상호 배타적인 관계를 갖는다. (그리고 그 외연은 일치한다; 양분된 개념은 중간을 나누는 것이어야 한다.)[73]

조건3 : 양분된 부분을 지시하는 이름은 그 각각에 종속된 하위의 부분들에 해당하는 대상들에 공통적인 고유한 속성(내포)을 의미해야 한다.

조건 1은 배중률 문제와 관련하여 지금까지 논의된 것이기 때문에 여기서 재론될 필요는 없다. 문제가 되는 것은 조건 2와 조건 3이다. 플라톤은 조건 2와 조건 3을 만족시키지 못하는 사례와 만족시키는 사례를 제시함으로써 한 개념이 지시하는 형상의 중간을 나누는 양분법을 정당화한다. 여기서는 조건 2와 조건 3을 만족시키지 못하는 전형적인 사례를 검토하여 그것이 형상을 지시할 수 없음을 보이기로 하겠다.

〈사례7〉 "인간"은 희랍인과 비희랍인(야만인)으로 양분된다.

〈사례8〉 "수"는 1000과 1000아닌 수로 양분된다.

한다.

73 플라톤이 양분된 두 부분에 대한 반드시 외연의 일치를 주장하는 것은 아니다. 다만 양분에 있어 두 항이 거의 외연이 일치하는 경우에 형상을 의미할 수 있다고 보고 있는 것이다. 여기서 중요한 것은 그 부분이 배타적 관계를 상호 갖는다는 데 있지 외연의 일치에 있는 것은 아니다. 다만 다른 양분과의 차별을 위해 이를 조건 2에 첨가했다.

여기서 〈사례7〉, 〈사례8〉 모두 전체로서의 '인간'을 가르는 부분 '희랍인'과 '비희랍인' 그리고 '1000'과 '100아닌 수'를 갖게 된다. 이와 관련하여 플라톤이 〈사례7〉, 〈사례8〉에 대하여 직접적인 비판을 가하는 것은 아니며 개념(이름) 분석의 잘못된 본보기를 보여주는 것이다. 이에 대한 비판은 263c-d('생물'에 대한 '인간'과 '인간 아닌 나머지 동물'의 양분)와 263e-264d('군집생활을 하는 생물'에 대한 '수중에서 군집생활을 하는 생물'과 '육지에서 군집생활을 하는 생물'의 양분)에 나타난 플라톤의 지적과 관련하여 다음으로 설명될 수 있다.[74]

〈사례7〉에 있어서 "비희랍인(야만인)"에 속하는 사람들은 공통적 속성을 갖지 않는다. 왜냐하면 그들의 범위는 한정될 수 없고(ἀπείροις) 그들은 상호교류도 갖지 않으며 다른 언어를 사용하기 때문이다.(조건 3에 위배) 〈사례8〉에 있어서 "1000아닌 수"는 그것에 속하는 수들의 고유한 속성에 해당하는 개념이 아니다. 왜냐하면 "1000아닌 수"란 개념은 "1000"이란 개념을 포섭하는 상위개념에 고유한 이름 "수"를 다시 사용하고 있기 때문이다.(조건 3에 위배) ▲

이로부터 우리는 〈사례7〉, 〈사례8〉 모두 조건 3을 만족시키고 있지 못한다는 것을 알 수 있다. 동시에 주어진 분류는 조건 2 또한 만족시키지 못한다. 이는 플라톤이 〈사례7〉, 〈사례8〉에 대한 좀 더 올바른 양분의 사례를 제시하는 데서 이야기될 수 있다.

---

74 엄밀히 말해서 플라톤에게서 나타나는 〈사례1〉, 〈사례2〉에 대한 263c-264d를 통하여 여기서 제시하는 증명의 정형화는 플라톤과 동일하지는 않다.

〈사례7*〉 "인간"은 남성과 여성으로 양분된다.

〈사례8*〉 "수"는 짝과 홀로 양분된다.

〈사례8*〉에 있어서 '짝'과 '홀'은 집합적으로 기수적 고려를 할 때 양자가 양적으로 동치를 이룬다는 것을 알 수 있으며 〈사례7*〉에 있어서 다소의 편차가 있긴 하나 경험적(통계적)으로 '남성'과 '여성'의 비율이 1 : 1에 가깝다는 것을 알 수 있다.(물론 플라톤이 〈사례7*〉와 〈사례8*〉에 대한 증명을 시도한 것은 아니며 다만 상식적 차원에서 가능한 한 양적으로 중간을 양분하는 것을 고려하고 있을 뿐이다.)[75] 따라서 남성이나 여성, 짝과 홀은 각각의 형상에 고유한 이름인 것이다.

이때 '여성'이나 '홀'은 남성과 짝에 대한 대립되는 부정항이 된다. 그러나 필자의 논의와 관련하여 중요한 것은 그러한 이름이 형상을 지시하기 위해서는 고유한 의미를 갖는 것이어야 한다는 점이다(조건 3 참조). 이는 양분이 성립하기 위하여 플라톤이 언어적 측면에서 개념의 확정성을 전제하고 있다는 점을 잘 보여준다.[76]

이러한 언어를 플라톤은 일상의 담론(의견)과 구별되는 로고스로 표현하고 있다. 그리고 그것을 이름들을 결합하여 학적 지식(ἐπιστήμη)을

---

75 2절에서 살펴본 것처럼 아리스토텔레스는 『오르가논』과 『형이상학』에서 양분법을 정의 발견을 위한 유용한 방법으로 간주한다. 반면 『동물 부분론』에서는 양분법에 대한 비판을 시도한다(H. Cherniss(1962), 48-64쪽 참조). 그리고 플라톤 자신도 양분법 자체를 점차 포기하는 경향을 드러내고 있다(같은 책, 55쪽). 그러나 그러한 문제점이 플라톤의 양분법에서 배중률A의 원형을 볼 수 있다는 점을 배제하지는 않는다.

76 단 그러한 확정성은 명제로 간주될 수 있는 로고스 안에서 가능하다(『테아이테토스』 218c, e, 202b 참조).

얻도록 하는 것으로 간주한다(『테아이테토스』 201d, 202b 참조). 이러한 언어관은 "영혼의 언어"란 표현을 통하여 아리스토텔레스에게 그대로 계승되고 있다(『테아이테토스』 189e-190a, 「후서」 76b24-26). 그리고 위의 사례에서 나타나듯이 그러한 이름의 명명 가능성은 형상들로부터 마련된다. 플라톤은 그러한 점을 형상들의 결합에 의하여 우리에게 로고스가 가능하다고 말하고 있다(『소피스트』 259e).

잘못된 양분의 사례에서 나타나듯이 의미 확정을 가능하게 해주는 형상은 다름 아닌 그것의 경계 범위가 한정될 수 있는 것들이다. 그것의 범위가 한정될 수 없을 경우 그 의미 또한 확정되지 않는다(〈사례7〉 참조).

그러한 형상이 갖는 (존재) 영역의 한정성(πέρας)에 대한 전제는 그의 변증법 정의에서도 발견할 수 있다. 플라톤은 전체에 해당하는 형상을 그 부분에 해당하는 다수의 형상들을 밖에서 둘러 싸 갖고 있는 것(ἔξωθεν περιεχμένας)으로 간주한다. 그리고 그 부분에 해당하는 다수의 형상들 또한 각각 따로 떨어져서 구별되는 것들이다(『소피스트』 253e). 그리고 그러한 전체와 부분 사이의 경계 범위를 한정하는 외연 관계는 아리스토텔레스의 실체들 사이의 관계에 잘 반영되어 있다(「범주론」 2b15-22, 3b23-24 참조).

4. 논리적 원리들과 논리 철학적 문제들

이 장은 배중률과 관련된 아리스토텔레스 논리학의 기술적 완성도를 높이기 위하여 쓰여진 글이 아니다. 그러한 점보다는 배중률이 어떠한 언어, 철학적 배경 하에서 타당할 수 있는지를 드러내기 위하여 쓰여진 글이라고 할 수 있다.

필자가 특히 강조하고자 하는 것은 개념의 확정성을 마련해 주는 로고스와 그 근거로서의 형상이 아닌, 그러한 언어와 대상에 전제된 확정성과 한정성의 특성이다. 왜냐하면 경험론자나 규약론자에게 그러한 언어와 대상의 가정은 그 자체로 무의미한 것으로 비춰질 수 있으나 그들 또한 그러한 특성을 반영하는 자연 언어나 경험 대상에 대해서는 배중률의 타당성을 인정할 수 있기 때문이다. 그러한 점에서 이 글은 배중률이 어떤 특성을 갖는 대상들에 대하여 논리적으로 타당한 원리인지를 논리학사(또는 철학사) 안에서 확인할 수 있는 계기를 제공해 준다고 하겠다.

최근의 퍼지 집합이나 (다치 논리를 포함하는) 퍼지 논리는 배중률의 타당성에 전제된 그러한 점을 잘 보여주고 있다.[77] 그러나 그러한 부분은 아리스토텔레스 자신도 생각하고 있었던 내용이다. 다만 그 간의 아리스토텔레스의 배중률에 대한 논의에서 이 부분을 크게 주목하지 않았을 뿐이다. 전통 연역논리와 관련하여 퍼지 논리에서 문제 삼는 흑백 논리로 판단될 수 없는 현실의 회색성은 아리스토텔레스가 『형이상학』에서 배중률의 타당성과 관련해서 검토하고 있는 실제 사례이다. 아리스토텔레스는 그것을 다음과 같이 표현하고 있다.

> 더욱이 흑과 백 사이에 회색이 있는 것처럼 … 모순 사이에 중간이 있게 될 것이다. … 만약 논증을 위해서 진술하는 것이 아니라면 모든 모순되는 것들 사

---

77 배중률A가 개념의 확정성을 전제하고 있다는 사실은 개념의 불확정성 문제와 더불어 현대 기호 논리학의 창시자인 프레게의 개념과 배중률에 관한 입장에 잘 나타나 있다. 이에 관한 논의를 위해서는 양은석(1997a), 88-95쪽을 참조할 것. 단 필자의 이러한 주장에는 명제 논리보다 술어 논리가 더 기본이 되는 논리라는 것이 전제되어 있다.

이에 그것이 있어야 한다. …(Γ7, 1011b30-1012a6)

물론 아리스토텔레스가 배중률을 버리고 그러한 회색의 중간지대를 인정하는 것은 아니다. 그러한 회색은 스스로의 본성을 갖고 있지도 않고(1011b35-1012a1, Aristotle(1933), 200쪽) 로고스나 정의상 허용될 수 있는 부분도 아니다(1012a5-6, 10-12 참조). 그러나 역으로 이러한 진술은 아리스토텔레스가 로고스나 정의가 아닌 경우 배중률이 타당하지 않을 수 있음을 인정하고 있다는 것을 보여준다. 그리고 그러한 영역은 바로 우리가 지금까지 살펴본 개념의 내포와 외연의 확정성이 마련되지 않는 영역인 것이다.

최근의 다양화된 논리학은 전통적인 논리 원리들이 논제가 되는 대상의 특성과 무관하게 타당할 수 있는 것이 아니라는 점을 보여준다. 그리고 이러한 점에 착안하여 논리의 정의나 보편성과 같은 기초 논제에 관한 철학적인 질문들이 새로이 제기되고 있다. 이 두 논제는 논리에 관한 여러 입장 가운데 구조주의적 입장 안에서 양자가 조우할 수 있는 기회를 얻는다.

우선 최근의 다양화된 논리학은 크게 전통 연역논리를 확장하는 논리와 그렇지 않은 논리로 분류된다(Turner(1984), 1장 참조). 필자의 논의와 관련하여 이러한 분류에서 주목할 것은 다양화된 논리의 기본 분류가 전통 논리의 원리들을 보존 하는가 아닌가에 의해 이루어진다는 점이다. 이는 전통적인 논리의 원리들이 논제가 되는 대상들의 특성과 무관하게 타당한 것은 아니라는 점을 시사해 준다. 왜냐하면 대상들과 그것이 갖는 구조에 따라 타당한 논리식에 차이가 있을 수 있기 때문이다(양은석(2014) 참조).

반면 그러한 다양화된 논리에 비추어 논리의 본성이나 보편성과 같은 기본 논제에 관한 철학적인 논의들이 이루어지고 있다.[78] 그러한 문제 제기에는 논리의 범위를 어디까지로 한정할 것인가 하는 문제의식이 반영되어 있다. 그리고 이러한 상황에서 구조주의의 입장은 한 해법이 될 수 있다. 이러한 측면을 잘 보여주는 것이 논리에 관해서 구조주의자임을 자처하는 핵킹(I. Hacking)이다.

그는 고전 논리와 비고전 논리의 차이점이 의미론적 토대(semantic framework)의 차이에 기인한 것으로 간주한다(Hacking(1994), 24쪽). 그리고 임의의 명제가 의미론적 토대를 가진 언어 안에서의 논리적 귀결일 경우를 그것이 구조규칙에 의해 유도될 수 있는 경우와 동치로 놓는다(같은 글, 26쪽).[79]

이때 핵킹이 고전 논리처럼 비고전 논리의 구조 규칙을 제시한 것은 아니다. 다만 필자의 논의와 관련하여 구조주의적 입장에서 주목할 것은 핵킹이 의미를 갖는 논리 상항들이 연산규칙에 반영되어 있고 그것이 논리적 참의 개념과 연관되어 있다고 보는 점이다(같은 글, 32쪽).[80] 즉 타당한 논리식이 의미론적 토대에 기초하고 있으며 그 의미론적 토대에 따라 달라질 수도 있는 것이다.

고전 논리와 연관하여 그러한 구조적 성격에 대한 논의는 타르스키를 중심으로 주로 논의되었다. 그러나 그러한 구조를 갖는 대상의 특성들에

---

78 이에 대한 논의는 코플랜드(B. J. Copeland)와 가베이(D.M.Gabbay)가 각각 편집한 책(Copeland(1996), Gabbay(1994))에 잘 나타나 있다. 특히 그 정당성 문제와는 별도로 레즈닉(Resnik)은 논리의 본성에 관한 다양한 입장을 잘 정리해 주고 있다(Resnik(1996), 501쪽 표 참조).

79 물론 핵킹이 생각하는 구조규칙(의 완전성)은 필자가 염두에 두고 있는 논리 대수적 규칙들보다 강한 규칙이다. 그러나 이 글에서 중요한 것은 논리의 기준이 의미론적 토대에 있고 그것이 구조 규칙에 의해 마련될 수 있다고 보는 철학적 관점이다.

80 불 대수 구조에 기초한 진리함수론은 핵킹이 주장하는 그러한 내용의 한 사례일 수 있다.

대한 논의는 단순히 2치를 전제함으로써 의외로 간과된 면이 있다. 이 글은 배중률을 매개로 하여 그러한 대상들의 특성이 무엇인지를 논리학 또는 철학사 안에서 확인할 수 있도록 해준다.

그러한 특성은 최근의 퍼지 논리와 연관된 논의를 통하여 손쉽게 지적될 수도 있는 사안이다. 그러나 이 글은 논리적 원리와 연관된 그러한 특성을 그 간의 언어와 존재관을 반영하여 철학사 안에서 좀 더 예증해 보고자 하는 의도로 쓰여졌다. 그리고 그러한 측면에서 특정 구조를 갖는 의미론적 대상들이 무엇인지를 검토하는 것은 논리철학의 한 탐구과제일 수 있을 것이다.

2부

현대 논리학 형성기

04
논리주의와 이상언어
프레게와 배중률

1. 논리주의 논의 배경 및 목적

산술과 관련하여 논리에 관한 철저한 형식주의[1]의 입장을 견지할 경우, 산술은 기호들과 그것들에 관한 규칙으로 이루어진 놀이 이상을 의미하지 않는다.[2] 이 경우 놀이의 규칙이 임의적일 수 있는 것처럼 산술의 규칙 또한 임의적이다.

---

1 사실상 "형식주의"는 정확히 그 범위를 한정하기 어렵다. 여기서는 프레게가 비판하는 토마에(C. J. Thomae)와 하이네(E. Heine)를 이의 대표적인 인물로 간주한다(이는 일반적으로 "놀이 형식주의"로 불린다.). 이에 대한 보다 자세한 논의는 레즈닉(M. D. Resnik)(1980), 2장을 참조할 것. 형식주의와 결별하는 프레게의 입장은 무모순성의 증명에 관한 힐버트와의 논의에서 첨예하게 나타난다. 즉 힐버트가 무모순성으로부터 공리들의 "참"을 추론하려고 한데 반하여 프레게는 공리들의 "참"으로부터 그것들 사이의 무모순이 따라 나오는 것으로 간주한다(Resnik(1980), 114-16쪽 참조). 프레게에게 있어서 공리와 추론규칙은 이미 모두 "참"과 "참의 보존"이기 때문에 공리와 정리의 엄격한 구분이 불필요하게 된다(Frege(1979), 205-6쪽).

2 논리주의가 수에 관한 플라톤주의자들이라면 초기 형식주의는 수에 관한 유명론자들로 간주될 수 있다. 이를 통하여 개념의 위상에 관한 중세의 고전적인 논의가 수를 통하여 부활되어 나타나고 있다는 것을 확인할 수 있다.

이로부터 제기되는 질문은 산술 또는 논리에서 기호의 의미와 의미를 규정하는 규칙의 정당성 문제이다[3](FAF, 186-87쪽, WWK, 105쪽). 논리의 형식화를 배제하지 않는 한 논리에 관한 형식주의적 태도를 전적으로 배제할 수는 없다. 왜냐하면 (의미론적, 증명론적인) 체계 구성에 관한 한 '논리주의'와 '직관주의' 모두 형식주의의 방식을 따르기 때문이다.[4] 중요한 것은 그 구성에 필요한 공리와 기호들의 의미 해석에 있어서 서로 입장을 달리한다는 것이다. 이에 대한 입장 차이는 기존 공리들과 기호들의 허용 범위에 있어서도 차이를 수반한다.

논리와 산술의 원초적 기호들과 그것들 사이에서 성립하는 (또는 그것들의 관계를 규제하는) 규칙에 해당하는 공리와 추론 규칙에 관한 한, 논리주의는 형식주의에 대해 제기될 수 있는 '임의성' 문제를 기호들의 존재론적 전제를 통해 해소한다. 즉 프레게와 러셀은 논리와 산술의 원초적 기호들의 의미가 임의적인 것이 아니라 인간 모두의 보편적인 사유내지 사상을 나타내며 그것이 플라톤적인 실체를 지시한다는 입장을 편다(FA, 72쪽, PP, 92-93쪽 참조). 논리적 원리들은 그러한 대상들이 따르는 (존재론적) 원리로 간주될 수 있다.

프레게에게 있어서는 '개념의 외연(치역/함수 값의 영역)'인 '집합'과 이

3 사실상 논리주의와 직관주의 그리고 (비트겐슈타인을 포함한) 규약주의 입장이 첨예하게 대립하는 지점은 바로 주어진 지점이다. "논리주의"와 "직관주의" 모두 수학에 있어서의 최근의 성과들(특히 비유클리트 기하)에도 불구하고 고전적 논리의 이상을 보존하려고 하는 데 반하여 비트겐슈타인을 포함하는 "규약주의"는 이를 자연스럽게 논리에 수용하려고 한다. 형식주의와 관련된 구체적 검토를 위해서는 프레게의 「'형식주의'에 반대하는 프레게」, FAF, 182-233쪽, 브라우어의 「직관주의와 형식주의」, PM, 77-87쪽, 비트겐슈타인의 "형식주의", WWK, 103-5쪽, 콰인의 "규약으로서의 진리", (1989), 329-54쪽을 참조할 것.

4 논리에 관한 비구성적 접근을 시도하는 후기 비트겐슈타인에게 있어서 조차도 '형식주의'의 측면은 언어 놀이의 규칙(의 자의성)을 통해 보존되고 있다.

로부터 정의되는 '수'와 명제의 진리 값인 '참', '거짓' 따위가, 러셀에게 있어서는 이와 함께 프레게에서 배제되었던 보편자에 해당하는 '개념', '함수(관계)' 그리고 논리학의 '원초적 기호들(primitive symbols)' 따위가 보편적인 실재로 간주된다(FC, 28-29, 32쪽, TK, 99-101쪽 참조).[5]

전통 연역논리의 기본 공리와 추론 규칙과 관련하여 프레게와 러셀의 입장을 따를 경우, 논리의 원초적 기호들은 논리학의 기본 규칙들에 대한 기체들(플라톤적 실재들)을 지시하는 것이 되며 주어진 규칙들은 기호들이 지시하는 지시체들 사이에서 성립하는 관계를 보여줄 수 있는 관계의 원칙이 되는 것이다(FAF, 185-86쪽 참조). 프레게와 러셀 모두 동일률과 배중률, 모순율을 논리의 기본원칙으로 가정하거나 받아들이고 있다 (FA, 116-19쪽, PW, 62, 155, 247쪽, PM, 13-14쪽 참조).

여기서는 논리주의의 기본 입장을 검토하기 위해 프레게의 지시체와 배중률에 관한 입장을 좀 더 구체적으로 살펴보기로 하자. 구체적으로 2절에서는 프레게의 기호의 '의미'와 '뜻(지시체)'의 구분에 관하여 살펴보고 3, 4절에서는 명제와 관련하여 개념의 정의와 관련을 맺는 배중률에 관하여 살펴보기로 하겠다. 이 작업을 통하여 프레게가 플라톤과 아리스토텔레스의 배타적 모순관계를 전제한 로고스로서의 논리 언어에 관한 태도를 계승하고 있다는 것이 밝혀질 것이다.

---

5 명제의 주술분석과 관련된 주어진 보편 대상에 대한 정당화는 양은석(1993), 3장을 참조할 것. 프레게는 명제를 구성하는 주어와 술어(고유명사와 개념) 또는 독립변항과 함수에 있어서의 포화성과 완전성을 통해 보편 대상을 정당화하고 있다. 러셀은 프레게에게 있어서 불완전한 부분으로 간주되었던 것들에 대하여 보편자로서의 존재론적 성격을 부여한다.

2. 기호와 명제(고유명사와 개념)의 의미와 뜻[6] : 프레게의 존재의미론

프레게의 산술과 논리의 기호에 관한 의미와 구별되는 지시체의 설정은 논리에 관한 형식주의로부터의 차이를 드러내는 동시에 논리에 대한 심리적 환원을 시도하는 심리주의와의 차이도 보여준다.[7] 그러나 프레게에게 있어서 기호의 의미는 그것의 지시체와 무관하지 않다. 아리스토텔레스에게서 로고스로서의 논리 언어의 각각의 개념 항들이 '의미'를 갖고 그것이 명제(로고스) 하에서 '형이상학적 대상들'에 대응했던 것처럼 프레게에게 있어서도 논리 언어는 그것의 사상(Gedanke)으로서 '의미'를 갖는 동시에 의미가 지시하는 '지시체'에 대응되어 있다.

프레게가 전통 논리학을 계승하고 있다는 사실은 그가 논리 언어를 전통 논리학과 마찬가지로 개념과 명제에 기초하여 정립하고자 한다는 사실에서 잘 나타난다(SV, 103-4쪽 참조). 이제 기호의 의미와 뜻에 대한 검토로부터 '개념'에 기초한 플라톤의 '로고스'의 사상을 계승하는 아리스토텔레스의 논리에 대한 태도가 프레게에게서 어떻게 반영되어 있는지를 살펴보자.

첫째로 프레게가 자신을 심리주의로부터 어떻게 구별하고 있는지를 검토해보자. 프레게가 심리주의로부터 자신을 구별하는 부분은 수와 개

---

6 여기서는 프레게의 Sinn을 "의미"로 Bedeutung을 "지시체"나 "뜻"으로 번역한다.

7 논리에 관한 심리주의적 해석은 한편으로 근대 경험주의적 입장에서 "관념"으로부터 이야기될 수도 있으나, 여기서의 "심리주의"는 논리를 인간 고유의 사유의 원칙으로 환원시키는 논리에 관한 입장을 가리킨다. 현대논리에 있어서 대수 논리와 직관주의 논리 그리고 명제 논리(의 진리함수론)을 발생시킨 불(G. Boole)과 브라우어(L. E. J. Brouwer), 전기 비트겐슈타인은 각각의 다소의 차이점에도 불구하고 사유의 법칙으로써의 칸트의 입장을 계승하고 있다는 공통점을 갖는다. 이와 관련하여 Boole(1854), 1장 1쪽, Husserl(1970), 45, 78-79쪽, 브라우어의 IF, 80-81쪽, 전기 비트겐슈타인의 TLP, 6.13을 참조할 것.

념 정의와 관련된 칸트와 후설의 비판에서 잘 나타난다. 프레게는 『산술의 기초』와 「후설의 『산술철학』에 대한 재고」를 통해 수가 칸트와 후설의 방식으로 정초될 수 없다는 사실을 지적한다.

A. 칸트에 대한 비판

1. 칸트는 공리와 구별된 수식을 즉각적으로 자명하고 증명될 수 없는 종합적인 것으로 간주했다. 그러나 큰 수에 대한 수식에 있어서는 직관이 불가능하다. 따라서 칸트는 단지 작은 수에 대하여 주어진 수식의 직관을 통한 자명성을 고려했음에 틀림없다. 그렇다면 작은 수에 대한 수식은 직관에 의해 즉각적으로 자명할지라도 큰 수에 대한 수식은 증명 가능하게 될 것이다. 그러나 작은 수와 큰 수에 대한 엄밀한 경계를 끌어내는 것은 불가능하다(FA,§5).

2. 칸트는 그의 논리에서 직관을 개별 관념으로, 개념을 보편 관념으로 정의했다. 그러나 「선험적 미학」에서의 직관 개념에 포함된 감성과의 어떤 연계성에 대한 언급도 없다. 이러한 의미의 직관은 산술 법칙들에 대한 우리의 지식의 근거로써의 역할을 수행하지 못한다(같은 책, §12).

3. 칸트는 분석판단의 가치를 과소평가했다. 칸트는 개념들이 특별한 질서 없이, 특성들의 단순한 목록을 통해 정의되는 것으로 간주했다. 그러나 그것은 개념을 구성하는 방법들 중에서 최소한의 유용한 방법 중 하나일 뿐이다. 이에 대한 유용한 방법이란 "정의" 속에 포함된 것들을 논리에 의하여 증명하는 것이다(같은 책, §88).

4. 감성이 없이는 어떤 대상도 우리에게 주어지지 않는다는 칸트의 주장은 받아들일 수 없다. 0, 1, ∞_1은 감각에 의해 우리에게 주어지지 않는다(같은 책, §89).

B. 후설에 대한 비판

1. 수가 적용되는 개념의 외연은 후설에게 있어서는 집합체가 아니다. 후설을 따를 경우, 그것에 대하여 하나의 (무의, 무한히 많은) 대상이 포함되는 개

념이 갖는 외연은 더 이상 집합체가 아니다(PWF, IE, 81-82쪽).

2. 후설은 수 0, 1을 설명하지 못한다. 0, 1은 후설이 이야기하는 "얼마나 많은가"에 대한 부정적 답변이 아니다. 표현 "0", "1"은 여타의 수와 마찬가지로 수를 명명한다(같은 글, 83-84쪽).

3. 집합체에 대한 보편개념을 제공하는 동시에 개별내용들과의 관계를 유지하는 추상은 성립하지 않는다. 추상은 모아진 개별내용들의 특수성을 소멸시킴으로써 집합체의 보편개념을 제공한다(같은 글, 84-85쪽).

수식 즉 산술의 명제를 선천적 종합판단이 적용되는 선험적 영역 안에서 직관되는 것으로 간주하고자 한 칸트나 수를 개별 내용에 대한 추상작용에 의해 발생하는 것으로 간주하고자 하는[8] 후설 모두 수를 인간의 의식 안에서 정초하고자 한다.

그러나 위의 진술로부터 그러한 방법으로는 수 0, 1, 그리고 1이 정초될 수 없다는 사실을 알 수 있다(A:4, B:1, B:2).[9] 동시에 심리주의적 방법을 통해서는 개별(내용)과 보편개념 사이의 관계 또한 해명될 수 없다는 것을 알 수 있다(A:2, B:3). 개별내용이 경험적 대상과 관련을 맺는 한에서, 프레게를 따를 경우 경험 내용을 제거하는 추상으로 인하여 개별자들

8 여기서 후설의 추상작용에 의한 집합적 통일체와 수를 정립하는 작업은 선험적 방법이 적용되기 이전의 심리주의적 정초 즉 심리적 반성작용(추상작용)의 산물이다. 프레게의 후설에 대한 비판은 후설 스스로 『산술철학』을 심리학주의의 범주에 속하는 것으로 간주하고 선험주의로 넘어가도록 하는 전기를 마련해 준다. 그리고 후설은 "의미"와 "뜻"에 관한 프레게와는 구별된 해석을 시도한다. (전자는 표현에서 "전표현층"으로 후자는 "표현층"으로 간주된다.) 이와 관련된 보다 자세한 논의를 위해서는 레즈닉(M. D. Resnik)(1980), 39-53쪽, 티첸(R. Tietszen), 「산술철학 : 프레게와 후설」(1994), 85-112쪽, 스미스(B. Smith) 「후설의 의미와 뜻에 관한 이론」(1994), 163-83쪽을 참조할 것.

9 공집합은 총계적 집합관을 비판하는 주요한 단초가 되는 동시에 포섭과 종속을 구별하게 하는 단초가 된다(SV, 93-94쪽).

은 의식 내에서 정초되기 어렵다는 문제점을 갖는다(B:3).[10]

한편 프레게에게 있어 0, 1을 포함하는 수적 대상들은 물리적인 어떤 것도 심리적인 어떤 것도 아닌 객관적 보편 대상이다(FA, §45, §46, §47 참조). 다른 한편 그러한 보편자들은 개별자들과도 관련을 맺는다. 이러한 보편자들의 존재성을 보장해주는 것이 다름 아닌 비지각적 세계로서의 플라톤적 세계이다. 그리고 그 관계성을 보여주는 것이 다름 아닌 명제 내에서의 주어와 술어 또는 독립변항에 들어가는 고유명사와 그것에 대한 함수로서의 개념 사이의 포섭관계이다.[11]

후자의 사실은 프레게의 논리주의 입장이 아리스토텔레스의 명제에 관한 입장을 계승한다는 것을 시사한다. 즉 명제의 주어-술어 분석과 분석에 있어서 퇴행의 방지자로서의 개별자의 설정을 좀 더 정형화된 양식으로 계승한 것이다.[12] 이는 다음에 좀 더 자세히 검토될 것이다. 대신 여기서의 과제는 심리주의와 결별한 프레게의 입장이 전통 논리학의 존재의미론을 어떻게 반영하는지를 검토하는 것이다. 이를 위하여 이제 두 번째로 기호와 명제의 "의미"와 "지시체"에 관하여 살펴보자.

프레게에게서 기호와 명제가 의미와 지시체를 갖는다는 사실은 그의 논리주의가 형식주의와 결별하는 동시에 심리주의와도 구별되는 지점

---

10 프레게는 개별과 보편을 아리스토텔레스의 전통 논리학의 방법을 좇아 개념과 명제를 통해 매개한다.

11 프레게의 포섭과 종속에 대한 구별은 프레게가 아리스토텔레스의 "개념"에 기초한 논리학을 비판적으로 계승하고 있다는 사실(GDA, 149쪽)과 더불어 자신의 논리를 외연에 기초한 계산으로서의 논리로부터 구분하고 있다는 사실을 잘 나타낸다(SV, 105-6쪽 참조). 이는 뒤에서 좀 더 논의될 것이다.

12 프레게는 술어에 대한 함수로의 해석에 따라 함수를 고전 논리적 방법으로 정의하여 수와 더불어 함수를 논리의 영역 안에 끌어들이는 동시에 고전적 의미의 함수에 대한 정의(여기서는 페아노의 함수에 대한 정의)를 비판한다(PW, 154-55쪽 참조).

이다. 프레게는 이를 "사상(Gedanke)"과 관련하여 설명한다.[13] 먼저 의미와 뜻에 대한 프레게의 진술을 살펴보자.

C. 같은 "지시체"를 갖는 고유명사와 명제는 다른 "의미"를 가질 수 있다(PW, 192쪽).

예1) "샛별"과 "개밥바라기" / "개밥바라기는 샛별과 같다."와 "샛별은 개밥바라기와 같다." (SR, 57쪽, PW, 192쪽)

예2) 2, 1+1, 3-1, 6/3 등 / "2 · 2 = 4", "2 〉 1", "2 · 4 = 4 · 2" (FC, 23, 29쪽)

예3) "몽블랑은 4000m가 넘는다."와 "유럽에서 가장 높은 산은 4000m가 넘는다."(PW, 192쪽)

먼저 각각의 예들을 통하여 그 표현에 있어서 구별되는 "샛별"과 "개밥바라기", "몽블랑"과 "유럽에서 가장 높은 산"이 같은 경험 대상 '금성'과 '몽블랑'을 지시하고 "3-1"과 "6/3" 등이 같은 수 대상 '2'를 지시한다는 것을 알 수 있다. 각각의 기호 표현이 갖는 의미의 차이는 예2)와 예3)에서 나타나듯 명제에도 그대로 적용된다.[14] 그러나 각각의 명제는 모두 '참'과 '거짓'인 값에 의하여 판단된다. 프레게는 이 각각의 명제가 갖는 값 '참', '거짓'을 그것들이 지시하는 지시체로, 그리고 그 내용에 따라 구별되는 명제들은 의미를 갖는 것으로 간주한다(PW, 194쪽). 여기서 각각의 명제

---

13 프레게는 놀이와 산술의 구별 근거를 그것의 기호들이 의미로서의 사상과 그것이 지시하는 지시체를 갖는가 하는 것으로부터 마련한다. 형식주의의 입장에 설 경우 산술의 기호들은 어떠한 "의미"와 "뜻"도 갖지 못하게 된다. FAF 특히 § 88, § 90, § 91, § 92를 참조할 것.

14 프레게에게 있어서 명제는 등식의 언어적 표현으로 정의된다(FC, 31쪽). 동시에 주어와 술어, 고유명사와 개념 그리고 독립변수와 함수는 모두 명제를 구성하는 두 부분이다.

는 주어에 해당하는 고유명사(FC, 57쪽)가 특정대상을 지시하고 그것으로부터 구성된 명제 또한 그것의 값으로 간주되는 '참'과 '거짓'을 지시한다는 것을 알 수 있다.[15] 이를 정리하면 다음과 같다.

(지시체와 관련하여)

(1) 명제의 부분인 고유명사는 '특정 대상'을 지시하고 명제는 '참'과 '거짓'을 지시한다. 특정 대상에는 '지각 대상'과 '비지각 대상'이 있다.

고유명사로 간주되는 대상들 중 '금성'이나 '몽블랑' 따위가 아닌 비지각 대상들 가령 1, 2 따위의 수는 '참', '거짓'과 더불어 플라톤적인 의미의 공간을 점유하지 않는 지시체이다. 프레게에게 있어서 명제의 의미와 그것의 지시체는 전통 연역논리의 발생에서 플라톤과 아리스토텔레스와 마찬가지로 "사유"와 "존재" 영역 안에서 나타난다. 단 프레게에게 명제의 의미의 영역은 사유의 영역으로 그리고 그것의 지시체의 영역은 존재의 영역으로 간주된다.[16] (이는 개념의 내용과 개념의 외연을 통해 재확인될 수 있다.)

주어진 예들 자체로부터 발생하는 의미 차이에 있어서, 같은 대상을 지시하는 "기호"와 "명제"들의 내용 차이는 표현의 차이 이상일 수 없다.[17]

---

15 여기서는 명제의 주어에 해당하는 고유명사를 통해 지시되는 대상을 명제를 통해 지시되는 대상으로부터 구별하기 위하여 전자의 대상을 "특정 대상"으로 후자의 대상을 그대로 "참"과 "거짓"으로 표현한다.

16 프레게는 "존재"를 개념이 갖는 속성으로서 간주한다(FA, § 53, CO, 53쪽). 명제의 의미로서의 사상이 플라톤이나 아리스토텔레스처럼 "존재"를 소유한다는 사실은 프레게와 러셀의 존재론에 대한 전기 비트겐슈타인의 비판이 제기되는 시기인 1919년의 작품에서도 그대로 계승되어 나타난다(N, 특히 117-19, 121쪽을 참조).

17 이는 러셀에게서 "고유명사"와 "기술구"의 구분을 통해 엄밀화된다. 이에 대한 검토를 위해서는 양은

그리고 "표현"의 의미가 정립되는 데 작용하는 인간의 심리적 작용을 문제 삼고 있지 않다. 여기서 프레게는 심리주의와의 결별을 시도한다. 그가 심리주의와의 구별과 함께 명제의 '의미'를 정립하는 곳은 '사상'이 파악되는 사유 영역이며 그것은 논리 언어에서 그 모형을 갖게 된다(N, 123쪽). 이제 사유의 영역이 어떻게 심리적인 영역으로부터 구별될 수 있는지를 사상을 통해 검토해 보자.

프레게는 "표현"이 의미를 갖는 데 있어서 각 개인이 의미에 대하여 갖는 심리적인 차이뿐만 아니라 판단을 수행하는 데 있어서 나타나는 판단의 행위 모두를 사상을 파악하는 사유의 영역으로부터 배제한다(N, 120-21, 126쪽 주, 127-28쪽 참조). 그리고 이를 통하여 내용의 의미정립과 관련된 심리적 요인들을 철저히 배제한다.[18]

D. "사상"과 "의미"

1-1. "사상"은 논리학자들이 사용하는 판단을 의미한다. 사유하는 것은 "사상"을 파악하는 것이다.

1-2. 사상은 한 명제의 의미이며 사상의 부분들(완전한 부분과 불완전한 부분)은 명제의 부분들의 의미이다. (따라서) 사상은 고유명사의 "의미"와 같은 것으로 나타난다. 그러나 그 "지시체"와는 다르다(PW, 192쪽 / FC, 31쪽).

석(1993), 61-68쪽을 참조.

18 이는 초기 경험주의적 심리주의와 더불어 칸트와 후설의 심리주의에 대한 비판이 강화된 형태로 나타난다. 1919년의 프레게의 작품 『독일 관념 철학에의 기여』에서 명제의 의미로서의 사상에 대한 존재로부터의 정당화작업으로 구체화되어 나타난다. 역으로 후설은 초기 프레게의 비판 이후 기호의 의미를 통해 "수"와 "개념"을 정초하는 데 있어서 강화된 선험주의적 양상을 드러낸다. 후자의 입장에서 프레게의 의미론에 대해 표현의 의미정립에 있어서 의식이 배제될 수 있는가에 대한 질문이 제기된다. 후자와 관련된 구체적인 검토를 위해서는 모한티(J. H Mohanty) 「후설의 진리논리」(1994), 141-60쪽과 스미스(B. Smith) 「후설의 의미와 뜻 이론」(1994), 163-68쪽 등을 참조.

2-1. 사상들의 세계는 명제와 표현 그리고 단어와 기호들의 세계에서 모형을 갖는다. 사상의 구조에 명제를 이루는 단어들의 합성이 상응한다(N, 123쪽).

2-2. 모든 사상은 배중률에 따라 참이거나 거짓이다. 한 사상이 참인 동시에 거짓인 경우는 무의미하며 같은 사상이 한때는 참이고 다른 때에는 거짓일 수 없다(PW, 186쪽). 신화와 허구 속에서 사상은 참도 아니고 동시에 거짓도 아닌 것으로 나타난다. 그러나 논리 안에서 모든 사상은 배중률에 따라 참이거나 거짓이다(PW, 198쪽).

2-3. 각각의 사상에 그 대립자가 상응한다. 따라서 그것들 중의 하나를 거부하는 것은 다른 것을 받아들이는 것이다. 판단을 하는 것은 대립자들 사이에서 선택을 하는 것이다(PW, 185쪽).

3-1. '아리스토텔레스'와 같은 실재의 고유명사의 경우, 그 의미에 관한 의견들은 다를 수 있다. 그러나 그것은 논증적 학문의 이론 구조 속에서 피해질 수 있고 완벽한 언어 속에서는 발생하지 않아야 한다(SR, 58쪽 주 참조).

3-2. 사상은 심리적 실체도 아니고 심리적 의미에서의 관념을 구성하지도 않는다. 피타고라스정리에 있어서 사상은 모든 사람에게 동일하다(PW, 198쪽). 기호의 "지시체"와 "의미"는 연관된 관념으로부터 구별될 수 있다. 기호의 지시체가 의미에 의해 지각되는 대상이라면 그것에 대한 관념은 감각인상에 대한 기억으로부터 발생하는 내적 이미지이다(SR, 59쪽).

3-3. 판단 행위는 심리적 과정이며 판단의 주체를 필요로 한다. 반면에 사상 자체와 사상의 부분인 부정은 의식의 내용으로 간주되어서는 안된다(N, 128쪽).

프레게에서 외적인 표현으로 드러나는 (단칭) 명제는 명제의 문법적 주어를 이루는 고유명사와 술어를 이루는 개념으로 구성된다(FC, 29, 47-48쪽). 이로부터 사상의 세계가 드러나는 영역이 다름 아닌 논리 영역

(기호들의 세계)이라는 것을 알 수 있다(D:2-1). 즉 사상들은 논리의 영역 안에서 그 모형을 갖게 되는 것이다. 반면에 D:1을 통하여 논리 언어의 표현들이 갖고 있는 의미가 사상으로 간주되고 있다는 것을 알 수 있다(D:1-2). 즉 논리 언어들(명제와 그 부분들인 고유명사와 개념)이 갖고 있는 의미는 다름 아닌 "사상(과 그 부분들)"인 것이다(PW, 191-94쪽 참조). 이로부터 다음을 정리할 수 있다.

(2) 논리 언어로서의 명제와 그 부분들(고유명사와 개념)이 갖는 의미는 사상과 그 부분들이고 역으로 사상은 논리 언어 안에서 그 모형을 갖는다(D:1, D:2-1).

여기서 지적된 사상을 파악하는 것이 바로 사유하는 것이고(D:1-1), 명제의 의미로서의 사상을 파악하는 사유가 모든 사람에게 동일하다는 것을 알 수 있다(D:3-1, D:3-2). 즉 명제의 내용인 의미와 그것의 지시체에 대한 인식은 모든 사람에게서 동일한 것이다. 이러한 사상과 사유에 대한 프레게의 설정이 여타의 심리적 대상(관념)이나 이와 관련된 심리적 작용(기억, 추상, 판단작용)으로부터 구별된다는 것을 D:3-2와 D:3-3을 통해 확인할 수 있다. 이로부터 다음을 정리할 수 있다.

(명제의 의미로서의)
(3) 사상을 파악하는 사유의 영역은 심리적 대상을 다루는 여타의 심리적 영역으로부터 구별된다(D:1-1, D:3-2, D:3-3).

프레게에게 있어서 사유의 영역은 사유하는 주체의 판단작용이나 경험 지각적 대상으로부터의 추상, 또는 의식 내재적 대상에 대한 파악이 허용되지 않는, 단지 논리 언어의 의미영역일 뿐이다((2), (3)). 따라서 사유의 영역은 (선험적 의식 하에서) 칸트의 구상력이나 후설의 의미작용이 허용되는 영역도 아니고 (경험적 의식 하에서) 로크의 관념(연합)이 발생하는 심리작용이 허용되는 영역도 아니다(FA, § 37, PW, 198쪽, Resnik(1980), 31-32쪽의 인용문 참조). 프레게가 갖는 논리 언어상에서 명제의 의미에 대한 인식과 그것의 참, 거짓에 대한 판단은 모든 사람에게 동일하게 나타날 수 있는 것으로 간주된다(N, 122, 127-28쪽 참조). 즉 명제의 의미로서의 사상의 정립과 이에 대한 참과 거짓의 동일한 판단이 성립하는 영역은 다름 아닌 논리 영역인 것이다. 이를 정리하면 다음과 같다.

(4) 명제 의미로서의 사상에 대한 파악과 사상에 대한 참, 거짓의 판단은 논리 언어에서 수행된다. 사상을 파악하는 것은 사유한다는 것이며 이는 논리 언어 안에서 그것의 참, 거짓을 판단하는 것이다((1), (2), (3)).

이로써 사상들이 논리 언어 안으로 들어오고 그것은 논리학의 기본 법칙에 따라 판단된다. 이는 D:2의 진술을 통하여 확인될 수 있다. 프레게는 사상의 참, 거짓이 배중률에 따른다는 사실을 지적하고 있다(D:2-2). 즉 사상들은 배중률 하에서 참이거나 거짓인 것이다.

이때 배중률과 관련하여 사상의 참과 거짓을 정립하는 방식이 아리스토텔레스와 동일하다. 아리스토텔레스에서 배중률은 모순율과 함께 중간을 배제하는 모순의 본성으로부터 정립된다.[19] 마찬가지 방식으로 프레게는 사상들의 대립자를 정하고 이로부터 판단을 수행한다(D:2-3). 프레게의 대립자에 대한 정립과 배중률에 대한 정립은 다음과 같다.

E.

1. 임의의 사상은 부정에 의하여 그것에 대립되는 모순적인 사상을 갖게 된다(N, 131쪽). 이로부터 원 사상과 모순적인 사상은 대립되는 사상들이 된다. 원 사상과 모순되는 사상은 대립 쌍을 형성한다(PW, 185쪽).
2. 대립 쌍을 형성하는 사상들 중의 하나는 배중률에 의해 반드시 참이 된다(N, 135쪽). "참인 동시에 거짓"인 사상은 무의미하고 "참도 아니고 거짓도 아닌" 사상은 신화와 허구에서나 가능하다(PW, 186, 198쪽).

D:2-3에서 나타나듯이 "참"과 "거짓"에 대한 판단은 모순을 형성하는 대립 쌍 사이에서의 선택이다. 먼저 E:1과 관련하여 프레게에게서 모순된 사상이 원 사상에 대한 부정을 통하여 형성되기 때문에 부정은 단순히 심리적 작용이 아니라 사상의 일부분으로 간주된다(N, 130-31쪽). 그리고 전통 논리학에서 모순을 이루는 임의의 명제와 그것의 부정명제 사이에 배타적 참, 거짓의 관계가 성립하듯이 프레게에게서도 원 사상과 그것에 모순된 사상 사이에는 배타적인 참, 거짓의 관계가 성립한다. 즉 원 사상이 참일 경우 그것의 부정으로부터 발생하는 모순된 사상은 거짓이고 반대로 원 사상이 거짓일 경우 그것의 부정으로부터 발생하는 모순된 사

---

19 이와 관련하여 플라톤의 나눔의 방법에 있어서의 [원칙A]를 고려하라. 모순을 구성하는 한 부분은 긍정명제이고 다른 부분은 부정명제이며 무모순율과 배중률에 따라 두 명제 중 한 명제는 반드시 참이 된다.

상은 참이다(N, 131쪽). 이로부터 부정을 통해 대립 쌍을 형성하는 두 사상이 배타적 참, 거짓의 관계에 있다는 것을 알 수 있다.[20]

(5) 대립되는 사상들은 배타적인 참, 거짓의 관계를 가진다. 대립 쌍을 형성하는 한 사상이 참(거짓)일 경우 부정에 의해 발생하는 그것에 모순되는 사상은 거짓(참)이다.

여기서 임의의 사상은 E:2에 나타나는 것처럼 반드시 참이거나 거짓이어야 한다. 즉 "참이면서 거짓"인 사상과 "참도 아니고 거짓도 아닌" 사상은 정립될 수 없다. 이를 어기는 사상은 무의미한 사상이거나 신화나 허구 속에서의 사상일 뿐이다(E:2). 따라서 프레게가 논리의 영역 속에서 모순율과 함께 배중률을 전제하고 있다는 것을 알 수 있다. 그리고 아리스토텔레스와 마찬가지로 모순율에 따라 대립 쌍을 형성하는 모순된 사상은 참일 수 없으며, 배중률에 따라 그 중의 하나는 반드시 참이게 된다. 이로부터 다음을 정리할 수 있다.

(6) 대립되는 사상들의 참, 거짓 판단은 전통 논리의 공리 배중률과 모순율 하에서 성립한다.

지금까지 명제의 의미로서의 사상에 대한 파악인 사유가 논리 언어 안

---

20 이는 흔히 우리에게 '양가의 원리'로 알려져 있다. 한 사상에 대한 부정에 의한 대립되는 사상의 정립 가능성을 프레게는 초기(1906년)에는 논리함의의 정의에 사용되는 부정과 연언에 의하여, 비교적 후기(1919년)에는 대우에 의하여 보여준다. 이는 다음의 명제형식으로 나타낼 수 있다.
$\neg(A \wedge \neg B) \equiv A \rightarrow B$ & $\neg(C \rightarrow \neg D) \equiv C \wedge D$ (PW, 199-200쪽)
$P \rightarrow Q \equiv \neg Q \rightarrow \neg P$ (N, 120쪽)

에서 모형을 갖고 논리 언어의 원칙들에 의해 그것의 참, 거짓이 판단된다는 사실을 살펴보았다. 이를 통해서 논리 언어로서의 로고스의 영역과 사유의 영역을 동일화하는 플라톤과 아리스토텔레스의 사상이 프레게에게도 나타나고 있다는 것을 알 수 있다.

플라톤과 아리스토텔레스에게서 지성에 의해 파악되는 보편자들의 영역이 '존재'의 영역이었던 것처럼 프레게 또한 사상의 '참', '거짓'을 존재로부터 마련한다. 즉 명제가 의미를 갖게 되는 것은 그것(참과 거짓인 사상)이 존재를 분유하기 때문인 것이다(N, 120-21쪽 참조). (1)에서 지적된 것처럼 아리스토텔레스의 전통 논리학에서 나타난 방식처럼 "참"과 "거짓"인 지시체가 바로 존재영역 내의 보편대상으로 간주될 수도 있다. 그러나 1919년의 작품에서 프레게는 초기보다 다소 유보적인 태도를 드러낸다.[21] 여기서 프레게는 명제의 의미로서 거짓인 사상이 존재를 갖지 않는 무와는 구별되어야한다는 것을 지적하고 있다(N, 117쪽).

(비록 거짓인 사상과 존재를 갖지 않는 사상을 구분하고 있을지라도) 이는 공집합의 존재를 가정하는 초기입장을 계승하고 있는 측면이다(SV, 106쪽 참조).[22] 그러나 비록 여기서 참인 사상과 거짓인 사상 모두 존

---

21 "참"과 "거짓"의 지시체를 통한 정립은 거짓인 의미를 산출하는 대상이 존립하게 되는 문제점을 산출한다. 이는 러셀과 전기 비트겐슈타인에게서 더 이상 받아들여지지 않는다.(PM, 1차 서문 43-44쪽, TLP, 4.431) 러셀과 비트겐슈타인에게 있어서 명제의 참, 거짓은 그것에 대응하는 사태의 존립과 비존립여부에 따라 판단된다. 프레게에 따를 경우, 프레게의 목적과는 달리 "참"과 "거짓"인 사상은 그것의 지시체에 의해 양립 가능하게 된다(이로써 존재의 영역은 더 이상 참의 영역이 아니게 된다.). 동시에 "거짓"인 이름을 갖는 지시체가 '거짓'을 의미한다고 할 경우, 의미론적인 모순이 발생하게 된다. 즉 "거짓"을 지시하는 명제가 거짓을 의미한다고 할 경우, "'거짓'은 거짓이다"는 명제자체는 동일률에 의해 참이 되고 이는 다시 의미론적 정의에 의해 거짓이 되어야 한다.

22 프레게에게 있어서 "둥근 사각형은 존재하지 않는다"고 할 경우, 이는 "둥근 사각형"이란 개념이 지시하는 지시체가 없다는 것을 의미하는 것이 아니라 그것의 지시체가 '공집합(0)'인 둥근 사각형이란 개념 하에 포섭되는 대상이 없다는 것을 의미한다(SV, 104-5쪽 참조).

재를 갖는 것으로 간주하고 있을지라도(같은 글, 119, 121쪽) 거짓인 사상이 참인 사상의 부분으로서 나타날 수 있는 것으로 간주한다(같은 글, 122쪽). 거짓인 사상이 그것의 지시체인 "거짓"에 의해 가능하다고 할 경우, 거짓인 사상을 구태여 참인 사상의 부분으로 간주할 필요는 없다. 다만 여기서 지적하고자 하는 것은 프레게도 전통 논리학의 존재론적 가정과 마찬가지로 "참"과 "거짓"인 사상의 근거를 존재로부터 마련하고 있다는 점이다. 그리고 사상의 영역 안에서 이에 대응하는 것은 무시간적인 것이다(같은 글, 134쪽).

초기부터 이미 프레게에게 "존재"는 개념이 갖는 속성으로 간주되었다[23](FA, § 53, CO, 48-49쪽). 논리 언어 안에서 그것의 모형을 갖는 사상들이 논리의 법칙에 의해 정립되는 동시에 그것에 대응하는 플라톤적인 지시체를 갖는다고 할 경우((1), (2)), 사상의 지시체는 다름 아닌 존재를 분유하는 무시간적인 객관적 대상으로 간주될 수 있을 것이다(FA, § 61, 62, N, 117쪽 참조). 이로부터 다음을 정리해 볼 수 있다.

(객관적인 대상의 존립을 존재를 분유 하는 것으로 간주할 경우)
(7) 사상이 지시하는 지시체는 존재를 분유 하는 (비지각적) 대상들이다.

이것이 바로 프레게에게서 나타난 논리와 관련된 존재 의미론적 가정이다. 지금까지의 고찰을 통하여 플라톤과 아리스토텔레스와 마찬가지

---

23 이는 특정 개념을 구성하는 특성(속성)들과는 구별된다. 이러한 프레게의 생각은 플라톤에게서 "개념"으로 나타나는 각각의 형상들이 존재에 참여하고, 아리스토텔레스에게서 개별자와 더불어 범주 하의 보편자들이 존재를 소유하나 "존재" 자체가 논리의 영역 안에서 취급되지 않는 것과 마찬가지이다. 플라톤의 후기 변증법(유와 종차에 의한 나눔의 방법)과 아리스토텔레스의 삼단논법에 있어서 개념에 관한 그것의 존재는 존재론적으로 전제되어 있다.

로 프레게를 통해 논리 언어 안에서 사유의 정립((2))과 더불어 그것이 지시하는 비지각적 대상의 존재가정이 이루어졌다((1), (7)). 다만 차이점이 있다면 플라톤과 아리스토텔레스에게서 지성에 의해 발견되는 '보편자"들은 참인 대상들인 데 반하여, 프레게는 그것이 여타의 특정대상과 더불어 "참"과 "거짓"인 대상으로 정립된다는 것[24]과 개념이나 명제가 갖는 의미(사상)와 그것이 지시하는 대상이 더 이상 1 : 1 대응관계를 이루지 않는다는 것[25] 정도일 것이다.

위에서 프레게의 사상에 대한 정립과 관련된 논리 언어에 관한 입장이 아리스토텔레스의 배타적 모순의 이해를 계승하고 있다는 사실을 지적하였다((5), (6) 참조). 이와 관련하여 이제 명제를 구성하는 고유명사와 개념의 관계를 배중률과 관련하여 좀 더 검토해 보자.

3. '개념'의 내포에 기초한 논리 : '언어'로서의 논리

프레게가 전통 논리를 계승하고 있다는 사실은 그의 존재론적 가정에서 뿐 아니라 그가 논리를 개념(의 내포와 외연)에 기초하여 정립한다는 것으로부터도 확인할 수 있다. 이는 명제의 주술분석과 관련하여 프레게가 이야기하는 포섭과 종속의 구분에서 잘 나타난다. 프레게는 집합에서

---

24 보편자들을 직관에 의해 발견되는 참인 대상으로 간주한 것은 다름 아닌 러셀이다. 그는 프레게에서 나타난 불완전한 부분과 역설의 문제를 유형이론과 기술이론을 통해 정형화하였다. 이와 관련하여 양은석(1993), 3장을 참조할 것.

25 플라톤과 아리스토텔레스에게 있어서 로고스 상에서 [원칙A]를 만족하는 개념과 형상(플라톤의 경우) 그리고 개념의 의미와 보편자(아리스토텔레스의 경우)는 1 : 1로 대응한다. 반면 프레게에게 있어서 명제와 그것의 부분인 고유명사와 개념의 의미는 그것의 지시체에 多 : 一로 대응한다.

(임의의 집합에 대한) 원소관계와 부분집합의 관계로부터 이야기될 수 있는 것을 순수 '영역 계산'으로 간주하고 이로부터 '논리 영역'을 철저히 구별한다(SV, 93-94쪽). 프레게에서 논리 영역은 의미의 해석을 수반하며, 따라서 개념이 논의 영역에 나타나는 곳이다(같은 글, 94, 97쪽).

프레게에게 있어서 포섭과 종속 그리고 배중률은 모두 개념과 관련된다.[26] 이를 좀 더 구체적으로 살펴보는 것이 이 절과 다음 절의 과제이다. 이를 위해 여기서는 임의의 명제에 대한 고유명사와 개념의 구분과 관련하여 포섭과 종속의 구분을 대상들 사이에서 성립하는 원소, 부분집합의 관계와 관련하여 살펴보고자 한다.

아리스토텔레스에게서 개별자에 대하여 술어로 사용되는 개념들은 그 상위의 개념에 대해 주어로 사용되었다. 비록 아리스토텔레스가 정언명제에 있어 양화적 방법을 사용해 보편명제와 특수명제를 구분하였다고는 해도 개별자와 개념, 그리고 개념과 개념이 갖는 관계의 차이성을 주술명제 안에서 논리적으로 정립하지는 못했다. 이제 명제에 있어서 전칭명제와 단칭명제가 갖는 차이성은 포섭과 종속의 구분을 통해 정립된다. 이로부터 개별자가 갖는 보편개념과의 관계가 논리적으로 해명되며 동시에 종속에 관한 개념(함수와 관계)을 상항으로 하여 정립되는 1계 논리의 원형을 제공해준다.[27]

---

26 집합 또한 개념의 외연에 해당한다. 그러나 그 외연인 대상 자체는 개념 속에 나타나지 않는다.

27 PW, 213-14쪽 참조. 여기서 프레게는 흔히 알려진 삼단논법의 사례를 1계논리를 통해 정형화하는 방식을 보여준다.
모든 사람은 죽는다. 카토는 사람이다. ∴(따라서) 카토는 죽는다.
(M: 사람이다, D: 죽는다, x: 개체변항, a: 카토(개체상항))
1. $(\forall x)(Mx \rightarrow Dx)$ 2. Ma 3. $Ma \rightarrow Da$ (1의 보편예화) 4. Da (3, 2의 긍정식) ■

여기서는 개념과 관련하여 포섭관계와 종속관계가 어떻게 정립되고 그것이 원소와 부분집합의 관계와 왜 구별되어야 하는지를 검토하기로 하자. 이를 통하여 프레게가 개념을 기초로 하여 정립되는 전통 논리학을 계승하고 있는 측면이 드러날 것이다.

1) 포섭과 종속 관계[28]

이 절의 구체적인 작업은 기본명제를 구성하는 고유명사와 개념 그리고 개념과 개념의 관계가 어떻게 구분될 수 있는지를 검토하는 것이다. 프레게는 명제를 등식의 언어적 표현으로 정의하여(FC, 31쪽) 명제에 대한 고전적인 주-술 분석(CO, 48쪽)뿐 아니라 독립변항과 함수로의 분석의 길을 열어놓는다(같은 글).[29] 이때 명제와 등식(부등식) 모두 참과 거짓을 판별할 수 있는 의미를 갖는다. 이의 바탕을 마련해주는 것이 '개념'이다.

F.

1. 개념은 술어적 본성을 소유하는 그것의 값이 항상 (참과 거짓의) "진리 값"인 함수이다.

1-1. 개념은 그것의 값이 항상 "진리 값"인 함수이다(BLA, §3, FC, 30쪽).

1-2. 개념은 술어적 본성을 갖는다(CO, 47쪽).

---

28 공집합과 관련하여 프레게의 포섭, 종속에 관한 구체적인 내용은 박우석(1992), 53-80쪽을 참조할 것.

29 명제가 주술 관계형식을 보존하는 한에 있어서 명제는 단순히 등식의 표현으로 간주될 수 없다. 명제의 주술분석이 갖는 주어와 술어 사이의 포섭관계(집합에서의 원소와 집합의 관계)와 동등성(동치)의 표현인 등식의 관계(집합사이의 부분집합 관계의 특수형식인 동치관계)를 구분하지 않음으로써 논리학의 발생에서 플라톤의 형상에 관한 모순이 발생하고 프레게에게서 집합론적인 모순이 발생한다. 그리고 이에 대하여 플라톤과 아리스토텔레스, 그리고 러셀 모두 계층을 통한 문제의 해결을 시도한다.

예1) "모든 포유류는 붉은 피를 갖는다"는 "임의의 대상이 포유류일 경우, 그것은 붉은 피를 갖는다"를 의미한다(같은 글, 47쪽).

예2) "모든 사람은 죽는다"는 "임의의 대상이 사람일 경우, 그것은 죽는다"를 의미한다(PW, 213쪽).

2. 명제는 특정대상을 지시하는 완전한(포화된) 부분과 보충을 필요로 하는 불완전한(포화되지 않은) 부분으로 나누어진다(FC, 31쪽). 특정 대상을 지시하는 고유명사는 문법적 주어를 지시하고 그렇지 않은 개념은 문법적 술어를 지시한다(CO, 43, 47-48쪽 주 참조). 특정 대상을 지시하는 고유명사는 독립변항으로서 나타나고 그렇지 않은 함수는 불완전한 부분이다(FC, 31쪽).

예3) "시저는 가르를 정복했다"는 '시저'와 'x는 가르를 정복했다'로 분석된다(같은 글).

예4) "$(-1)^2 = 1$"은 '-1'과 '$x^2 = 1$'로 분석된다(같은 글, 28쪽 참조).

2-1. 하나의 독립변항을 갖는 함수는 "개념"이고 두개의 독립변항을 갖는 함수는 "관계"이다(같은 글, 39쪽).

예5) '$x > 2$' 와 '$x^2 + y^2 = 9$'

2-2. 그것 하에 대상들이 포섭되는(fall under) 1차 개념과 그것 내에 개념들이 포함되는(fall within) 2차 개념은 구별되어야 한다(같은 글, 38쪽, CO, 50-51쪽 참조). 대상은 1차 개념에 포섭되나 1차 개념은 다른 1차 개념에 종속된다(CO, 51-52쪽 참조).

예6) "'2는 양수이다', '2는 정수이다', '2는 10보다 작다'"라고 말하는 대신에 "2는 10보다 작은 양의 정수이다"라고 이야기할 수 있다. 이때 '2'는 '양수'에 포섭되나 '10보다 작은 양의 정수'라는 개념은 '양수'라는 개념에 종속된다(같은 글).

예7) "플라톤은 죽는다"라고 할 때 플라톤은 '죽는 것'이란 개념에 포섭된다. 반면에 "모든 인간은 죽는다"라고 할 때 인간이란 개념은 '죽는 것'이란 ; 개념에 종속 된다(PW, 213쪽 / CO, 47-48, 51-52쪽 참조).

먼저 앞 절의 정리된 (1)과 더불어 F:2를 통해 임의의 개념이 한편으로 함수의 일부(일항 함수)로 간주되고(F:2-1), 다른 한편 명제의 불완전한 부분으로 명제의 일부를 이룬다는 것을 알 수 있다(F:2). 여기서 개념의 불완전한 부분에 독립변항이나 주어에 해당하는 "특정 대상"을 지시하는 고유명사가 채워지면 하나의 명제가 되고 이로 인해 '참'과 '거짓'을 판별할 수 있다. 이는 예3)과 예4)에서 잘 나타난다. 주어진 사례를 명제분석을 통해 나타내면 다음과 같다.

〈예3〉 "시저는 가르를 정복했다."

1. 주어 : 특정대상 '시저'를 지시하는 고유명사로서의 "시저"
2. 술어 : 고유명사를 제외한 나머지 부분으로서의 "( )는 가르를 정복했다."
3. 술어개념의 ( )에 '시저'를 의미하는 고유명사가 채워질 경우 주어진 명제는 "참"이고 그 외는 "거짓"

〈예4〉 "$x^2 = 1$."

1. 독립변수 : 특정대상 '-1'을 지시하는 고유명사로서의 "-1"
2. 함수 : 고유명사를 제외한 나머지 부분으로서의 "$( )^2 = 1$."
3. 함수의 ( )에 -1과 1이 채워질 경우 주어진 명제는 "참"이고 그 외는 "거짓"

이로부터 F:1의 개념에 관한 프레게의 진술의 의미가 무엇인지를 확인할 수 있다. 먼저 F:1-1은 〈예3〉과 〈예4〉에 대한 분석과정 2, 3을 통해 설명된다. 즉 명제의 불완전한 부분을 형성하는 '개념'은 그 채워져야 할 부분에 특정대상을 지시하는 고유명사가 채워짐으로써 그것의 값이 진리값인 명제를 형성한다. 이로써 F:1-1의 변형된 다음의 정리된 진술을 끌어낼 수 있다.

(8) 명제의 불완전한 부분을 형성하는 개념은 그 빈 곳에 "특정대상"을 지시하는 고유명사가 채워질 경우 참, 거짓의 "진리 값"을 갖는 명제를 형성한다((1), F:2).

(8)을 만족할 수 있는 개념이 바로 올바로 정의된 개념이다. 여기서 고유명사와 개념이 갖는 관계가 특정대상이 보편개념과 갖는 관계이다. 이는 같은 차원에서 개념과 개념이 갖는 관계와 구별된다. 그리고 그 관계 구별은 F:1-2의 개념이 갖는 술어적 본성과 관련된다. 이로부터 프레게는 "전칭 명제"와 "단칭 명제" 의 구분을 끌어낸다. 이는 예1), 예2)에 대한 예6)과 예7)에 기초한 해석으로부터 마련될 수 있다. 먼저 예6)과 예7)로부터 포섭과 종속이 어떻게 이야기될 수 있는지 정형화해 보자. 프레게는 전통 논리학과 마찬가지로 개념을 대상이 갖는 속성으로 간주한다(CO, 51쪽).

〈예6〉

1. 특정대상 '2'는 그것의 속성에 해당하는 "정수임" ("양수임", "10보다 작음") 이라는 1차 개념에 포섭된다.
2. 각각의 개념의 연언으로 이루어진 1차 개념 "10보다 작은 양의 정수임"은 1차 개념 "정수임"에 종속된다.

〈예7〉

1. 특정대상 '플라톤'은 그것의 속성에 해당하는 "죽음"이라는 1차 개념에 포섭된다.
2. 1차 개념 "인간"은 1차 개념 "죽음"에 종속된다.

〈예6〉과 〈예7〉에 나타난 포섭관계는 명제에서의 단칭명제로, 그리고 종속관계는 전칭명제로 나타난다. 즉 〈예6〉:1과 〈예7〉:1의 포섭관계는 "2는 정수이다"와 "플라톤은 죽는다"의 단칭명제로 나타날 수 있고, 〈예6〉:2와 〈예7〉:2는 "모든 10보다 작은 양의 정수는 정수이다"와 "모든 인간은 죽는다"의 전칭명제로 나타날 수 있다.[30] 이로부터 특정대상을 주어로 하는 (8)이 단칭명제의 경우에 해당한다는 것을 알 수 있다. 동시에 F:1-2와 관련하여 제시된 사례들(예1)과 예2))이 〈예6〉:2와 〈예7〉:2의 개념들 사이의 종속관계로 간주될 수 있다는 것을 알 수 있다.[31] 프레게는 구체적인 고유명사를 갖지 않는 개념들로만 이루어진 전칭명제를 구성하는 각각의 명제 함수를 가명제(quasi-sentence)로 간주한다(PW, 199쪽 참조).

---

30 이를 통하여 아리스토텔레스에게 아직 남겨졌던 양화의 해석문제가 해소된다. 주어진 사례를 1계 논리로 표현하면 다음과 같다.

〈예6〉

(Φ: 양수임, X: 정수임, Ψ: 10보다 작음, Ω: 10보다 작은 양의 정수임, x: (수에 관한) 개체변항)

1. X_2 : "2는 정수이다."

2. $(\forall x)(\Omega x \rightarrow Xx)$: "모든 10보다 작은 양의 정수는 정수이다."

〈예7〉

(F: 죽음, G: 인간임, x: (개별대상에 관한) 개체변항, a: 플라톤)

1. Fa : "플라톤은 죽는다."

2. $(\forall x)(Gx \rightarrow Fx)$: "모든 인간은 죽는다."

31 각각을 1계 논리로 정형화하면 다음과 같다.

〈예1> (A: 포유류, B: 붉은 피를 가짐)

$(\forall x)(Ax \rightarrow Bx)$

〈예2〉 〈예7〉: 2와 동일

이와 관련하여 "특칭명제"의 경우는, 임의의 대상이 그것의 속성에 해당하는 개념을 갖는 것으로 간주된다. 예를 들어 "사람이 있다"는 것은 개념 "사람"이 있는 것이 아니라 주어진 개념 "사람"에 포섭되는 개별대상(들)이 있다는 것을 의미한다(PW, 67쪽, CO, 47쪽 참조). 이를 1계 논리로 정형화하면 다음과 같다.

(F: 인간임, x: 개체 변항) $(\exists x)Fx$: "(한) 사람이 있다." 겐젠에게 있어서뿐만 아니라 프레게에게 있어서도 전칭명제와 특칭명제에 관한 예화 또한 가능하다. $Ga \rightarrow Fa$: 보편예화, Fa : 존재 사례화 (PW, 213-14쪽, CO, 47쪽 참조)

즉 고유명사를 갖지 않는 개념만으로 이루어진 명제함수(예: "x는 사람이다", "x〉2" 따위)는 가명제가 되는 것이다. 가명제는 그것의 독립변항이 고유명사에 의해 채워질 때 명제가 될 뿐 아니라 오히려 일반화된 명제(양화문장)를 끌어내는 데 작용한다(PW, 199-201쪽 참조).[32] 이로부터 다음을 정리할 수 있다.

(9) 단칭명제는 그것에 포섭되는 고유명사와 개념을 통해 구성된다. 반면에 전칭명제는 그것에 종속되는 개념과 개념을 통해 구성된다(F:2-2).
(9-1) 단칭명제 하에서 고유명사에 의해 지시되는 "특정대상"은 개념에 포섭된다((1), F:1-1, F:2).
(9-2) 전칭명제는 개념의 술어적 본성에 따라 가명제들로 이루어진 복합명제이다(F:1-1, F:2-2).

정리된 (9)의 사실로부터 한편으로는 프레게가 심리주의를 통해서는 설명될 수 없는 것으로 간주했던(B:3) 개별 내용과 보편 개념 사이의 관계가 포섭과 종속에 의해 해명될 수 있다는 것을 알 수 있다. 이는 아리스토텔레스가 명제 하에서 개별자와 보편자의 관계를 포섭관계로 정형화한 것과 기본 형식에 있어서 동일하다. 다만 프레게는 이를 종속관계와 구별되는 포섭관계로 엄밀히 분석해 낸 것이다. 다른 한편 명제 하에서 명제를 구성하는 부분 사이에서 성립하는 포섭과 종속관계 구별의 실질 근거는 다름 아닌 집합에 있어서 원소와 부분집합 관계이다. 그러나

---

32 모순의 해소와 더불어 이를 구체적으로 실변수(real variables) 와 가변수(apparent variables)를 통해 정립한 것이 러셀의 유형이론(type theory)이다. 변수를 통해 정립되는 각각의 유형은 러셀에게서 지적 직관에 의해 발견되는 보편대상으로 간주된다.

프레게에게 있어 원소와 부분집합의 관계는 단지 "영역 계산(domain-calculus)"일 뿐 개념과 관련을 맺는 "논리 영역"이 아니다(SV, 94쪽).

후자와 관련한 논의는 다음 절에서 살펴보고 여기서는 단칭명제와 관련하여 개별대상과 보편개념 사이의 관계가 어떻게 지적되고 있는지를 검토해 보자. 아리스토텔레스에서 개별자가 보편자와 갖는 관계가 명제 하에서 개념항을 통해 정립될 수 있었던 것처럼 프레게에게도 개별자가 보편자와 갖는 관계는 명제 하에서의 개념을 통해 정립된다. 이미 정리 (1), (8), (9-1)에서 지적한 것처럼 단칭명제는 완전한 부분인 "특정 대상"을 지시하는 고유명사와 불완전한 부분인 개념을 통하여 표현된다(〈예3〉, 〈예4〉 참조). 이때 "수"를 통하여 예시된 플라톤적인 비지각 대상이 아닌 지각 대상들이 바로 경험대상으로서의 개별자들이다.[33] 여기서 지각 대상이 보편개념과 갖는 관계가 포섭관계이다. 이는 다음의 프레게의 진술을 통하여 손쉽게 확인될 수 있다.

> … 개념어는 개념을 지적하는 데 도움을 준다. 그리고 개념은 개별자와는 완전히 다르다. 만약 내가 '플라톤은 사람이다'라고 말한다면 나는 플라톤에게 새로운 이름 - "사람"이라는 이름 - 을 부여하는 것이 아니라 플라톤이 사람이라는 개념에 포섭된다는 것을 이야기하는 것이다(PW, 214쪽).

물론 대상과 개념 사이의 포섭관계는 비지각 대상 특히 수에도 동일하게 적용된다(같은 곳). 여기서 주목할 것은 개념과 특정 대상 '개별자'가

---

33 개별자들에 관하여 러셀은 감각소여로까지 분석을 시도한다. 즉 프레게와 러셀의 「지시체에 관하여」에서 개별자로 간주되었던 "소크라테스"따위의 고유명사는 더 이상 개별자가 아닌 보편개념이 된다. 이와 관련하여 좀 더 자세한 논의는 양은석(1993), 3장을 참조.

포섭관계를 갖는 것이 바로 개념의 술어적 본성에 기초한다는 사실이다. 개념이 자신의 술어적 본성을 보존하는 한 개념은 문법적 주어로 위치할 수 없다. 역으로 특정대상을 지시하는 고유명사는 문법적 술어일 수 없다는 본성을 갖는다[34](CO, 43쪽). 그러나 상호 구별되는 개별자와 보편개념은 논리에서 명제를 구성하는 고유명사와 개념 사이의 포섭관계로 그 관계가 보장되는 것이다.[35] 이로부터 다음을 정리할 수 있다.

(10) 이종적인 개별자와 개념은 논리 속에서 단칭명제를 구성하는 고유명사와 개념을 통해 포섭관계를 갖는다(PW, 214쪽). 단칭명제는 개별자와 개념 사이의 논리적 관계를 표현할 수 있다.

정리 (9)와 (10)을 통하여 아리스토텔레스에서 나타난 개념을 중심으로 정립된 주어-술어 사이의 포섭관계가 프레게에서도 개념을 중심으로 포섭과 종속의 관계로 정형화되어 나타난다는 것을 알 수 있다. 프레게에서 개별자와 개념 사이에 성립하는 포섭관계는 계층을 달리하는 개념과 개념 사이에는 동일하게 적용된다[36](FA, § 53, CO, 48, 50-51쪽, BLA, § 23

---

34 명제의 주어뿐만 아니라 명제에 대응하는 지시체 '참', '거짓'에 대응하는 이름 또한 고유명사이다. 즉 대상을 지시하는 것 모두가 고유명사인 것이다(SR, 57쪽). 이때 주목할 것은 술어로 나타나는 개념과 술어 자체는 고유명사를 지시하지 않는다는 사실이다. 프레게는 개념과 개념의 외연 그리고 함수와 함수값의 영역을 엄격히 구분한다.

35 예7)에서 나타난 대상과 개념 사이에서 성립하는 "포섭관계"는 불평등 2차 관계로 그리고 개념과 개념 사이에서 성립하는 "종속관계"는 평등 2차 관계로 해석될 수 있다. 박우석(1992), 73쪽, BLA, § 22, § 23 참조.

36 흔히 that절 이하에 대한 참, 거짓을 나타내는 "~는 참이다" 또는 "~는 거짓이다"로 나타나는 개념은 2계 논리의 술어로서 간주된다. 그러나 이러한 술어는 러셀과 전기 비트겐슈타인에게서 나타나는 것처럼 고계의 술어로 간주되기보다는 단순히 임의의 명제에 대한 판단으로 간주되어야 할 것으로 보인다. 전자에 따를 경우, 이는 참, 거짓에 대한 상위의 계층을 요구하는 무한퇴행의 문제를 발생시킨다.

참조).

그러나 프레게의 언급처럼 이러한 개념들 사이에서 성립하는 포섭관계는 종속관계와는 엄밀히 구별되어야 한다. 프레게는 아리스토텔레스에서 나타난 유개념과 종개념 사이의 관계가 종속관계임을 주지시킨다(FA, §53).[37]

이는 프레게가 아리스토텔레스의 명제론에서 개념을 기초로 정립된 포섭관계를 비판적으로 계승하고 있다는 사실을 잘 보여준다. 그러나 주어진 방식만으로는 포섭과 종속이 어떻게 구별될 수 있는지가 분명히 나타나지 않는다. 주어진 구별의 근거는 원소와 부분집합의 관계를 통해 확인될 수 있다. 그러나 원소와 부분집합에 대한 논의는 단지 계산의 영역에 불과하다.

2) 원소와 부분집합 관계

개별자가 아닌 대상을 지시하는 고유명사로서의 수는 개념의 외연인 집합으로 정의된다(FA, §68, SV, 94쪽). 프레게는 개념의 외연과 개념 그리고 원소/부분집합 관계와 포섭/종속 관계를 엄격히 구별한다(SV, 93-94, 97쪽).

이러한 구별은 프레게가 갖는 논리에 대한 기본 입장에 기초한다. 프레게는 플라톤과 아리스토텔레스로부터 계승돼 온 개념에 기초한 언어의 영역을 논리 영역으로 간주한다. 프레게에서 수와 포섭과 종속에 대한

BLA, §31, TLP, 4.063, 4.431 참조.

37 프레게의 양화에 대한 해석과 더불어 이로부터 아리스토텔레스의 정언명제와 삼단논법에 대한 1계 논리로의 정형화가능성이 마련된다.

구상이 개념의 외연인 집합에 바탕을 두고 있음에도 불구하고, 집합론이 "논리 영역"에 포함될 수 없었던 것은 그것이 의미 해석을 문제 삼지 않는 '영역-계산'에 불과하기 때문이다.[38] 이를 검토하는 것이 여기서의 과제이다.

G.

1. 함수 값의 영역은 대상이나 함수 자체는 대상이 아니다. 마찬가지로 개념의 외연은 대상이나 개념 자체는 대상이 아니다(FC, 32쪽).

예1) "x^2-4x = x(x-4)"를 함수 값의 영역으로 나타낸 $\varepsilon'(\varepsilon^2-4\varepsilon) = \alpha'(\alpha(\alpha-4))$에 있어서, $\varepsilon'(\varepsilon^2-4\varepsilon)$은 완전하기 때문에 대상을 지시하나 ( ) = $\alpha'(\alpha(\alpha-4))$는 불완전하기 때문에 대상을 지시하지 않는다(같은 곳).

1-1. 함수에 있어서 함수 값들의 영역의 동일성은 논리에서 개념들의 외연의 동일성에 해당한다(같은 글, 30쪽 / BLA, § 20, [공리V] 참조).

1-2. 개념의 외연은 모든 독립변항에 대하여 그것의 값이 진리 값인 함수 값의 영역이다(같은 글, 31쪽).

2. 구별되는 대상들에 대해서는 구별되는 기호를 사용해야 한다. 'A⊆B'는 A가 집합 B의 부분집합이라는 것을 표현하고 'A∈B'는 A가 집합 B의 원소라는 것을 표현한다(SV, 93쪽 참조).[39]

2-1. ⊆ 관계와 ∈ 관계를 분명히 구분하기 위해서는 집합을 개념의 외연으로 간주해야 한다. *v*가 임의의 한 대상이고 A가 a인 대상들의 집합일 경우,

---

38 이는 프레게가 외연에 기초한 계산으로서의 논리가 아닌 (전통 논리의) 언어로서의 논리의 입장에 서 있다는 것을 잘 보여준다(SV, 106쪽 참조).

39 여기서는 이해의 편의를 위하여 프레게가 사용하는 "subter", "sub" 대신에 집합에서 사용되는 원소 "∈ "와 부분집합 "⊆"의 기호를 사용한다. 프레게는 "A sub B"를 A가 집합 B에 종속되는 집합을 주장하는 것이라고 표현하고 있다. 여기서 "종속"이라는 표현은 포섭과 종속의 구분이 집합에도 동일하게 적용되는 것으로 보이게 하는 오해를 불러일으킬 수 있다. 이와 관련하여 같은 글, 94쪽을 참조할 것.

> 우리는 'v ∈ A'가 'v는 a이다'를 의미하는 것으로 해석한다. 그리고 B가 b인 대상들의 집합일 경우 '모든 b는 a이다'에 의해 'B⊆A'를 번역한다(같은 글, 94쪽).

G:1을 통하여 집합을 형성하는 함수 값의 영역과 개념의 외연이 대상인 데 반하여 함수와 개념은 대상이 아니라는 것을 알 수 있다. 이때 G:1의 예1)에서 나타나는 대상과 함수(와 개념)의 구별 방법은 단칭명제에서 완전한 부분과 불완전한 부분의 분석을 따르고 있다(G:2, 〈예3〉, 〈예4〉 참조). 그러나 함수 값 영역의 동일성이 동일성의 일반화와 동치관계에 있는 한(G:1-2), 동일성의 일반화로 나타나는 명제에 대한 포섭관계 분석이 허용된다. 그리고 이는 필연적으로 러셀의 모순을 야기시킨다.[40] 이로부터 발생하는 문제는 차지하고 일단 프레게에게서 함수 값의 영역과 개념의 외연이 그것의 대상에 대한 지시로 말미암아 함수와 개념으로부터 구별될 수 있다는 사실을 지적할 수 있다. 이를 정리하면 다음과 같다.

---

40 프레게의 동일률의 일반화된 양식에 대한 대상과 개념의 포섭관계적 분석은 전칭명제에 관한 개념과 개념의 종속관계로의 분석과 양립 불가능하다. 왜냐하면 동일률의 일반화로 나타나는 명제는 가명제로 이루어진 복합명제 즉 "전칭명제"에 해당하기 때문이다. 전칭명제는 개념과 개념 사이의 "종속관계"를 나타내는 데 사용되지 "포섭 관계"를 나타내는 데 사용되지 않는다((9) 참조). 이는 1계 논리하에서 다음의 형식으로 나타난다.
(∀x)(F(x) = G(x))
(이와 관련하여 [공리V] ⊢ (ε'F(ε) = α'G(α)) = (-(α)-F(α) = G(α) 참조)
함수의 외연에 관한 주어진 분석에 따를 경우, 주어진 개념의 외연으로서의 집합은 그것과 동일한 외연을 갖는 집합의 원소가 된다. 이로써 임의의 집합이 스스로의 원소가 된다. 이는 ZF 집합론의 토대공리에 위배된다. 구태여 집합론을 고려하지 않더라도 이는 개념의 외연으로서의 집합에 관한 한 모순을 불러일으킨다. [공리V]로부터 발생하는 문제점을 잘 드러내는 것이 바로 러셀의 집합론적 역설이다. 프레게에 따라 '자기 자신에 속하지 않는 집합'이라는 "개념"을 취할 경우, 주어진 개념의 외연은 "자기 자신에 속하지 않는 집합의 집합"이 된다. 이를 K라고 할 경우, K가 그 자신에 속한다고 할 경우나 그렇지 않을 경우 모두 모순이 발생한다(FRP, 234-35쪽 참조).

(11) 함수 값의 영역에 나타나는 포화성과 불포화성에 따라 개념의 외연(함수 값의 영역)은 대상을 지시하나 개념(함수)은 그렇지 않다(G:1).

함수 값의 영역은 개념의 외연으로서의 집합이다(G:2-1 / 같은 글, 105쪽 참조). 따라서 G:2에 나타난 ⊆/∈ 의 관계는 다름 아닌 대상과 대상 사이의 관계를 나타낸다. 즉 A, B 사이의 부분집합 관계(⊆)나 원소 관계(∈) 모두 대상들 사이에서 성립하는 관계인 것이다.[41] 따라서 원소/부분집합의 관계는 다음으로 정리될 수 있다.

(12) 원소/부분집합의 관계는 대상들 사이의 관계이다. 임의의 대상이 그것을 포함하는 집합인 대상과 갖는 관계는 "원소 관계"이고 두 집합인 대상들이 갖는 관계는 "부분집합 관계"이다((11), G:2-1).

여기서 지각 대상이 아닌 수학적 대상으로서의 수와 함수 값의 영역 그리고 개념의 외연 모두 그 외연에 따라 정초 되는 집합으로 간주될 수 있다. (수는 개념의 외연으로 정의되며 함수 값의 영역은 개념의 외연에 상응한다.) 따라서 수학적 대상과 그것의 집합 그리고 임의의 집합과 다른 집합 사이에서 성립하는 원소와 부분집합의 관계 모두 (수를 대상으로 삼는) 집합론에 의해서 정립될 수 있는 것들이다.

41 이를 대상들 사이의 관계로 볼 경우 양자의 관계 모두 일종의 플라톤적인 참여 관계로 간주될 수 있다.

3) 논리 영역 대 영역 계산 : 개념의 내포(의미)와 외연(지시체)

앞 절의 정리 (12)를 가장 잘 반영한 것은 G:2-1이다. G:2-1에서 주목할 것은 원소, 부분집합 관계가 단칭명제('v는 a이다')와 전칭명제('모든 b는 a이다')를 통해 해석될 수 있다는 사실이다. 프레게는 바로 이 부분에서 논리 영역과 계산 영역을 구분한다. 즉 대상과 관련을 맺는 전자의 영역은 계산 영역인 데 반해, 의미 해석과 관련을 맺는 후자의 영역은 논리 영역인 것이다. 이에 대한 구별과 함께 프레게가 언어의 내포(의미)를 바탕으로 논리를 정립하고 있다는 사실을 다음을 통해 확인해 보자.

H.

1. 개념과 함수는 개념의 외연과 함수 값의 영역에 논리적으로 선행한다(FC, 26쪽 주, SV, 106쪽).

1-1. '공통 이름'이란 단어의 사용이 쉬뢰더가 생각하는 원소인 대상들로 이루어진 집합이나 외연에 대한 생각과 합치한다고 할 경우, 대상들은 강조되고 개념은 간과된다(SV, 105쪽).

1-2. 개념의 외연은 나무가 숲을 이루는 방식으로 그 개념 하에 포섭되는 원소인 대상들로 이루어지지 않는다. 그것은 홀로 개념에 접촉한다(같은 글, 106쪽).

2. "영역 계산"은 개념의 외연을 바탕으로 성립하고 "논리의 영역"은 개념의 내용을 바탕으로 성립한다(같은 글, 103쪽 참조).

2-1. 전체에 대한 부분의 관계가 근본 관계인 "영역 계산"은 "논리"로부터 완전히 분리된다(같은 글, 106쪽). "영역 계산"에서 집합들은 원소들로 이루어진다. 그러나 그 대상과 그것들 사이의 관계는 논리가 아니다(같은 글, 103-4쪽).

2-2. 모호성이 발생하지 않는 순수 "영역 계산"에서 원소 관계와 부분집합 관계 사이의 구별은 필연적이고 가능하다. 반면에 해석의 양상을 채택하자마자 개념이 논의의 영역으로 들어오고 "논리의 영역"으로 넘어가게 된다(같은 글, 94쪽).

2-3. (개념의 외연으로서의) 수에 대한 명제의 내용은 개념에 관한 주장이다.
예) "금성은 0의 위성을 갖는다"는 진술은 "금성의 위성"이라는 개념에 포섭되는 것이 없다는 것을 의미한다(FA, §46).

먼저 H:2를 통하여 정리 (9)에서 지적된 포섭/종속 관계가 개념 하에서 즉 대상과 개념 또는 개념과 개념 사이에서 성립하는 '논리 영역'인 데 반하여, 정리 (12)에서 지적된 원소/부분집합의 관계는 대상들 사이에서 성립하는 '영역 계산'이라는 것을 알 수 있다. 이로부터 정리 (9)의 포섭/종속 관계와 정리 (12)의 원소/부분집합의 관계에 대한 다음 귀결이 따라 나온다.

(13-1) '논리 영역'에서 대상을 지시하는 고유명사와 개념, 개념과 개념 사이에 포섭과 종속관계가 성립한다((9), H:2).
(13-2) '영역 계산'에서 대상으로서의 원소와 집합, 집합과 집합 사이에 원소와 부분집합의 관계가 성립한다((12), H:2).

이때 (13-1)과 (13-2)의 구별의 근거는 F:2에서 보듯 개념이다. 즉 전자는 '개념의 내포'와 관련을 맺고 후자는 '개념의 외연'과 관련을 맺는다. 이로부터 H:1의 진술은 다음으로 간주될 수 있다.

먼저 정리 (11)에 따라 개념의 외연과 함수 값의 영역은 대상들이다. 그리고 정리 (13-2)에 의해 대상으로서의 개념의 외연과 함수 값의 영역은 '영역 계산'에서 취급되는 것이다. 반면에 정리 (11)에 의해 개념과 함수는 대상이 아니다. 그러나 정리 (13-1)에 의해 대상들은 개념과 함수에 의해 '논리 영역'에서 취급된다(13-2).

따라서 대상들은 그 자체로는 '영역 계산'에서 취급될 뿐 '논리영역'에서는 취급될 수 없다. 즉 개념을 매개하지 않는 한 대상들은 논리 영역에 나타날 수 없는 것이다.[42] 이로써 개념과 함수는 대상으로서의 개념의 외연과 함수 값의 영역이 논리 안에 나타나기 위한 필요조건이 된다.

(14) 개념은 대상들이 논리 영역에서 취급되기 위한 필요조건이다.

이로부터 지각 대상(개별자)이거나 수학적 대상(개념의 외연으로서의 수)이거나에 관계없이 그것이 논리 영역에 나타나기 위해서는 반드시 '개념'을 매개로 해야 한다는 것을 알 수 있다.[43]

프레게의 개념의 외연과 내포에 따른 구별(같은 글, 106쪽 참조)과 그에 따른 각각을 취급하는 영역(영역-계산과 논리 영역) 구별에도 불구하고 양자가 상관적이라는 사실은 정리 (14)에서 뿐 아니라 G:2-1에서 잘 나타난다. 이는 프레게의 의미와 지시체 구별과 관련되어 있다.

G:2-1의 형식사례의 대상들 ν, A, B 사이에서 성립하는 원소, 부분집합의 관계(ν ∈ A, B ⊆ A)는 단지 대상들 사이에서 성립하는 그 외연에 따른 계산 관계이다. 그러나 그것에 대한 의미 해석이 수반될 경우, 주어진 대상들과 그 사이에서 성립하는 관계는 그것에 대응하는 고유명사와 개념 a, b를 통해 성립하는 단칭명제 "ν는 a이다"와 전칭명제 "모든 b는 a이

---

42 프레게가 러셀의 역설의 발견에도 불구하고 개념의 외연이 개념에 포섭된다는 원리를 보존하려고 한 것(FRP 참조)은 논리에 관한 주어진 입장에 기인한 것으로 보인다. 즉 수학을 논리로 환원하려고 하는 논리주의의 입장을 견지하는 프레게에게 있어서 개념의 외연(예: 수)이 개념에 포섭되지 않는다고 할 경우, 개념의 외연은 더 이상 논리 영역에 들어올 수 없게 된다. 이로써 논리로부터 수를 정초하고자하는 프레게의 계획은 실패하게 된다. 만약 이를 보존하려고 한다면 역으로 프레게는 논리를 계산으로부터 정초해야하는 방향전환을 해야 할 것이다.

43 "특수 대상"은 모두 개념에 포섭된다. 이로부터 명제가 성립한다. (9-1) 참조.

다"로 나타난다(H:2-2 참조). 즉 대상을 지시하는 고유명사와 개념, 또는 개념과 개념 사이에서 성립하는 포섭, 종속 관계를 나타내는 "단칭명제"와 "전칭명제"는 다름 아닌 각각에 해당하는 대상들과 그것들 사이에서 성립하는 관계를 "개념"을 바탕으로 보여주는 의미 해석 체계인 것이다.

따라서 주어진 대상들과 그것들 사이에서 성립하는 관계 해석이 그것에 상응하는 "전칭명제"와 "단칭명제"의 의미를 통해 성립된다. 이로써 다음을 정리할 수 있다.

(15) 임의의 대상들 사이에서 성립하는 원소와 부분집합의 관계는 그것의 의미해석 체계의 포섭, 종속관계에 대응한다.[44] 원소와 집합들 사이에서 성립하는 관계는 "전칭명제"와 "단칭명제"를 통해 의미 해석이 이루어진다.

논리 영역이 계산 영역의 대상들과 그것들 사이에서 성립하는 관계들에 대한 의미 해석 체계라는 사실((15))로부터 1절의 "의미"와 "지시체"의 적용 가능성이 마련된다. H:2-3의 사례에 나타난 "금성의 위성"이라는 개념은 "둥근 사각형"이라는 개념(SV, 104-105쪽 참조)과 더불어 같은 외연 ∅({})를 갖는다. 그러나 각각의 개념의 내용은 상호 구별된다. 동시에 개념의 외연 ∅가 지시하는 것은 수 '0'이다(H:2-3 참조).[45]

개념의 내포와 외연에 따른 주어진 구분은 다름 아닌 의미와 지시체의

44 프레게가 제시한 전칭명제((x)(Fx→Gx))에 있어서의 전건과 후건의 논리적 함의관계는 집합들 사이의 부분집합(F⊂G) 관계에 대응되어 있다.

45 개념의 내용과 외연에 대한 주어진 방식의 구분은 후설의 비판에서도 사용된다. 즉 프레게는 "직각"과 "그것의 인접각과 크기가 같은 각(angle equal to its adjacent angle)"이 같은 외연을 갖지만 그 내용이 다르다는 사실을 후설의 비판에서 주지시키고 있다(IE, 80쪽).

구분에서 수행되었던 바이다(C 참조). 즉 개념의 내포가 그것의 의미를 나타낸다면 개념의 외연은 그것의 지시체를 나타낸다.[46] 개념의 외연과 구별되는 내포가 의미를 나타낸다는 사실은 다음 프레게의 명제에 관한 진술 속에서 손쉽게 확인될 수 있다(PW, 186-87쪽 참조).

> 다음에서 나는 이 특별한 내용을 단지 질문의 내용 또는 상응하는 의문형 문장의 의미로 부를 것이다(N, 117쪽).

이로부터 다음을 정리할 수 있다.

> (16) 명제와 그것의 부분인 개념이 갖는 내용은 그 의미를 나타내고 명제가 갖는 진리 값 "참", "거짓"과 개념이 갖는 외연 "집합"은 그 지시체를 나타낸다.

이때 명제의 의미는 다름 아닌 논리 언어 안에서 모형을 갖는 사상이다((2)). 그리고 사상들은 그 지시체에 (多 : 1로) 대응되어 있다((7)). 이로부터 다음의 개념의 내포와 외연에 대한 진술을 할 수 있다.

> (17) 개념이 갖는 "의미" 내포는 사상(의 부분)이며 개념이 갖는 외연은 사상(의 부분)에 대응하는 "지시" 대상이다.

개념의 내포로서의 사상(의 부분)이나 개념의 외연으로서의 사상(의 부분)이 지시하는 대상 모두 개념을 통해서 논리의 영역 안에 나타난다.

---

46 그러나 개념의 외연과 내포가 명제 안에 동일한 위치에 나타나지는 않는다. 왜냐하면 개념의 외연은 특정대상이기 때문에 명제의 문법적 주어로 나타나는 반면 개념의 내포는 특정 대상이 아니기 때문에 명제의 문법적 술어로 나타난다(C, G:1 참조).

왜냐하면 사상은 논리영역 안에서 모형을 갖고((12)) 대상은 개념을 통해 논리 영역에서 취급될 수 있기 때문이다((14)). 그리고 지각적 대상과 수학적 대상을 모두 포함하는 '특수 대상들'은 개념과 포섭관계를 갖고 '사상과 그 부분'은 명제와 고유명사, 그리고 개념을 통해서 드러난다.

이로써 논리 영역에서 개념을 바탕으로 '사상(의미)'과 '대상(지시체)'에 대한 해석 근거가 마련된다. 이는 논리영역에서 개념을 기초로 사유와 사유에 의해 발견되는 보편 대상들의 근거가 마련되었던 것과 동일한 구조를 갖는다. 즉 전통 논리학의 발생에서 '사유'와 사유에 의해 발견되는 '보편 대상'이 로고스 언어인 개념을 통해 정립되었던 것처럼, 프레게에서 '사상(의 부분)'과 사상(의 부분)이 지시하는 '대상'은 논리 언어의 개념을 통해 정립된다. 동시에 프레게에서 특수 대상들(개별자와 수학적 대상들) 사이의 관계가 명제 안에서의 주술 분석에 따른 포섭과 종속으로 나타난 것은 아리스토텔레스에게서 개별자와 보편자 또는 보편자들 사이의 관계가 명제의 주-술 관계 분석에서 포섭관계로 정형화되었던 것의 연장선상에서 해석될 수 있다.[47]

이로부터 프레게의 계산과 구별되는 언어로서의 논리가 플라톤과 아리스토텔레스의 로고스로서의 논리를 계승하고 있다는 것을 알 수 있다.

(18) 논리의 영역에서 특수대상 개별자와 수학적 대상들은 개념과 포섭관계

---

47 플라톤의 중기형상에 관한 입장은 일면 주술 관계와 동등관계 사이에서 발생하는 모순으로 간주 될 수 있다. 이에 관한 동일한 문제가 프레게에게서도 발생한다. 주술 관계 하에서 주어항은 술어항에 포함되는 반면 동등관계 하에서 주어항과 술어항은 같은 외연을 갖게 된다. 프레게에서 이는 대상과 개념 사이의 관계로 나타낸다. 이를 집합의 양식으로 표현하면 다음과 같다.
[주술형식] $a \in K$: "a는 K이다."
[동등관계형식] $K = K$ ($K \subset G$ & $G \subset K$) : "K는 그 자신과 동등하다."(K는 G와 동일한 외연을 갖는다)

를 갖는다((10), (13-1)).

4. 개념과 배중률

이미 3절에서 논리 영역에서의 명제의 참, 거짓과 관련하여 배중률이 모순율과 함께 프레게에서 전제되고 있다는 사실을 명제에 상응하는 사상을 통해 지적한 바 있다. 여기서는 3절에서 검토되었던 대상과 개념 사이의 포섭관계를 정립하는 데 있어 프레게가 배중률을 요구하고 있다는 점을 지적하고자 한다. 이는 올바른 개념정의 문제와 관련되어 있다.

I. 올바른 개념정의는 배중률 하에서 성립한다.

1. 개념(가능한 술어)의 정의는 완전해야한다. 임의의 대상과 관련하여 그 대상이 개념에 포섭되는지 아닌지가(술어가 그 대상에 대하여 참인 것으로 주장될 수 있는지 아닌지가) 분명하게 결정될 수 있어야 한다(FD, §56).

2-1. 개념은 분명한 경계(sharp boundary)를 가져야 한다. 분명하게 정의되지 않은 개념은 잘못 진술된 개념이다. 그러한 유사 개념들(quasi-conceptual constructions)은 논리의 개념들로 인식될 수 없다(같은 글).

2-2. 배중률은 개념이 분명한 경계를 가져야한다는 요구의 또 다른 형식이다.

2-21. 배중률 : 임의의 대상 a는 개념 F에 포섭되거나 그것에 포섭되지 않아야 한다(같은 글).

2-22. 그렇지 않다면 결정되지 않는 즉 "a는 개념 F에 포섭된다"의 경우도 아니고 "a는 개념 F에 포섭되지 않는다"의 경우도 아닌 제3의 경우가 있게 된다(PW, 155쪽).

3. 그 의미가 개념이라고 불리는 명제의 불포화된 부분은 의미 있는 고유명사에 의해 채워질 때 진정한(genuine) 명제를 산출하는 성질을 가져야한다.

이것이 개념이 분명한 경계를 가져야하는 요구이다(PW, 195쪽).

배중률과 관련하여 프레게에서 플라톤과 아리스토텔레스에서와 같은 구체적인 '정의'가 수행되는 것은 아니다. 다만 프레게는 올바른 개념 정의가 이루어지기 위해서 개념이 갖추어야 할 특성을 진술할 따름이다(F:1 참조).

이미 F:1에서 개념에 대한 형식적 정의가 제시되었다(F:1-1). 즉 프레게에서 그것의 값이 진리 값으로 나타날 수 있는 것들만 개념이 될 수 있다. 그러나 실질적인 참, 거짓의 결정은 개념이 아닌 명제에서 성립한다. 그리고 사상과 관련하여 논리 영역 내에서 명제에서 참, 거짓의 판별이 배중률과 (무)모순율에 따라 성립한다는 것을 보여주는 것은 다름 아닌 2절의 정리 (5), (6)이다.

여기서 주어진 개념에 대한 형식적 정의는 정리 (8)로부터 이해될 수 있다. 즉 명제의 불완전한 부분을 형성하는 개념이 고유명사에 의해 채워질 경우, 참, 거짓을 판별할 수 있는 명제가 성립된다. 이로써 개념이 진리 값으로 나타나는 것을 알 수 있다(F:1-1, (8)).

이제 I:3이 정리 (8)에 대한 재 진술이라는 것을 알 수 있다. 즉 명제의 불포화된 부분이 고유명사에 의해 채워질 경우 참, 거짓이 판별될 수 있는 명제가 성립하며(I:3), 이는 (8)에서 이미 정리된 내용이다. 여기서 주목할 것은 I:3에서 주어진 조건이 개념이 분명한 경계를 가져야하는 조건으로 간주된다는 사실이다.[48] 이로부터 일차적으로 다음을 정리할 수 있다.

(19) 그것의 값이 항상 진리 값인 함수로서의 개념에 대한 정의는 개념의 불포

---

48 프레게는 "정의"가 완전하고 분명한 경계를 가져야하는 것으로 간주한다(FD, § 60 참조).

화된 부분이 고유명사에 의해 채워질 때 참, 거짓을 결정할 수 있는 완전한 명제가 성립한다는 것을 의미한다. 이는 개념이 분명한 경계를 갖는다는 것을 의미한다(F:1-1, (8), I:3).

I:1과 I:2는 (19)를 만족하는 개념 정의가 배중률 하에서 성립될 수 있다는 것을 보여준다. 먼저 I:2-2에서 프레게는 배중률을 개념이 분명한 경계를 갖는다는 것에 대한 다른 형식으로 간주하고 있다. 그리고 이때의 배중률을 명제의 참과 거짓이 아닌 명제를 구성하는 불완전한 부분인 개념과 그것을 채우는 고유명사인 대상 사이의 포섭관계로부터 정립하고 있다. 즉 프레게는 임의의 대상이 주어진 개념에 포섭될 경우와 그렇지 않을 경우의 배타적 관계로부터 배중률을 정립하고 있는 것이다(I:2-1, I:2-2 참조). 이를 명제의 참, 거짓과 관련하여 정리하면 다음과 같다.

(20) 임의의 대상이 개념에 포섭될 경우 (또는 포섭되지 않을 경우), 주어진 경우를 진술하는 명제는 "참"이고 그렇지 않음을 진술하는 명제는 "거짓"이다((5), I:2-21).

여기서 배중률에 의해 성립하는 긍정명제와 부정명제의 (참, 거짓에 관한) 배타적 관계가 임의의 대상과 개념 사이의 포섭과 포섭하지 않음의 배타적 관계로 정립되고 있다는 것을 알 수 있다. 만약 대상과 개념 사이의 포섭관계에 있어서 배중률을 따르지 않는 경우가 허용된다고 할 경우(I:2-22), 그 포섭관계와 관련된 참, 거짓을 결정할 수 없는 명제가 있을 수 있다. 만약 그러한 제3의 경우가 허용된다면, 주어진 개념은 프레게가 말하는 논리 영역에 포함될 수 없다. 왜냐하면 논리 영역은 배타적 참, 거짓만을 허용하는 영역이기 때문이다(D:2-2). (그렇지 않다고 할 경우 주어진 개념을 다루는 영역은 허구나 신화 영역이다.)

따라서 임의의 명제가 참이거나 거짓이기 위해서는 대상과 개념의 포섭관계에 있어서 배중률이 지켜져야 한다는 것을 알 수 있다. 이로부터 다음을 정리할 수 있다.

(21) 논리의 영역에서 배중률에 따라 모든 명제는 (참과 거짓을) 결정할 수 있어야 한다(I:1, I:2-22).

(21-1) 논리의 영역에서 배중률에 따라 임의의 술어는 그 대상인 주어에 대하여 참으로 주장되거나 그렇지 않아야(거짓으로 주장되어야) 한다(I:1).

(21-2) 논리의 영역에서 배중률에 따라 임의의 개념은 고유명사가 지시하는 대상을 포섭하거나 그렇지 않아야 한다(I:1).

여기서 주목할 것은 결정가능성(decidability) 문제가 배중률을 전제하고 있다는 사실이다. 프레게는 (무)모순율에 위배되는 경우로도 간주될 수 있는 러셀이 발견한 집합론적 역설을 배중률이 집합에 적용되지 않도록 하는 경우로 간주하고 있다(FRP, 235쪽). 즉 "그 자신에 속하지 않는 집합"이라는 개념은 그 자체로는 프레게에서 그것의 외연과 관련하여 참, 거짓을 판별할 수 없는 결정할 수 없는 (명제의) 술어가 되는 것이다(같은 곳).[49]

---

49 프레게는 이로부터 함수 값의 영역이 항상 합법적인 것은 아니라는 사실을 받아들인다. 그리고 이로부터 함수 값의 영역을 (예외적인 경우로 간주하여) 독립변항에 사용하는 것을 배제하는 [공리V]에 대한 수정 [공리V']을 통해 자신의 초기 주장을 보전하려고 한다(FRP, 239-43쪽 참조). 배중률에 관한 주어진 문제점은 불포화성(불완전성) 문제와 더불어 러셀에게서 유형이론을 통해 해소된다. 동시에 러셀의 유형이론으로부터 발생하는 문제점을 제기한 것이 전기 비트겐슈타인이다.

5. 배중률과 전통 논리의 계승

우리는 정리 (21-2)를 통하여 프레게에서 올바른 개념정의를 위해 배중률이 반드시 지켜야할 준칙으로 정립되고 있다는 것을 확인할 수 있었다. 즉 배중률 하에서 개념에 대한 그것의 값이 항상 진리 값인 함수 정의가 성립하는 것이다(I). 이는 프레게가 아리스토텔레스의 기본공리를 보존하고 그로부터 개념을 정립하고 있다는 점을 보여준다. 앞으로 검토할 것은 논리주의에 대한 비판이 그 기본공리들 특히 배중률 해석과 관련하여 어떻게 제기될 수 있는가이다.

05

직관주의와 선험적 의식

브라우어, 하이팅의 배중률 비판

1. 직관주의 논의 배경 및 목적

4장에서는 수학을 논리학으로부터 정초하려고 하는 프레게의 인공 언어에 대한 생각이 개념에 기초하여 대상들을 설명하고자 하는 플라톤과 아리스토텔레스의 로고스적 성격을 계승하고 있다는 것을 살펴보았다.[50] 이를 기술 이론과 유형 이론을 통해 집합(개념의 외연)으로서의 수뿐만 아니라 개념과 함수 그리고 원초적 기호들 모두를 보편 대상으로 간주하도록 한 인물이 바로 러셀이다.[51]

그러나 논리주의의 철학적 입장에 해당하는 플라톤적 실재론은 중세 유명론에서 나타나듯 그 대상이 지각적으로 경험될 수 없다는 문제를 안

50 수는 개념의 외연으로서 정의되며 동시에 개념에 포섭된다.

51 이와 관련하여 최세만(1992), 34-40쪽과 양은석(1993), 3장을 참조.

고 있다.[52] 논리에 관한 플라톤주의를 표방한 논리주의를 비판하고 (칸트를 계승하는) 선험적 의미의 심리주의적인 정초를 하는 대표적인 입장이 브라우어와 하이팅(A. Heyting)으로 대표되는 초기 '직관주의'이다.[53] 직관주의는 수학의 대상과 관련하여 '논리주의' 입장을 받아들이지 않는다.[54] 특히 수학에서 무한에 관한 문제로 인해 논리주의에 계승되고 있는 전통 논리의 공리 배중률을 거부한다. 이는 직관주의가 갖고 있는 기본적 입장 즉 선험적 구성과 관련되어 있다.

여기서 살펴보고자 하는 것은 선험주의에서 배중률이 어떤 이유로 문제될 수 있는 가이다. 이에 대한 탐구는 논리에 관한 철학적 입장 차이가 논리에 어떻게 반향되어 나타나는지 확인할 수 있도록 할 것이다. 이를 위하여 2절에서는 브라우어와 하이팅이 어떤 의미에서 수학(논리)에 관한 선험적 정초를 시도하는지 살펴본다. 3절에서는 이에 기초하여 배중률이 "직관주의"에서 받아들여질 수 없는 이유를 그 결과와 관련하여 살펴본다.

---

52 개념의 위상에 관한 중세의 보편논쟁에서 나타난 극단적 실재론과 유명론 그리고 온건 실재론은 현대 기호 논리학에서 나타난 수학적 대상의 위상에 관한 논리주의와 (놀이) 형식주의 그리고 직관주의에 상응한다. 직관주의에 관한 논의를 위해서는 이종권(1993)을 참조할 것.

53 전기 비트겐슈타인 또한 프레게와 러셀이 갖는 논리에 관한 플라톤주의를 비판하고 이에 대한 선험적 정초를 시도한다(NB, 19.10.14, TLP, 3.641, 6.13 참조). 그러나 비록 집합론을 불필요한 것으로 간주할지라도 전기 비트겐슈타인은 여전히 논리주의의 입장에 따라 수학을 논리학으로부터 정초한다(TLP, 6.2-6.241 참조). 특히 지성에 의해 파악되는 논리적 대상에 대한 존재가정 없이 논리의 규칙들이 항상 참일 수 있는 근거를 진리함수적 명제 계산을 통해 마련한다.

54 직관주의와 논리주의의 차이점과 관련하여 *Philosophy of Mathematics*. 2nd ed, "서론", 14-16쪽 참조.

2. 직관적 자명성과 무한의 문제 : 수학의 선험적 정초

지성에 의하여 자명한 것으로부터 학을 정초하고자 하는 데카르트적 인식론 작업이 인간의 선험적 의식으로 정착된 것은 칸트에 와서다. 대수 논리의 창시자라고 할 수 있는 불(G. Boole)은 칸트의 영향 하에서 논리를 사유의 법칙으로 간주하였으며, 직관주의 또한 지성적 자명성에 기초하여 논리의 기본법칙을 사유의 법칙으로 간주하고자 한다.

여기서 검토하고자하는 것은 겐젠(G. Gentzen)에 계승된 직관주의 논리보다는 선험적 세계관을 잘 반영하는 브라우어의 초기 발상과 이를 계승하여 직관주의 명제, 술어 논리의 기본 체계를 제시한 하이팅의 수학에 관한 입장이다. 직관주의는 논리주의의 수학적 대상에 대한 존재론적 가정을 거부하고 직관적 자명성에 바탕을 둔 정신의 구성주의적 방법을 채택한다(D, 2쪽).[55] 동시에 그들은 수학에 대한 논리학으로의 환원을 거부하고 논리학을 단지 수학의 일부(즉 유한수학)으로 간주한다(같은 글, 6쪽, IFM, 59쪽 참조). 이때 유한수학의 영역에서 배중률의 사용은 정당하다. 그러나 무한과 관련하여서 배중률의 사용은 그 정당성을 보장받지 못한다.[56]

먼저 수학에 관하여 직관주의가 칸트의 선험주의적인 정초 방식을 택하고 있다는 사실을 확인해 보자.

---

55 여기서 하이팅은 "존재한다"가 "구성되었다"의 의미로 해석되어야 한다는 사실을 지적한다.

56 브라우어는 논리학이 유한수학인 한에서 배중률을 정당한 것으로 받아들인다. 다만 그것의 무한에의 적용을 문제 삼는다(BCLI, 5-6쪽).

A. 칸트를 계승한 브라우어의 선험적 정초

1. 직관주의는 칸트의 선험주의를 계승한다.

1-1. 칸트에게서 직관주의의 고전적 형식이 발견될 수 있다. 칸트에 있어서 시간과 공간은 인간 지성 안에 내재하는 표상이며 산술과 기하의 공리들은 선천적 종합판단들이다(IF, 78쪽).

1-2. 비유클리트 기하의 발견으로 인하여 약화된 직관주의의 입지는 칸트의 공간에 대한 선천성을 포기하고 시간에 대한 선천성만을 보지함으로써 회복될 수 있다. 시간의 선천성은 산술의 성질들이 선천적 종합판단이 되게 할 뿐만 아니라 (모든 기하는 산술로 환원될 수 있기 때문에) 기하의 성질들 또한 선천적 종합판단이 되게 한다(같은 글, 127-28쪽).

2. 직관주의는 수학을 수학과 논리의 언어로부터 분리한다. 직관주의적 수학은 시간의 활동에 대한 지각에 그 기원을 두고 있는, 본질적으로 언어를 수반하지 않는 정신의 활동이다(BCLI, 4쪽).[57]

2-1. 직관주의자의 경우 수학의 정확성은 인간 지성 안에 있고, 형식주의자의 경우 종이 위에 있다(IF, 78쪽).

B. 하이팅의 브라우어의 계승

1. 브라우어는 정신의 수학적 구성이라는 다른 형식의 논리를 요구하는 대상을 처음으로 발견했다(D, 1쪽).

1-1. 브라우어의 계획은 구성된 대상들의 본성에 관한 질문과 무관한 정신의 수학적 구성에 대한 탐구이다(같은 쪽).

1-2. 정신의 수학적 구성에 대한 탐구에서 "존재하는 것"은 "구성되는 것"을 의미한다(같은 글, 2쪽).

2. 수학은 인간 지성의 기능에 대한 탐구이자 인간 지성의 산물이다(IFM, 52쪽).

---

57 여기서 문제 삼고 있는 언어는 로고스로서의 내적 언어가 아니라 외적으로 표현된 언어이다.

2-1. 추상적인 대상과 일련의 그러한 대상들의 개념들은 모든 정상적인 인간에게 자명하다(A, 13쪽).

2-2. 수학적 구성은 정신에 즉각적이어야 하고 그것의 결과는 더 이상의 기초를 필요로 하지 않을 만큼 분명해야 한다(D, 6쪽).

2-3. 수학은 다른 사람들(주체들)에게서도 본질적으로 다르게 나타나지 않는다. 수학적 사유의 특성은 그것이 단지 정신의 구성과 관련된다는 것이다(같은 글, 8-9쪽).

먼저 A:2와 B:2를 통하여 브라우어와 하이팅 모두 수학을 인간 정신활동의 산물(구성물)로 간주하고 있다는 것을 알 수 있다. 그리고 '직관주의' 연원을 하이팅은 브라우어에게서(B:1) 브라우어는 칸트에게서(A:1) 찾고 있다는 것을 알 수 있다. 수 또는 수식에 관한 선험적 정초에 관해서는 이미 프레게의 칸트와 후설에 대한 비판에서 지적된 것이다.

여기서 주목할 것은 직관주의는 프레게가 비판하는 선험적 영역에서 오히려 (논리를 포함한) 수학을 정초하고 있다는 사실이다. 산술을 분석판단이 아닌 선천적 종합판단으로 간주하는 수학에 관한 선험적 특성의 부여는 브라우어가 유클리트 기하에 대한 비유클리트 기하의 발견에도 불구하고 기하가 대수로 환원될 수 있다는 사실을 통해 칸트의 시간에 관한 선험적 성격이 보존될 수 있다는 사실을 강조하고 있는 것(A:1-2)과 하이팅이 수학의 구성과 그것에 대한 직관을 정상적인 지성을 가진 모든 사람에게 공통적인 것으로 간주하는 데서(B:2-1, B:2-3) 확인할 수 있다(IFM 53쪽 참조).

이를 통하여 직관주의는 수학에 관한 한 형식주의, 논리주의를 모두 비판한다. 즉 브라우어는 형식주의가 의미의 문제를 결여하고 있으며 이로

인하여 무한을 취급하는데서 모순 특히 부랄리-포르티(Burali-Forti)의 역설[58]이 발생하게 된다는 사실을 지적한다(IF, 78-84쪽 참조). 하이팅은 논리주의가 형이상학적 존재를 가정해야 하나 그것은 수학의 탐구과제가 아니라는 사실을 지적한다(D, 2-3쪽, IFM, 53쪽). 이로부터 '직관주의' 입장에 관하여 다음을 정리할 수 있다.

(1) 수학은 "직관주의"의 입장에서 정초될 수 있다. 수학은 선험적으로 정초 되는 인간 정신의 구성물이다(A, B).

(1-1) "형식주의"는 의미의 문제를 결여함으로써 이로부터 야기되는 역설의 문제를 갖는다[59](A:2-1, IF, 78-84쪽).

(1-2) "논리주의"는 ("개념"으로부터 보장되지 않는) 형이상학적 존재를 가정해야 하는 문제를 갖는다(B:1-1, B:1-2, D, 2-3쪽, IFM, 53쪽).

비유클리트 기하에 대한 (선험주의적 방법으로 수학을 정초하는) 브라우어의 입장은 이를 자연스럽게 수용하는 후기 비트겐슈타인의 입장

---

58 집합론에서, 부랄리-포르티 역설(영어:Burali-Forti paradox)은 소박한 집합론의 역설 중 하나이며, 모든 순서수의 모임이 집합을 이룰 수 없다는 것을 증명한다. 존 폰 노이만을 따라서, 순서수 ω를 ω보다 작은 순서수들의 집합으로 정의하자. 예를 들어, 0 = { }, 1 = {0}, 2 = {0, 1} 따위이다. 모든 순서수의 모임 On이 집합이라고 하자. 그렇다면 On 자체도 또한 순서수가 된다. 따라서 그 바로 다음 수 On + 1이 존재하고, 이는 On보다 크다. 그러나, On은 모든 순서수를 포함하므로 On + 1도 그 원소가 되며, 다음의 역설이 발생한다. On≤On + 1≤On. 따라서 모든 순서수의 모임은 집합이 될 수 없다. (위키백과)

59 여기서 비판하는 형식주의의 대표자는 힐버트이다. 힐버트는 "놀이 형식주의"로 간주될 수 있는 초기 형식주의로부터 구별된다. 힐버트는 증명가능한 것을 "참"으로 간주하는 한에서 의미의 문제를 전적으로 배제하지는 않는다(이의 선, 후 관계가 프레게와 첨예하게 대립되어 있다.(Resnik(1980), 115-17쪽 참조)). 동시에 "무한에 관하여"란 논문에서는 상당부분 칸트적 입장에 서 있다. 따라서 힐버트는 오히려 무한을 유한한 방법을 통해 정립하고자 한 "유한주의"로 간주하는 것이 더 옳다. 이와 관련하여 Resnik(1980), 76-104쪽, IF, 183-201쪽, Kreisel(1956), 207-38쪽을 참조할 것.

(WWK, 121, 144-45쪽 참조)과 구별된다. 사적인 사유행위와 구별되는 인간 공통의 사유를 통해 수학을 정초하는 하이팅의 입장은 (경험적 형식주의자로 간주될 수 있는(Curry(1989), 202쪽)) 커리에게는 논리주의와 마찬가지로 독단적인 동시에 신화적인 것으로 간주될 수 있다(D, 8쪽).

이는 논리와 수학에 관한 기본적 입장 차이에 의한 것이다.[60] 비록 산술을 선천적 종합판단에 해당하는 것으로 간주한다고 해도, 사유 또는 지성에서의 직관적 자명성만으로는 형식주의, 논리주의로부터의 직관주의의 차이성이 분명하게 드러나지 않는다. 왜냐하면 직관적 자명성의 허용 정도나 범위를 어떻게 한정하는가에 따라 논리주의와 형식주의의 논리에 관한 기본 법칙을 모두 보존할 가능성을 배제할 수 없기 때문이다.[61]

'직관주의'가 보이는 수학에 관한 선험주의적 입장을 논리와 관련하여 다시 검토해보자. 이를 통하여 직관주의가 논리주의, 형식주의와 갖는 기본적인 입장 차이가 드러날 수 있을 것이다. 앞에서 잠시 언급한 것처럼 직관주의는 논리주의가 추구하는 수학의 논리학으로의 환원을 거부한다. 논리학은 단지 수학의 일부일 뿐이다(D, 6쪽, IFM, 59쪽). 이때 논리의 원리들은 수학과 마찬가지로 선험적으로 정초된다. 직관주의에 따를 경우, 그것들은 유한 수학에 관한 한 모두 타당하다(PEM, 336쪽, BCLI, 6쪽, D, 1쪽). 문제가 달라지는 지점은 무한 영역(실수의 영역)이다. 직관주의는 무한의 영역에서 이중부정과 함께 배중률이 더 이상 항진

---

60 후기 비트겐슈타인의 자연주의적 입장과 커리의 경험적 형식주의의 입장을 고려하라.

61 자명성의 범위나 허용 범위를 고려할 때, 직관적 자명성도 사실 모호한 개념이다. 직관적 자명성에 바탕을 두고 유한 (영역)과 무한 (영역)을 구분하고 있으나 유한의 허용 정도에 따라 엄밀 유한주의와 유한주의 등으로 유한에 대한 입장이 또 달라진다. 이와 관련해서는 6장을 참조할 것.

문장이 아니라고 본다.

브라우어는 유한집합의 영역에 있어서 형식주의자들의 공리는 직관주의자들에게 분명하게 해석될 수 있으나, 무한이나 초한 집합(species)을 범위로 할 때는 그렇지 않다는 사실을 지적한다(IF, 82-83쪽). 그리고 논리의 법칙들을 무한 수학에 적용함으로써 모순이 발생했다고 주장한다(PEM, 336쪽). 브라우어를 계승하는 하이팅 또한 이중부정과 배중률에 동일한 비판을 가한다(D, 2쪽, A, 17쪽). 이로부터 다음을 일차적으로 정리할 수 있다.

(2) 유한수학에 있어서 (형식주의의) (고전 논리의) 모든 논리적 원리들은 타당하다. 그러나 무한수학에 있어서 배중률과 이중부정은 그렇지 않다.

정리 (2)에 따를 경우, 수학을 논리학으로 환원하려는 논리주의의 입장이나 무한을 유한한 구성 방법에 의한 증명으로 환원하려는 (힐버트의) 형식주의의 입장 모두 배중률을 받아들일 경우 올바른 논리에 관한 입장이 아니다. 특히 논리의 원리들은 그것을 다루는 영역에 따라 제한적으로만 참이다(D, 6, 11-12쪽 참조). 따라서 아리스토텔레스 이래로 논리적 원리들이 절대적으로 참이라고 생각하는 논리적 원리들에 대한 고전적 신념은 더 이상 받아들여질 수 없다.[62]

이때 직관주의에서 배중률을 받아들이지 않는 이유는 선험적 영역에서의 직관적 자명성이나 확실성에 기초한다. 즉 칸트에 대한 프레게의

62 이와 관련하여 유한한 방법으로 무한을 취급하는 데 있어서 아리스토텔레스의 고전 논리학의 공리 배중률에 대한 힐버트의 항진 주장((1977b), 380쪽)과 이에 대한 브라우어의 비판(같은 책, DDF, 460쪽 주8))을 고려하라.

비판에서 나타나는 것처럼 무한은 직관주의자들에게 있어선 유한한 (인식 하에 있는) 인간의 실질적인 직관의 대상이 되지 못한다. 따라서 무한의 영역(무한을 다루는 수학)을 취급하는 데 있어서 유한의 영역에서 타당한 논리의 원리들이 무한에서도 타당하리라는 보장은 없다.

이로부터 브라우어와 하이팅은 확실성을 보존할 수 있는 것들에 관한 진술 즉 그것의 존재진술이 (유한한 효과적 절차에 의해) 증명되거나 그것의 부재가 그것의 존재 가정에 의해 모순을 일으키는 진술들만을 각각 참, 거짓에 해당하는 진술들로 간주한다(PEM, 335, 341쪽, IFM, 54, 59쪽). 따라서 무한에 관한 한 배중률 사용은 허용되지 않는다. 왜냐하면 유한한 (계산 가능한(countable)) 절차로는 그것의 존재도 부재도 증명될 수 없는 실수 정의가 있을 수 있기 때문이다(PEM, 337쪽, BCLI, 6쪽). 즉 무한에 관한 한 그것의 존재도 그것의 부재도 결정할 수 없는 진술이 있을 수 있다.

여기서 직관주의가 직관적으로 자명한 원리들 또는 수학적 구성물에서 시작하여 유한한 절차에 의해 증명(반증)될 수 있는 것들만 논리적으로 수용하고 있다는 것을 알 수 있다. 즉 그러한 것들에 한하여, 우리는 (수학적 진술의) 참, 거짓을 말할 수 있다. 이로부터 '직관주의'의 기본입장을 다음과 같이 정리할 수 있다.[63]

(3) 인간정신의 수학의 구성에 있어서 직관적으로 자명한 것과 그것으로부터 (유한한) 효과적 절차에 의해 증명되거나 반증되는 것들에 관한 진술만 (참,

---

63 인간사유의 구성주의적 특성과 주어진 것(구성된 것)에 대한 명백함의 직관적 인식의 차이점에 대한 실질적인 논의가 브라우어와 하이팅에서는 잘 나타나지 않는다. 이는 후설에서 지향성과 명증성을 통해 구별될 수 있다.

거짓을 말할 수 있는) 확실한 것으로 간주될 수 있다.

물론 논리학이 무한수학이 아닌 유한수학을 다루는 수학의 일부로 간주되는 데서 알 수 있듯이, (초기) 직관주의자들은 보다 포괄적인 수학의 정의들을 받아들인다. 가령 매번 주사위를 던져서 그 값을 결정하는 것과 같은 (브라우어가 채택한) 선택 수열(choice sequences)을 들 수 있다. 그러나 이러한 것들의 사용은 의심의 여지가 없는 추상 개념들로 한정된다(Treolstra & van Dalen(1988), 25쪽 참조). (3)의 입장에서 고전수학에서 수용하는 여타의 공리와 가정들 예를 들어 선택공리와 연속체 가설, 접근 불가능한 기수 등은 직관주의에서는 더 이상 받아들여질 수 없다(IF, 84-89쪽 참조).[64] 구성주의를 채택하는 '직관주의'((3))는 논리에 관한 한 아리스토텔레스의 입장이 아닌, 인식론적 맥락에서 직관적으로 자명한 것으로부터 연역된 것만을 확실한 것으로 받아들이는 데카르트적 입장이 칸트를 통해 정형화되고 계승된 것이다. 즉 데카르트는 지성(오성)의 역할인 직관과 연역에 의하여 명백하고 확실한 것만 받아들일 것을 주장한다(Descartes(1985), 규칙3, 규칙11). 그리고 이(직관과 연역)를 쓰여진 표현과 무관한 의식 영역에서 정립되는 것으로 간주한다[65](같은 책, 규칙7, 규칙11, 규칙12 참조).

감각과 상상, 기억 그리고 오성을 수행하는 데카르트에게서 볼 수 있는 지성의 영역(같은 책, 규칙8)을 선험적 영역으로 정초하고 이로부터 순수

64 주어진 입장 하에서 선택공리와 연속체 가설 따위의 수용여부를 통해 직관주의의 입장을 계승하는 수학과 형식주의의 입장을 계승하는 수학이 갈라진다.

65 데카르트에게서 열거와 구별되는 사유운동과 기억에 의해 보존되는 연역을 고려하라(Descartes(1985), 규칙3, 규칙7, 규칙8 참조).

수학의 선험적 직관과 연역을 주장한 것이 칸트이다[66](Kant(1920), 7, 11, 12절 참조). 그리고 A:1-1, A:1-2에서 지적된 것처럼 데카르트 해석 기하와 칸트의 선험성을 빌어 직관주의를 정초한 사람이 다름 아닌 브라우어이다(IF, 80-81쪽 참조). 마찬가지로 이는 논리에 관한 선험적 정초를 주장하는 후설에게도 계승된다.

이로 인하여 직관적 명증성과 그로부터 연역되는 확실성만을 인정하는 직관주의((3))는 제한된 범위 내에서 논리의 가능성을 인정한다. 특히 '직관주의'에서 수학과 논리가 선험적 의식에서 정초되기 때문에, 그것들은 사실상 언어와 무관하다. 이(A:2, A:2-1)는 논리를 '(인공) 언어' 특히 '개념'을 통해 정초하고자 한 전통 논리를 계승한 논리주의나 구문론적 언어 조작을 통해 정초하고자 한 형식주의와 갖는 차이를 극명하게 보여준다.[67]

3. 직관주의 배중률 비판 : 선험적 명증성과 확실성의 연역

다음의 배중률에 관한 브라우어 비판은 직관주의가 논리주의나 형식주의와 다르다는 점을 잘 보여 준다.

> 수학에서 배중률의 보편적 타당성에 대한 신념은 직관주의자들에게는 π의 유리성(rationality) 또는 천동설에 관한 초기의 신념과 마찬가지 유형의 문명사적 현상으로 간주된다(BCLI, 7쪽).

---

66 데카르트의 해석 기하학의 정초와 관련하여 규칙14 이하를 참조.

67 그러나 '논리주의' 언어는 언표된 외적 언어라기보다는 내적인 영혼의 언어이다.

동시에 직관주의의 입장에 설 경우 수학의 많은 원리들이 실재로 그 타당성을 보장받지 못하고 수학의 영역에서 배제된다.

그러나 직관주의 입장이 논리주의나 형식주의와 다른 점만 있는 것은 아니다. 2절에서 살펴본 것처럼 직관주의는 수학과 논리학의 대상들이 논리주의의 사상과 그것이 지시하는 지시체처럼 인간에게 모두 공통적이라는 사실을 받아들인다[68](B:2-3 참조). 다만 논리학과 관련하여 그것을 데카르트처럼 자명하고 확실한 것들로 제한하는 데서 차이가 발생한다(2절 참조).[69]

여기서는 명증성에 기초한 선험적 입장에서((3)) 배중률이 어떻게 비판될 수 있으며 이로부터 정립되는 하이팅의 명제, 술어 논리가 전통 연역논리의 어떤 정리들을 수용하지 않는지를 지적하고자 한다.

첫째로 선험적 명증성과 이로부터 구성할 수 있는 확실성(무한에 관한 그것의 존재나 부재에 관한 구성적 증명)으로부터 배중률이 어떻게 비판될 수 있는지를 검토해보자(2절 (2), (3) 참조). 이를 위하여 다음의 브라우어와 하이팅이 제시하는 배중률의 반례를 살펴보자.

〈사례1〉[70] 배중률에 관한 브라우어의 반례(PEM, 337쪽, BCLI, 6쪽 참조)
"모든 수학의 집합은 유한집합이거나 무한집합이다."

---

68 직관주의에 관한 커리의 비판을 고려하라(D, 8쪽).

69 이는 직관주의가 갖는 지성의 역할제한뿐 아니라 하이팅의 논리가 전통 연역논리의 종속체계가 된다는 사실(김대성(1992), 10쪽) 그리고 직관주의에서 받아들여지는 논리적 원리들이 양상논리 S4체계로부터 도출될 수 있다(Gödel(1986), 301, 303쪽)는 데서 잘 드러난다.

70 주어진 사례와 반례만 1계 논리 형식으로 정형화하면 다음과 같다.
(x: 임의의 집합을 지시하는 개체변항, Fx: x는 유한집합이다, ¬Fx: x는 유한집합이 아니다(무한집합이다), k_N: 정의된 집합을 지시하는 개체상항)
〈사례1〉 $(\forall x)(Fx \vee \neg Fx)$
[반례] $\exists k_N$ s.t $\nvdash_I Fk_N \wedge \nvdash_I \neg Fk_N$ ($\vdash_I$: "직관주의 명제 논리체계 I에서 증명가능하다")

[반례]

· d_v : π의 10진법 확장에서 소수점 오른 편의 v번째 아라비아 숫자.

· $m = k_n$, d_m이 π의 10진법 확장의 부분 $d_m d_{m+1} \ldots d_{m+9}$가 수 계열 0123456789를 형성하는 n번째 순서(time)일 경우

· $k_N = \{k_n\}$

; k_n이 존재하는지 아닌지가 유한한 방법으로 결정될 수 없기 때문에 그것들의 집합 k_N이 유한 집합인지 아닌지는 결정될 수 없다.

〈사례2〉[71] 배중률에 관한 하이팅의 반례(A, 24쪽)

"ab = 0이면 a = 0이거나 b = 0이다."

[반례]

* a, b : 다음 법칙에 의해 정의된 실수 생성원(generators)

〈1번째 경우〉

$a_n = b_n = 2^{-n}$, π의 처음 n 10진법 소수에서(the first n decimals) 0123456789의 계열이 발생하지 않을 경우.

〈2번째 경우〉

· 수 계열이 처음 n 10진법 소수에서 발생하고,

· 그 첫 계열에서 9가 k번째 아라비아 숫자라고 하자.

$a_n = 2^{-k}$ 이고 $b_n = 2^{-n}$, k : 홀수

$a_n = 2^{-n}$ 이고 $b_n = 2^{-k}$, k : 짝수

; a, b에 대하여 각각의 a, b가 0인지 아닌지는 결정될 수 없다. 그러나 ab = 0이다.

---

71 $\forall x\, y,\ xy = 0 \rightarrow x = 0 \quad y = 0$ (a, b : 〈사례2〉의 반례에 대한 정의를 만족하는 a, b)
[반례] $\exists a, b$ s.t. $\vdash ab = 0 \;\&\; ((\nvdash a = 0 \wedge \nvdash \neg a = 0) \;\&\; (\nvdash b = 0 \wedge \nvdash \neg b = 0))$

$$(|a_n b_n| \langle 1/m, n \rangle m),\ a_n b_n = 2^{-2n},\quad 1번째\ 경우$$
$$a_n b_n = 2^{-k-n},\quad 2번째\ 경우$$

하이팅이 제시한 반례는 브라우어가 제시한 반례를 다소 변형한 것에 불과하다. 〈사례1〉에서 제시된 [반례]에 있어서 우선 k_n이 2절의 정리 (3)을 만족하지 않는다는 것을 알 수 있다. 즉 자연수 k_n의 존재나 부재는 유한한 방식을 통해서는 증명 또는 반증될 수 없다. 따라서 이로부터 구성되는 집합 k_N 또한 유한집합인지 아닌지 결정될 수 없다. 이로써 무한에 관한 한 배중률의 (보편적인) 적용에 문제점이 발생한다. 〈사례2〉에서 제시된 [반례]의 a, b 또한 마찬가지이다. 왜냐하면 유한한 (효과적) 방식으로 a_n과 b_n이 존재하는지 아닌지 결정될 수 없기 때문이다.[72]

브라우어와 하이팅이 제시하는 반례가 (힐버트를 계승하는) 형식주의자들이 배중률에 관한 비판으로 받아들일 만큼 강력한 것인지에 대한 문제는 차지하고, 우리는 배중률에 대한 반례를 구성하는 과정에서 직관주의의 기본 입장((3))이 드러나고 있다는 것을 알 수 있다.

이로부터 하이팅은 부정에 대한 엄격한 정의를 내린다. 이 역시 수학적 구성과 관련되어 있다. 그러면 이제 둘째로 하이팅이 부정을 어떻게 규정하며 이로부터 직관주의 논리에서 전통 연역논리의 어떤 원리들이 더 이

---

72 그러나 〈사례2〉의 [반례]로부터 그 값이 확정될 수 없는 실수 a, b와 〈사례1〉의 [반례]로부터 임의의 실수를 정의할 순 있다. 이는 브라우어가 제시하는 삼분법(law of trichotomy)에 대한 반례이다. 브라우어는 〈사례1〉의 [반례]에서 d_ν와 $m = k_n$의 정의로부터 다음의 정의를 추가하여 삼분법을 만족하지 않는 실수 $\langle C_\nu \rangle = r$을 정의한다.

$$C_\nu = (-1/2)^{k^1},\quad \nu \geq k^1$$
$$(-1/2)^{\nu},\quad 그\ 외.$$

$\langle C_\nu \rangle$은 r을 정의한다.

상 받아들여질 수 없는지를 검토해 보자.

C. 수학의 부정과 사실의 부정은 구별되어야 한다.

: 직관주의 수학에서의 부정은 판단에서의 거짓과 관련을 맺으며 사실에서의 거짓과는 무관하다(A, 18쪽).

1. 수학에서의 부정

1-1. "명제 P는 참이 아니다" 또는 "명제 P는 거짓이다"는 만약 우리가 P의 참을 가정할 경우 그것이 모순을 일으킨다는 것을 의미한다(같은 쪽).

예1) "ρ는 유리수가 아니다"는 "ρ가 유리수라는 가정이 모순을 일으킨다"는 것을 의미한다.

1-2. 수학에서의 부정에는 "~은 불가능하다", "~은 거짓이다", "~일 수 없다"는 표현이 적합하다(같은 쪽).

2. 사실의 부정

2-1. "A가 (사실이) 아니다"는 그것에 관한 증명이 아직 주어지지 않았다는 것을 의미한다.

예2) 사실(de facto)로서 "ρ가 유리수가 아니다"라고 하는 것은 ρ의 유리수임에 대한 증명이 아직 주어지지 않았다는 것을 의미한다(같은 쪽).

2-2. 사실의 부정에는 "우리는 ~을 주장할 권리가 없다", "누구도 ~을 알지 못한다"는 표현이 적합하다(같은 쪽).

3. 수학의 주장형식 :「나는 내 정신 안에서 구성 A를 성취했다」(같은 글, 19쪽)

3-1. 3에 대한 수학의 부정형식

:「나는 구성 A가 끝나게 되었다는 가정으로부터 모순을 연역하는 구성 B를 내 정신 안에서 성취했다」(같은 쪽)

3-2. 3에 대한 사실의 부정형식

:「나는 내 정신 안에서 구성 A를 성취하지 못했다」(같은 쪽)

하이팅이 "수학에서의 부정"과 "사실의 부정"을 구별한 것은 〈사례1〉, 〈사례2〉에서 제시된 반례들에 나타난 것처럼 정리 (3)을 만족하는 것들에 한하여 그것의 주장(반증) 가능성을 마련하기 위해서이다.

먼저 C:1을 통하여 "수학에서의 부정"이 그것에 관한 역으로서의 긍정에 대한 가정이 모순을 일으키는 경우로 간주됨을 알 수 있다(C:1-1). 이는 바로 2절에서 그것의 부재가 그것의 존재 가정에 대하여 모순을 일으키는 경우에 해당한다. 즉 유한한 절차에 의해 그것의 확실성을 보존할 수 있는 정리 (3)의 경우에서 반증되는 경우에 해당하는 것이다. 이로부터 다음을 정리할 수 있다.

(4) "수학에서의 부정"은 정리 (3)에서 효과적 절차에 의한 방식으로 (긍정에 대한 가정이) 반증되는 경우에 해당한다. "수학에서의 부정(거짓)"은 그것에 대한 긍정(참)의 가정이 모순을 일으키는 경우이다((3), C:1).

이와 더불어 C:2를 통하여 "사실의 부정"이 그것에 관한 증명이 아직 주어지지 않은 경우라는 것을 알 수 있다(C:2-1). 예2)에 있어서 "사실의 부정"으로 "ρ는 유리수가 아니다"는 것은 'ρ의 유리수임'에 대한 증명이 아직 주어지지 않았다는 것을 의미한다(C:2-1). 이로부터 다음을 정리할 수 있다.

(5) "사실의 부정"은 '사실'을 증명하기 위한 효과적 절차가 주어지지 않은 경우에 해당한다. "사실의 부정"은 정리 (3)을 만족하지 않는 경우이다((3), C:2).

정리 (5)에 관한 하이팅 주장은 그가 '사실'에서의 거짓이 구성주의 원칙과 갈등을 일으킨다는 점을 지적하는 데서 잘 나타난다(같은 글, 18쪽). 즉 정리 (5)에서 볼 수 있는 사실에 대한 부정 진술은 정리 (4)에서 나타난 수학에서의 부정 진술과 달리 확실성을 전제로 정립되는 구성주의의 대상 진술이 되지 못하는 것이다. 이러한 "수학의 부정"과 "사실의 부정"을 구별할 수 있도록 해주는 것은 논리주의에서 볼 수 있는 '개념'이나 형식주의에서 강조하는 '공리와 추론규칙'이 아니다. 그것은 다름 아닌 '선험적 주관의 구성'이다. 이를 재확인시켜주는 것이 바로 C:3이다.

정리 (1)에서 지적한 것처럼 직관주의의 입장에서 수학은 언어를 수반하지 않는 인간 정신의 구성물이다. 그리고 정리 (3)을 만족하는 구성 가능성에 따라 "수학에서의 부정"과 "사실의 부정"의 구별이 C:3에서 이루어지고 있는 것이다. 즉 정리 (4)를 만족하는 "수학의 부정"이 정신 안에서 구성할 수 있는 경우로(C:3-1) 그리고 정리 (5)를 만족하는 "사실의 부정"이 정신 안에서 구성할 수 없는 경우로(C:3-2) 정립되고 있는 것이다. 이를 정리하면 다음과 같다.

(6) "수학에서의 부정"과 "사실의 부정"의 구별은 정신 안에서 그것을 구성할 수 있는 경우와 그렇지 않은 경우의 구별을 의미한다.(C:3) 전자의 경우는 정신 안에서 구성할 수 있지만 후자의 경우에는 그렇지 않다.

정리 (6)으로부터 수학에서의 부정과 사실의 부정에 대한 구별이 궁극적으로 직관주의가 갖는 인식론적 태도에 기인한 것이라는 사실을 확인할 수 있다.[73] 위 부정 해석에 기초하여 하이팅은 전통 논리로부터 직관주

73 러셀은 브라우어의 배중률에 대한 비판이 인식론적 근저 위에서 수행된 것임을 지적한다(LEM, 274쪽).

의 논리를 구별한다. 이제 부정에 대한 이러한 해석에서 전통 논리의 어떤 것들이 받아들여질 수 없는지 간단히 지적하기로 하겠다.

브라우어를 계승하여 직관주의의 명제, 술어 논리를 정식화 한 하이팅에게 논리는 브라우어와 마찬가지로 수학의 일부분일 뿐이다(D, 6쪽). 따라서 논리가 수학의 일부분인 한 논리에서 사용되는 부정 연산은 "수학에서의 부정"을 의미하지 "사실의 부정"을 의미하지 않는다. 이는 논리에서의 부정과 관련된 하이팅의 진술에서 손쉽게 확인될 수 있다.

D.

1. "부정$\neg$"은 내가 (2.2.2에서) 이미 논의한 엄밀한 수학에서의 부정이다.(L, 97쪽) / 전통 논리와 직관주의 논리의 주요한 차이점은 부정에 대한 성질 등에 있다(같은 글, 99쪽).
2. $\neg$P가 주장될 수 있다는 것은 내가 P에 대한 구성이 수행되었다는 가정으로부터 모순이 발생하는 구성을 소유하게 된다는 것과 동치(iff)이다(같은 글, 98쪽).
3. 2.2.2에서 나는 모든 수학적 명제가 "나는 다음의 성질을 갖는 구성을 산출했다"는 형식을 갖는다는 수학적 명제에 관한 판단기준을 제시했다(같은 글, 99쪽).

D:1과 D:3에서 지적된 2.2.2는 C에서 언급되었던 "수학에서의 부정"과 "사실의 부정" 구별이 있었던 절이다. 먼저 D:1을 통하여 하이팅이 논리에서 부정 사용을 수학에서의 부정으로 제한하고 있다는 것을 알 수 있다. 그리고 D:2를 통하여 부정명제 $\neg$P가 정리 (4)의 "수학에서의 부정"과 같은 경우로 간주되고 있다는 것을 알 수 있다. 마지막으로 D:3을 통하여 정리 (3)을 만족하는 부정명제뿐만 아니라 긍정명제를 포함하는 수

학의 명제들이 정리 (1)과 (6)에서 지적한 것처럼 정신 안에서 구성되는 것들로 제한되고 있음을 알 수 있다. 따라서 "수학에서의 부정"과 "사실의 부정"에 대한 진술은 (논리에서) 명제와 관련하여 다음과 같이 재진술될 수 있다.

(7-1) (명제 논리의 경우) "수학에서의 부정" ¬P는 임의의 명제 P에 대한 가정이 모순을 일으킨다는 것을 의미한다((4), D:1, D:2).
(7-2) "수학에서의 부정"은 그것이 구성될 수 있는 경우에 해당한다((6), D:3).
(8-1) (명제 논리의 경우) "사실의 부정" ¬P는 임의의 명제 P가 주장될 수 없다는 것을 의미한다((5) / D:1, D:2 참조).
(8-2) "사실의 부정"은 그것이 구성될 수 없는 경우에 해당한다((6) / D:3 참조).

이로부터 하이팅이 자신의 (명제) 논리를 직관주의의 입장—선험적 주관에게 직관적으로 명석하고 이로부터 확실하게 연역될 수 있는 구성 가능한 것으로서의 논리—에서 구성하고 있다는 것을 확인할 수 있다((6), (7) 참조). 이는 부정에 관한 전통 논리의 몇몇 원리들을 수용하지 않는 데서 더욱 분명하게 드러난다.

E. 부정에 관한 이론에서 다음의 원칙은 허용되지 않는다(L, 99-100쪽).
1. $\nvdash$ P ∨ ¬P
2. $\nvdash$ ¬¬P → P
3. $\nvdash$ (¬Q→¬P) → (P→Q)
4. $\nvdash$ ¬(P ∧ Q) → (¬P ∨ ¬Q)

부정에 관한 직관주의 입장에서 허용될 수 없는 고전 논리의 원리들에 대하여 하이팅이 제시하는 반례들은 다름 아닌 무한의 영역에서 취급되는 실수들이다.

각각에 대하여 제시되는 반례들에 있어서 먼저 1, 4는 〈사례2〉의 [반례]와 직접적인 관련을 맺는다. 먼저 1의 배중률 $P \vee \neg P$는 (〈사례2〉의) [반례]의 실수 a, b에 관한 한 성립하지 않는다.[74] 마찬가지로 4의 $\neg(P \wedge Q) \rightarrow (\neg P \vee \neg Q)$ 또한 [반례]의 실수 a, b에 관한 한 성립하지 않는다[75](L, 100쪽 참조).

2에 관하여 하이팅이 제시하는 반례 또한 〈사례2〉의 [반례]에서의 a, b처럼 그것이 유리수인지 아닌지 결정될 수 없는 경우에 해당한다. 그러나 이는 동시에 그것에 대한 부정이 모순을 일으키는 경우이다. 즉 이중부정의 전건 $\neg\neg P$는 $\neg P$의 가정이 모순을 일으킨다는 데서 보존될 수 있으나 그것으로부터 P의 결론("ρ는 유리수이다")이 유도될 수 없는, 즉 ρ가

---

74 주어진 a, b에 대하여 $\nvdash a=0 \vee \nvdash a \neq 0$($\nvdash b=0 \vee b \neq 0$)가 성립하기 때문에 P $\neg P$의 배중률을 주장할 수 없는 E:1의 경우 $\nvdash a=0 \vee \nvdash a \neq 0$가 발생한다. ■
브라우어와 마찬가지로 하이팅에게 있어서 $\vdash_I P \vee \neg P$는 직관주의 원칙 (3), (6)에 따라 P가 증명될 수 있거나($\vdash_I P$) $\neg P$가 증명될 수 있는 경우($\vdash_I \vee \neg P$)에 한에서 주장될 수 있다. 하이팅은 배중률에 대하여 $P \vee \neg P$에 대한 증명을 산출하는 일반적인 방법을 요구하나 우리는 그런 방법을 갖지 않는다는 사실을 지적한다(L, 99쪽). 즉 직관주의 명제 논리에서 배중률에 관한 한 $\vdash_I P \vee \neg P$는 $\vdash_I P \vee \vdash_I \neg P$인 경우에 한에서 주장될 수 있는 것이다.

75 먼저 P: $a \neq 0$, Q: $b \neq 0$, $a, b \in \mathbb{R}$ 라고 할 경우, $\neg a = 0$와 $\neg b = 0$이 성립한다. 이때 [I], 2.2.5의 정리3, 정리4와 [I], 2.2.3의 *에 따라 $ab \neq 0$은 $P \wedge Q$와 동치이며 이로써 $ab = 0$은 $\neg(P \wedge Q)$와 동치이다. 이는 4에 대한 역방향의 증명을 만족하는 사례이다. 그러나 증명의 정방향에 있어서 [반례]처럼 $ab = 0$은 성립하나 $a = 0 \vee b = 0$은 따라나오지 않는다. 따라서 $\neg(P \wedge Q) \rightarrow (\neg P \vee \neg Q)$를 주장할 수 없는 E:4의 경우가 발생한다. ■
주어진 반례는 다소 문제점을 갖는다. 왜냐하면 $ab = 0$은 그 자체로 $\neg(P \wedge Q)$로 간주될 수 없으며, $ab = 0$을 $\neg(P \wedge Q)$)로 간주하기 위해서는 P: $a \neq 0$, Q: $b \neq 0$이란 가정이 필요하다. 주어진 가정이 보존되는 한에 있어서 $\neg P \vee \neg Q$($a = 0 \vee b = 0$)는 타당하게 된다. (실제의 [반례]처럼 a, b가 배중률을 만족하지 않는 성질을 갖는다고 할 경우, P, Q를 $a \neq 0$, $b \neq 0$으로 가정할 근거가 마련되지 않는다.(1의 경우 참조) 그렇다고 할 경우 $ab = 0$을 $\neg(P \wedge Q)$로 해석할 수 있는 근거 또한 마련되지 않는다. 오히려 P, Q를 주어진 반례의 a, b의 값으로 간주할 경우 $ab = 0$은 $P \wedge Q$의 경우에 해당한다.)

유리수인지 아닌지를 결정할 수 없는 경우이다. E:2의 반례는 다음 정의를 만족하는 ρ와 "ρ는 유리수이다"는 명제 P이다(A, 17-18쪽).[76]

> (π의 10진법 전개 밑에 소수 $\rho = 0.3333\cdots$을 쓰고 π에서 0123456789의 수 계열에 나타날 때 이를 멈춘다고 할 경우)
>
> $\rho = 10^{k-1}/3.10^{k}$, π에서 첫 번째 0123456789의 수 계열의 9가 소수점 이하 k번째 아라비아 숫자일 경우.

E:1의 반례와 더불어 E:2, E:4의 〈반례〉의 후건은 모두 결정할 수 없는 경우가 성립하는 경우이다. 그러나 E:1, E:4의 반례에서 사용된 실수 a, b는 정의될 수 있으며, E:3과 E:4의 전건은 모두 증명할 수 있는 경우($\vdash \neg(a \# b) \rightarrow \neg(a \neq b)$($\vdash \neg Q \rightarrow \neg P$), $\vdash a = b$($\vdash \neg(P \wedge Q)$)))이다. 이때 E:1과 더불어 E:2, E:4가 직관주의 명제 논리의 원리가 되기 위해서는 E:1의 배중률에 관해서나 E:2, E:4의 전건에 대한 후건이 증명 가능하거나 반증 가능한 것이어야 한다. 왜냐하면 논리학은 수학의 일부분이고 (참, 거짓을 말할 수 있는) 수학 진술에 관한 한 모든 것은 직관적으로 자명하거나 그것으로부터 (효과적 절차에 의해) 증명 또는 반증되어야 하기 때문이다((3), (7) 참조).

E:1 - E:4의 반례와 관련하여 우리는 다음의 두 가지 사실을 알 수 있다. 첫째, 직관주의에서 미결정성을 일으키는 수에 관한 정의를 받아들이고

---

76 3에 관하여 제시되는 반례는 〈Q: $a \# b$, P: $a \neq b$, $a, b \in \mathbb{R}$〉이다(같은 쪽). 우선 [I], 2.2.3의 [정리3]($\neg(a \# b) \rightarrow (a = b)$)과 2.2.2의 정의와 $\vdash P \rightarrow \neg\neg P$에 의해 $\neg Q \rightarrow \neg P$가 성립한다; 1. $\neg(a \# b)$ (가정) 2. $a = b$ (2.2.3의 [정리3]) 3. $\neg(a \quad b)$ (r: $a = b$, 2.2.2의 정의와 $\vdash r \rightarrow \neg\neg r$) 4. $\neg(a \# b) \rightarrow \neg(a = b)$: $\neg Q \rightarrow \neg P$ (1, 3) ■
그러나 이로부터 P→Q가 필연적으로 성립하진 않는다($a \neq b$이면서 $| a_n+p- b_n+p | \leq \ 1/k, \exists p$가 되는 서로 다른 실수 a, b에 관한 주어진 반례를 고려하라.).

있다. 각각의 반례에서 알 수 있듯이 직관주의에서는 실수의 예를 들어 부정과 관련된 논리적 원리들의 타당성에 대해 문제를 제기하고 있다. 이는 비록 연속체 가설이나 선택 공리 등 고전 수학에서 인정하는 무한에서의 (임의의) 집합, 연산 등에 대한 정의와 공리 등을 모두 받아들이지는 않지만 구체적 대상이 아니더라도 의심의 여지가 없는 추상 개념으로 간주될만한 무한을 구성될 수 있는 것들로 즉 가능한 구성으로 인정하는 데 따른 것이다.

둘째, 그러한 것들에 논리적 원리들이 일반적으로 적용될 수 없다고 봄으로써 논리학의 범위를 축소하고 있다. 논리적 원리들은 효과적 절차에 의해 증명되거나 반증될 수 있는 진술들인 한 그것들에 일반적으로 적용될 수 있다. 그러나 우리는 그러한 범위를 넘어선 대상들의 진술에 대해서는 논리적 원리들의 타당성을 말할 수 없다. 이는 직관주의가 논리학을 무한수학이 아닌 유한수학에 해당하는 것으로 간주한 근거 내지 기준이 무엇인지를 잘 보여준다. 논리학은 효과적 절차에 의해 그것의 참, 거짓을 판단할 수 있는 (유한수학의) 범위 내에서 각 논리적 원리의 타당성을 말할 수 있을 뿐이다. 무한에서는 그러한 원리를 일반적으로 적용할 수 없다.

4. 배중률과 선험적 구성

지금까지 논의를 통해 하이팅의 직관주의 명제 논리의 원리들이 정리 (6), (7)에서 지적된 선험적 주관의 구성가능성에 따라 정립되었으며 그것이 정리 (3)의 직관주의의 기본입장—직관적 자명성과 유한한 효과적 절차에 의한 증명이나 반증 가능성—에 따라 정초된 것이라는 사실을 확인할 수 있었다. 그리고 이러한 수학 내지 논리관이 선험적 의식에서 명백하고 확실한 것으로부터 학을 정립하려던 데카르트와 칸트의 논리에 대한 생각을 계승한 것이라는 사실을 알 수 있었다.

이것이 바로 직관주의 입장이 논리 특히 배중률에 어떻게 반영되고 있는가와 관련해서 이 장에서 검토하고자 한 바이다. 유의미하지만 의식의 구성을 통해서 그것의 참, 거짓을 말할 수 없는 즉 유한한 절차를 통해서는 그것을 증명, 반증할 수 없는 무한의 진술들에 대하여 우리는 배중률을 적용할 수 없다.[77]

이로부터 논리주의와 (힐버트) 형식주의가 보존하는 전통 연역논리의 기본원리 배중률에 대한 직관주의의 거부 이유를 확인할 수 있다. 그렇다면 유한수학을 다루는 것이 논리의 목적인가? 또는 논리의 범위가 유한한 수학 대상들을 취급하는 것으로 반드시 제한되어야 하는가? 이와 관련하여 논리주의와 입장을 달리하는 또 다른 입장이 앞으로 검토될 것이다.

---

77 하이팅의 직관주의 명제, 술어 논리 하에서 타당하지 않은 전통 연역논리의 원칙들은 다음과 같다.

〈1〉 명제 논리 (L, 99-101쪽)

1. $\nvdash P \vee \neg P$
2. $\nvdash \neg\neg P \rightarrow P$
3. $\nvdash (\neg Q \rightarrow \neg P) \rightarrow (P \rightarrow Q)$
4. $\nvdash \neg(P \wedge Q) \rightarrow (\neg P \vee \neg Q)$
5. $\nvdash (P \rightarrow Q) \vee (Q \rightarrow P)$
6. $\nvdash \neg\neg(P \vee Q) \rightarrow \neg\neg P \vee \neg\neg Q$

〈2〉 술어 논리 (같은 글, 103-5쪽)

1. $\nvdash \neg(\exists x)\neg P(x) \rightarrow (\forall x)P(x)$
2. $\nvdash \neg(\forall x)\neg P(x) \rightarrow (\exists x)P(x)$
3. $\nvdash \neg(\forall x)P(x) \rightarrow (\exists x)\neg P(x)$
4. $\nvdash \neg\neg(\exists x)P(x) \rightarrow (\exists x)\neg\neg P(x)$
5. $\nvdash (\forall x)\neg\neg P(x) \rightarrow \neg\neg(\forall x)P(x))$

06
자연주의와 자연언어
비트겐슈타인과 배중률

1. 자연주의 논의 배경 및 목적

논리주의를 형식주의와 더불어 비판하고 논리를 선험적 의식으로부터 정초하려는 직관주의 입장이, 선험적 의식으로부터 명백하고 확실한 것만 받아들이고자 하는 데카르트와 칸트의 산술(대수)에 관한 태도를 계승하고 있다는 것을 5장에서 살펴보았다. 여기서는 논리에 관한 자연주의적 태도를 보이는 후기 비트겐슈타인의 입장을 살펴보자.[78]

직관주의가 무한 수학에서의 배중률의 적용을 문제삼는 과정에서 논

* 이 장 4절은 양은석(2000b)를 최소한도로 수정한 것임.

78 2절의 주에서 언급한 것처럼 전기 비트겐슈타인의 입장은 그 선험적 정초에도 불구하고 형이상학적 존재가정이 없는 프레게와 러셀의 논리주의의 입장으로 간주될 수 있다. 이는 전기 비트겐슈타인이 프레게와 마찬가지로 사유를 심리적인 것이 아닌 논리적인 것으로 간주하고(TLP, 3.03, 3.031) 이를 드러내는 것을 논리 언어 명제로 이야기하는(같은 책, 3.1, 3.12, 3.5, 4)데서와 논리 언어가 갖는 형식을 정형화하는 러셀의, 변항을 통해 정형화되는, 유형(형식)을 논리적 형식으로 간주하는 데서(NB, NL, 106쪽, TLP, 3.332, 3.333, 4.1241) 잘 나타난다. 그 대표적인 예가 그의 진리함수론에 의한 진리표이다(TLP, 5.525).

리의 영역을 축소시켰다면,[79] 후기 비트겐슈타인은 명제 논리의 (형식) 의미론을 형성하게 한 자신의 진리함수론이 모든 대상에 동일하게 적용될 수 없는 문제에 직면하여 역으로 논리 체계의 다양한 확장 가능성 즉 다양한 논리의 가능성을 마련한다.

양자의 차이점은 비유클리트 기하에 대한 입장 차이에서 극명하게 드러난다. 즉 직관주의의 대표자인 브라우어는 데카르트의 해석 기하학에 따른 기하에 대한 대수로의 환원가능성에 의존하여 유클리트 기하에 대해 비유클리트 기하가 가질 수 있는 의미를 축소하고 논리의 선험적 정초 가능성을 마련한다(IF, 80-81쪽). 반면 후기 비트겐슈타인은 유클리트 기하에 대한 비유클리트 기하의 대조적인 역할을 적극적으로 수용하고 산술 또한 기하의 의미에서 받아들인다. 즉, 다양화를 적극적으로 수용하는 방식으로 산술을 이해한다.

비트겐슈타인은 이를 논리에 적용하여 다양한 논리 체계가 정초될 수 있다고 본다(WWK, 126-27쪽, LFM, 145, 256-57쪽 참조). 그러나 비트겐슈타인이 무제약적으로 논리 체계가 다양화 될 수 있다고 하는 것은 아니다. 비트겐슈타인에게 있어서 이를 제약하는 것이 언어의 구문 규칙으로서의 규약이다(WWK, 240쪽 참조).

여기서는 4, 5장과 마찬가지로 이러한 비트겐슈타인의 입장이 구체적으로 논리에 어떻게 나타나는지를 검토하고자 한다.[80] 이를 전통 논리의

---

79 직관주의에서 논리는 유한수학에 기초를 두고 있는 수학의 일부분이다. 하이팅의 직관주의 논리는 앞에서 지적된 고전 논리에서 참인 일부 논리적 원리들을 무한수학에서 받아들이지 않는 고전 논리의 종속체계(proper subsystem)를 형성한다(김대성(1992), 10쪽 참조).

80 그러나 후기 비트겐슈타인은 하이팅에게서 나타나는 것과 같은 구체적인 논리의 체계화를 시도하지

기본 원리 배중률을 중심으로 살펴보기로 하겠다. 이를 위하여 2절에서는 (논리) 체계를 형성하는 규칙이 어떻게 자연주의적 해석과 관련을 맺을 수 있는지를 검토할 것이다. 3절에서는 그 규칙이 어떻게 논리적 원리들로 간주될 수 있는지를 검토할 것이다. 그리고 4절에서는 전통 논리의 공리 배중률이 이러한 입장에서 어떻게 해석되는지 살펴볼 것이다.

2. 구문규칙과 규약 : 체계 다양성과 규칙의 자연주의적 해석[81]

논리에 관한 경험적 형식주의를 주장하는 커리는 경험 학문에서의 성과(효과)를 통해 논리의 가치를 평가하고자 하는 일종의 실용주의적 입장을 채택한다(Curry(1989), 202-6쪽 참조). 이는 규약으로서의 논리적 참을 말하는 콰인도 마찬가지이다. 콰인 또한 실용주의적 견지에서 진리가 선택될 수 있음을 주장한다.[82]

반면 비트겐슈타인은 자신이 "실용주의자"가 아님을 분명히 한다(BPP, §266). 이와 더불어 비록 수학자들을 새로운 규칙에 대한 발견이 아닌 발명가로 간주하고(RFM, 98-99쪽, LFM, 139쪽) 기호법에 관한 어

않는다. 비트겐슈타인 전기에서의 논리적 형식이나 논리적 속성 그리고 후기철학에서의 삶의 형식 모두 말할 수 없는 것으로 간주된다. 전기에서 그것은 논리적 속성과 더불어 보여지는 것으로(TLP, 4.121, 4.1211, 4.1212), 후기에서는 단지 그렇게 행위하는 것으로 밖에는 이야기될 수 없는 것으로(PI, § 217, OC, § 110, § 204) 간주된다.

81 비트겐슈타인은 중기 철학에서 색깔 배타성에 관한 논의를 통해 자연 언어와 체계의 다양성에 관심을 갖게 된다. 이행의 문맥과 관련해선 양은석(1997a), 4장 1절 참조.

82 "규약으로서 진리"(Quine(1989), 329-54쪽 특히 354쪽)와 "경험주의의 독단"에 나타난 실용주의적 입장(Quine(1963), 2장 특히 46쪽 참조)을 고려할 것.

느 정도의 자의적인 성격을 인정하고 있을지라도(WWK, 80, 241쪽), 그가 구문규칙으로서의 규약에 관해 유명론처럼 자의적이고 협약적인 성격을 강조하고 있는 것은 아니다[83](PI, §170 참조). 이는 다음의 비트겐슈타인의 진술을 통하여 어느 정도 확인될 수 있다.

> 우리 오해의 근저에는 우리가 우리 단어들의 쓰임을 조망하지(übersehen) 않는 데 있다. - 우리의 문법은 조망성을 결여하고 있다. - 조망할 수 있는 기술이 우리가 그 '관계들을 보는' 데 있는 이해를 매개한다. 이로부터 매개하는 경우들의 발견과 발명의 중요성이 있게 된다.
> 조망할 수 있는 기술이라는 개념은 우리에게 근본적인 의미를 지닌다. 그것은 우리의 기술형식과 우리가 대상들을 바라보는 방식을 드러낸다. (이것은 하나의 세계관인가?) (PI, §122)

위 사례에서 일차적으로 (자연 언어의) 문법은 그것을 간과하기 쉬운 조망성을 결여하기 쉬우며 이로써 그것들을 충분히 조망하도록 매개물들을 발견하고 발명하는 것이 중요하다는 것을 알 수 있다. 특히 발명과 발견의 역할이 언어의 문법을 조망하는데 있다는 것을 알 수 있다. 비트겐슈타인은 논리에 관한 플라톤주의를 비판하듯이(BPP, §180, CV, 5쪽), 유명론 또한 받아들이지 않는다(PI, §383).

여기서 검토하고자 하는 것은 일상 언어의 문법 규칙 또는 명제로서의 구문 규칙이 갖는 논리적 특징이다. 이는 규칙으로서의 규약에 대한 비트

---

83 더밋이 순종적 규약주의자로서 비트겐슈타인을 본 평가는 일면 정당하다. 그러나 더밋은 비트겐슈타인이 규약을 협약의 의미에서 받아들이지 않는다는 사실을 간과하고 있다. 이와 관련하여 이건표(1992), 232-45쪽, Baker & Hacker(1986), 47, 338-47쪽 특히 340쪽과 Dummett(1986), 57, 121-37쪽 특히 124쪽을 참조할 것.

겐슈타인의 자연주의적 해석과 관련을 맺는다.[84] 이를 위하여 비트겐슈타인에게서 규칙이 어떻게 자연 언어의 문법으로서 간주되고 있으며 체계의 다양성과 어떻게 관련될 수 있는지 검토하는 것이 여기서의 과제이다.

1) 구문규칙들의 임의성과 다양성

여기서는 비트겐슈타인의 논리적 형식으로서의 규칙이 전기 철학과 달라지는 점을 그 임의성과 체계의 다양성(과 변화성)에 관한 진술을 통해 확인해 보자.

A.

1. 구문규칙들과 그것들에 의해 성립하는 구문은 "임의적"이다(WWK, 103쪽).

1-1. 구문규칙들로 이루어진 구문은 그것이 더 이상 정당화될 수 없는 따라서 스스로 근거 지어질 수 없는 한에서 임의적이다(WWK, 105쪽, Z, §331 참조).

1-2. 구문규칙으로서의 문법의 명제들은 어떠한 실재에 대해서도 설명할 책임을 지지 않고 실재의 그림일 수 있는 명제(기호)의 의미(Bedeutung)[85]를 확정하기 때문에 어떠한 의미에 대해서도 책임을 지지 않는다. 그러한 한에서 임의적이다(PG, §133, WWK, 62쪽 참조).

1-3. 구문규칙으로서의 "놀이의 규칙들이 임의적이다"는 것은 "놀이"란 개념이 놀이가 우리에 대해서 갖는 결과(효과)들을 통해서 정의되지 않는다는 것을 의미한다(PG, §140).

---

84 비트겐슈타인의 자연주의에 대한 보다 자세한 이해를 위해서는 양은석(1999a; 2002)를 참조할 것.

85 여기서 기호는 모두 그것의 쓰임에 의해 의미를 갖기 때문에(PI, §432) 단어가 갖는 뜻(Bedeutung)과 명제가 갖는 의미(Sinn)에 대한 특별한 구분 없이 양자 모두를 의미로 번역한다.

2. 단어는 구문규칙들에 따라 상이한 의미(검증방식)를 갖는다(WWK, 186, 188쪽).

2-1. 구문규칙이 기호의 의미로서 그것의 쓰임을 설명(확정)하고 판단하는 척도이다(WWK, 198-99, 240-41, 247쪽, PG, §23, §24).

예1) "유클리트기하"와 "비유클리트기하"에서 내각의 합(WWK, 126-27, 198-99쪽)

예2) "2치 논리"와 "3치 논리"에서의 제 3의 값(WWK, 140쪽)

예3) 대수학 군론에서의 교환법칙(WWK, 193쪽)

2-2. 한 체계에 새로운 규칙을 부가함으로써 다른 체계로 바뀌게 된다(WWK, 201쪽, RFM, VII §62). 한 구문의 규칙들을 바꿈으로써 그 형식과 의미를 바꾸게 된다(PR, §152).

먼저 A:1을 통하여 비트겐슈타인이 의미 있는 명제(기호)들을 한계 지우는 말해질 수 없는 구문(G:3-1)과 재현하는 실재를 갖지 않는 즉 대상에 해당하는 어떤 것도 취급하지 않는 구문규칙들(G:3-2)을 '임의적'인 것으로 간주하고 있음을 알 수 있다. 구문규칙들과 그것으로 이루어진 구문을 '임의적'인 것으로 간주하는 한, 비트겐슈타인은 형식주의 입장을 따른다고 할 수 있다(WWK, 103쪽). 왜냐하면 (구문에) 주어진 규칙들에 관한 한 더 이상 논리주의와 직관주의처럼 그것들을 (실제하는) 참이나 직관적으로 자명한 것으로 간주하지 않기 때문이다.[86]

---

86 전통 논리학에 있어서의 아리스토텔레스와 이를 계승하는 "논리주의"의 프레게와 러셀에 있어서 "정의"와 "논리의 원리들(공리와 추론규칙)"은 직관적으로 자명하고 참인 것으로 간주되었으며, "직관주의" 또한 논리의 원리들에 관한 한 직관적 자명성에서 출발하고 있다는 사실을 고려하라. 비트겐슈타인의 논리에 관한 직관적 자명성과 참에 대한 부정과 임의성의 주장과 관련해서는 LFM, 171-74쪽을 참조할 것.

비트겐슈타인이 구문과 구문규칙들에 관하여 논리주의나 직관주의와 달리 임의적이라고 하는 것도 바로 그 점 때문이다. 이미 실재의 판단자로서 명제로부터 명제체계로의 전이에서 나타났던 것처럼, 막대의 길이에 대한 척도로서 자와 그것의 단위로서 눈금이 주어질 때 주어진 눈금의 단위는 대상의 길이를 측정하는 척도이기는 하나 그 자체는 임의적이다. 이는 길이의 척도뿐 아니라 여타 대상을 판단하는 도량형에도 마찬가지로 적용된다.

비트겐슈타인은 기호의 의미를 확정하는 척도로써의 구문규칙 또는 문법의 규칙이 갖는 임의성을 그러한 면에서 찾고 있다(PG, §133, §140). 즉 막대 길이에 대한 자의 단위처럼 기호(명제) 의미로서의 쓰임을 확정하고 판단, 검증하는 척도로써의 구문규칙들(A:2)은 그것이 더 이상 정당화될 수 없고(A:1-1), 명제(기호)처럼 그것이 반영하는 사태나 대상에 대하여 책임을 지지 않으며(A:1-2), 그것들을 통해서 정의될 수도 없다는(A:1-3) 점에서 '임의적'이다. 이로써 임의적인 규칙들을 통해 성립하는 구문 또한 임의적이게 된다(A:1).

앞에서 지적한대로 비트겐슈타인은 한 체계를 형성하는 기호법에서 출발하는 구문규칙으로써의 정의와 공리 모두를 임의적인 것으로 간주한다(WWK, 103, 178쪽). 그것들은 더 이상 『논고』에서처럼 참인 것으로 간주될 수 없는 단지 기호(명제)의 의미 조건이자 판단 기준일 뿐이다. 이는 다음의 비트겐슈타인 진술에서 분명히 드러난다.

> 따라서 기호에 관한 규칙은 실재에 대한 어떠한 그림을 그리지 않는다. 그것은 참도 거짓도 아니니다(WWK, 240쪽).

이 경험명제는 참이고 저 경험명제는 거짓이라는 것은 문법에 속하지 않는다. 명제를 실재와 비교할 수 있는 모든 조건들(방법) 즉 의미이해의 모든 조건들이 그것에 속한다(PG, §45).

기하의 공리들은 어떠한 참도 포함할 수 없다(PR, §177).

비트겐슈타인에게서 항상 "참"인 동어반복은 특정 표기법 하의 구문규칙으로부터 성립하는 것이지 더 이상 항상 "참"인 논리적 속성이거나 관계일 수 없다(WWK, 91쪽). 위의 진술에서 나타나는 것처럼 비트겐슈타인은 구문규칙으로서의 기하의 공리들과 문법의 명제[87] 또는 기호에 관한 규칙들이 더 이상 참이거나 거짓일 수 없음을 분명히 하고 있다. 이로부터 다음을 정리할 수 있다.

(1) 명제(기호)의 의미와 참, 거짓을 결정하는 구문규칙들은 더 이상 그것의 참, 거짓을 말할 수 없는 한에서 임의적이다. 명제의 참, 거짓은 그 의미와 더불어 구문규칙으로부터 결정된다.

각각의 명제의 참, 거짓과 의미(PR, §43, §122 참조)는 오히려 그것의 쓰임을 확정하는 구문규칙에 의해 판단된다. 이때 명제가 더 이상 특정한 체계가 아닌 한 체계를 형성하는 구문규칙에 따라 그 의미가 판단된다는 사실(WWK, 132, 133쪽, PR, §152 참조)이 A:2의 진술을 통하여 확인될 수 있다.

87 비트겐슈타인은 문법의 특성상, 문법에 관한한 체계의 규칙과 (그로부터 따라 나오는) 명제와는 달리 문법의 명제와 문법에서의 규칙을 동일시한다. WWK, 197쪽, RFM, 162-63쪽 참조.

비트겐슈타인은 이제 체계의 다양성과 변화성을 인정한다.[88] 먼저 A:2-1을 통하여 임의의 명제에 대한 의미 판단이 체계의 규칙에 의존한다는 것을 알 수 있다. 이는 임의의 명제에 대한 의미 규정과 판단 체계의 다양성과 관련을 맺는다. 구체적으로 예1)에서 비트겐슈타인이 제시하는 사례는 "삼각형의 내각의 합은 180°이다"라는 규칙과 "삼각형의 내각의 합은 182° (또는 181°)이다"라는 규칙이다. 모순으로 보이는 두 규칙에 대하여 비트겐슈타인은 양자가 상이한 판단자라는 사실을 지적한다(WWK, 198-99쪽). 즉 전자가 유클리트 기하에서 항상 타당한 (유클리트) 기하의 공리라면 후자는 비유클리트 기하에 적용될 수 있는 규칙(공리)인 것이다.[89]

이는 예2)와 예3)에도 마찬가지로 적용된다. 비트겐슈타인은 예2)에서 2치 논리체계인 아리스토텔레스의 논리에서 제3의 값이란 무의미하지만 3치 논리 체계인 타르스키 논리에서는 참, 거짓도 아닌 '가능성'이라는 제3의 값이 있을 수 있다는 사실을 지적하고 있다(WWK, 140쪽). 또 예3)에서 교환법칙이 대수학의 군론에서는 더 이상 성립하지 않는다는 사실도 지적하고 있다(WWK, 193-94쪽). 따라서 삼각형의 내각의 합에 관한 명제나 참, 거짓이 아닌 것에 관한 명제(제3의 값을 갖는 명제) 그리고 교

88 WWK에서 체계의 다양성과 변화성은 수학에서의 모순의 문제와 관련을 맺는다. 모순의 문제에 관한 비트겐슈타인의 입장과 관련된 보다 자세한 논의를 위해서는 이건표(1992), 182-206쪽, 이승종(1991), 4-5장, 치하라(C. S. Chihara)(1986), 74, 325-37쪽, 에링턴(R. L. Arrington)(1986), 75, 338-46쪽, 라일리(M. Wrigley)(1986), 76, 347-59쪽 등을 참조할 것.

89 물론 여기서 비트겐슈타인이 유클리트 기하나 비유클리트 기하 일반의 구체적인 공리를 문제 삼고 있는 것은 아니다. 다만 모순의 문제와 관련하여 임의의 명제에 대한 의미가 그것에 관한 체계의 규칙들에 따라서 판단되어야 한다는 사실을 구별된 두 기하의 규칙(공리)들을 통하여 보여주고 있을 뿐이다(WWK, 121-22쪽 참조).

환법칙과 관련된 명제는 그것이 어떤 체계의 규칙으로부터 판단되는가에 따라 그 의미와 참, 거짓이 결정된다.

다음으로 A:2-2를 통하여 규칙에 따라 임의의 체계가 고정된 것이 아니라 변할 수 있으며 이에 따라 그 의미 또한 변하게 된다는 것을 알 수 있다. 이는 임의의 명제의 의미와 관련하여 체계의 변화와 관련을 맺는다. 여기서 비트겐슈타인이 문제 삼고 있는 것은 규칙들 사이에 모순이 발생하여 새로운 규칙을 통해 모순이 해소되는 상황이다(WWK, 119-20, 124-125쪽, PR, 318-19쪽). 비트겐슈타인은 모순을 주어진 체계에서 더 이상 어찌할지 알 수 없게 되는 상황으로 간주한다(PR, 319쪽, PG, 303쪽). 그리고 모순을 해소하기 위하여 (모순을 제거하는) 새로운 규칙을 첨부하여 얻어진 체계를 이전 체계의 확장이 아닌 변화된 체계로 간주한다(WWK, 201쪽).

이는 수학(논리)에 관한 기본적인 입장 차이에 기인한다. 비트겐슈타인에게서 수학은 논리학으로 환원되거나 구성적 체계로서의 메타-수학을 통해 정당화될 수 있는 것이 아니다(LFM, 227-28쪽, PR, §153, WWK, 124, 133쪽, RFM, 300쪽 참조). 비트겐슈타인은 수학 기초론에 관한 논리주의의 입장도 (힐버트의) 형식주의의 입장도 받아들이지 않는다. 그는 수학을 가족적 유사성을 갖는 언어 놀이에 해당하는 계산(Kälkül)으로 간주한다(RFM, 363, 399쪽, PG, §26, WWK, 106, 133, 202쪽 참조).[90] 따라서 A:2-1의 사례에서 나타나듯 비트겐슈타인에게서 체계 확장을 통한

90 언어 놀이(명제(기호) 체계)를 계산으로 간주하는 비트겐슈타인의 입장에 관한 보다 자세한 논의를 위해서는 Hintikka(1865)와 Baker & Hacker(1980)을 참조할 것.

모순 해소나 이전 체계에서 증명할 수 없는 명제를 새로 증명[91]하는 것이 그 자체로 (증명 이전의 체계 내에서) 특별한 의미를 지니지는 못한다. 그것은 단지 규칙 설정에 따른 새로운 체계로의 변화를 나타낼 뿐이다. 그리고 그에 따라 그 의미 또한 변하게 된다.

명제(기호)의 의미와 관련하여, 비트겐슈타인에게서 명제 의미는 더 이상 참, 거짓의 가능성이라는 양극성(NL, 94쪽, NL, 101쪽 참조)으로 간주되지 않는다(예2) 참조). 오히려 그것은 쓰임을 통하여 의미를 얻게 된다(WWK, 246쪽, PG, §23, §24). 쓰임으로서의 기호 의미에 대한 규정은 의미 변화문제와 더불어 자연주의적 해석과 관련을 맺는다. 이는 비트겐슈타인이 논리주의뿐 아니라 (놀이) 형식주의나 힐버트 형식주의와도 결별하는 지점이다.[92]

2) 언어의 자율성과 규약 : 자연 언어의 문법 규범과 자연의 사실들

비트겐슈타인이 형식주의와도 결별하는 측면은 규칙들의 '임의성'이 자의성을 의미하지 않는다는 사실에서 확인될 수 있다(RFM, 394쪽). 그

---

91 체계의 확장을 통한 증명불가능한 명제가 증명될 수 있다는 사실은 일계논리 언어체계 내에 있는 페아노 산술로부터 결정 불가능한 명제가 무한공리를 포함하는 ZFC내에서 증명될 수 있다는 사실에서 잘 나타난다. 주어진 작업은 괴델 제 2불완전성 정리에 따라 자신의 무모순을 진술하는 명제를 그 체계 내에서 증명할 수 없게 되는 문제점을 갖는다. 이로써 수학의 논리학으로의 환원과 힐버트 계획하에 있는 완전한 이론체계의 구성은 불가능하게 된다.

92 비트겐슈타인에게서 제시된 다양한 체계의 사례로서의 예1), 예2), 예3)은 공리 축소적 확장체계를 형성한다. 즉 기하에 관한 비유클리트 기하는 유클리트 기하에 관한 보편적인 기하체계를 이루고 대수에 관한 군론은 교환법칙이 성립하는 그것의 부분군(subgroup)인 아벨리안군에 대한 더 일반적인 대수체계를 형성한다. 동시에 3치 논리를 포함하는 다치 논리는 2치 논리에 대한 형식적 의미해석의 확장된 체계로 간주될 수 있다. 비트겐슈타인은 공리와 정리 보존적 확장체계를 반대하기 위하여 수학에서의 자연적 변이에 강조점을 둠으로써 주어진 기하나 대수, 논리의 확장 가능성을 간과하고 있는 것으로 보인다.

는 구문규칙들로 이루어진 체계가 임의적이면서도 임의적인 것이 아니라고 주장한다(Z, §358). 외견상 모순적인 진술로 보이는 체계의 비임의적인 성격은 구문규칙으로서의 문법적 규칙의 자율성, 규약적 성격과 관련을 맺는다.

B.

1. 언어는 자율적이다. 언어는 그 자신에 대해 스스로 말해야한다(PG, §2, §27).

1-1. 언어 속에서 내적 필연성(Naturnotwendigkeit)에 대한 유일한 상관자는 임의적인 규칙이다. 그것은 우리가 내적 필연성으로부터 명제로 전이할 수 있는(abziehen) 유일한 것이다(PI, §372, PG, §133).

1-2. 언어와 문법으로서의 계산 내에서 이름이 뜻을 갖고 명제가 의미를 갖는 것은 자율적이다(PG, §27). 뜻(Bedeutung)은 계산 내에서 단어가 수행하는 역할이다.

1-3. "언어와 실재" 사이의 결합은 문법(Sprachlehre)에 속하는 언어에 대한 설명을 통하여 이루어진다. 이로써 언어는 그 안에 닫혀진 자율적인 채로 남아있다(PG, §55).

2. 정당화될 수 없는 문법의 규칙들은 규약이다(PR, §70, PG, §134).

2-1. 의미에 대한 설명은 경험명제나 인과적 설명이 아니라 하나의 규칙, 일치(Übereinstimmung)이다(PG, §32).

2-2. 문법은 일치들(Vereinbarungen)로부터 성립한다(PG, §138).

이미 한 명제 체계가 더 이상 정당화될 수 없는 임의적인 규칙들과 그것에 의하여 의미를 갖게 되는 명제들로 이루어진다는 사실을 2.1절에서 지적하였다.((1)) 먼저 B:1을 통하여 주목할 수 있는 것은 구문규칙으로서의 임의적인 문법의 규칙들(B:1-1)과 그것에 의해 기호들이 의미를 갖고(B:1-2) 언어와 실재가 결합하게 되는 것(B:1-3)이 언어가 스스로 말하는 자율적인 것으로 간주되고 있다는 사실이다. 이때 비트겐슈타인은 문법의 규칙들이 갖는 임의성을 이러한 자율성에서 발견한다. 즉 문법이 언어의 목적인 기호의 의미로서의 사용을 기술하고 사상을 표현하는 실재의 그림일 수 있는 한에서 문법의 규칙들은 임의적일 수 있다(PI, §496, 497, §501, LFM, 150쪽 참조).[93]

언어와 논리의 자율성과 더불어 그것이 구문규칙에 의하여 계산할 수 있는 체계를 형성한다는 사실은 이미 전기 철학에서부터 나타났던 바이다(NB, 26.4.15, TLP, 5.473, 6.126). 차이점은 자율적 언어가 더 이상 인공 언어가 아닌 자연 언어이며 구문규칙이 더 이상 '동어반복'이 아니라 '임의적'이라는 것이다. 비트겐슈타인은 전기 자신의 언어관을 초 개념들 사이에서 초 질서화된(PI, §97) 기호언어의 신화(Z, §211)로 간주한다. 더 이상 이상(ideal) 언어나 이상적인 본질 그리고 그것을 다루는 숭고화 된 논리는 존재하지 않는다(PG, §72, §77, PI, §89).

비트겐슈타인에게서 이를 대신하는 것은 다름 아닌 다양성을 수반하는 자연 언어와 그것의 문법이다(WWK, 183, 188쪽). 그리고 자연 언어와 문법 그 자체가 문법의 임의적인 규칙들을 통해 성립하는 하나의 계산이다(WWK, 206쪽, PG, §140, 312쪽).

마찬가지로 전기철학에 있어서 형이상학적인 것은 언어와 세계의 한계로부터 선험적인 것으로 발생한데 반해(NB, 30.7.16, 2.9.16, TLP,

93 이는 비트겐슈타인이 전기철학으로부터 갈라지는 곳이자 자연 언어의 한 체계로서의 문법(WWK, 197쪽, PR, 157, 178)이 "계산"과 더불어 "형이상학"과 관련을 맺는 곳이다.

5.641 참조) 이제 그것은 문법에서 발생하는 것으로 간주된다. 즉 비트겐슈타인은 "모든 형이상학적인 것과 마찬가지로 사상과 실재의 조화가 언어의 문법 내에서 발견될 수 있다"(Z, §55, PG, §122)고 말함과 동시에 "'언어가 유일한 어떤 것'이라는 미신이 잘못(Irrtum)이 아니라 문법적 환상에 의하여 발생된 것"(PI, §110)이라는 사실을 분명히 한다.

이로써 전기철학에서 언어와 세계의 한계로서의 선험적 주체가 수행하던 역할을 이제 임의적인 규칙으로 이루어진 문법이 대신하고 있다는 것을 알 수 있다. 전기와 달리 조망성이 결여된 문법이 만들어 내는 환상으로 간주되는 한에서 형이상학(적인 것)은 부정적인 의미를 갖는다(BB, 18, 35, 55쪽 참조). 즉 그것은 언어 놀이에서의 일상적인 쓰임을 조망하여 명료화되어야 할 것이다(BB, 57쪽, PI, §116). 그러한 명료화의 작업이 바로 널리 알려진 그의 치료로서의 철학이다(RFM, 302쪽, PI, §109, §125, §133 참조).[94]

B:2를 통하여 정당화될 수 없는 임의적 규칙들이 "일치"로 묘사되는(B:2-1, B:2-2) 규약이라는 것을 알 수 있다(B:2). 비트겐슈타인은 (언어와 세계의) 본질이 언어의 문법에 의해서 표현되고 문법의 규칙에 의해서 파악되는 것으로 간주한다(PI, §371, PR, §54). 이때 언어와 본질은 전술

---

94 그러나 형이상학이 세계관의 반영으로 간주될 수 있는 한에서 비트겐슈타인이 치료해야 할 대상으로 간주한 형이상학적인 것들은 전혀 무가치한 것으로 간주될 필요는 없다. 왜냐하면 그것에 이상적인 가치를 부여하지 않는 한 형이상학은 그것을 공유하는 집단의 지배적인 세계관으로 간주될 수 있는 동시에 그것과 관련하여 발생한 언어의 논리는 주어진 세계관을 공유하는 집단의 사유의 원리이자 법칙으로 간주될 수 있기 때문이다. (지금까지 검토한 고전 논리에서의 아리스토텔레스의 삼단논법에 있어서의 존재론적 가정과 "정의"와 "공리"의 발생 그리고 현대 기호 논리학에 있어서 "논리주의"와 "직관주의"가 갖는 기본적인 세계관(철학적 입장)을 고려할 것.) 비트겐슈타인에게서도 여전히 실재의 논리적 그림인 사상을 드러내는 언어는 일종의 세계관이며(PI, §122) 그것의 구문규칙들은 여전히 논리의 법칙들이다(WWK, 197쪽).

한데로 더 이상 이상 언어와 이상적인 본질이 아니다. 비트겐슈타인은 본질을 말하는 것이 일치(Übereinstimmung)를 확언하는 것이라는 점을 분명히 하고 있다(RFM, 65쪽). 따라서 본질은 다름 아닌 문법의 규칙인 일치나 규약으로 간주될 수 있다(WWK, 105쪽 참조).[95]

비트겐슈타인에게서 문법의 규칙들이 일치나 규약으로 간주될 수 있다는 사실은 비트겐슈타인이 언어 놀이의 규칙으로 간주하고 있는 수학적 명제들로 이루어진 수학을 이상적인 것이 아닌 규범적인 것으로 간주하는데서 분명히 드러난다(RFM, 363, 425, 431쪽). 비트겐슈타인은 계산을 채택하는 것이 그것에 대한 규칙을 구성하는 것이자 규범을 기술하는 것이라고 한다(LFM, 98쪽). 이로부터 다음을 정리할 수 있다.

(2) 임의의 문법 규칙들은 본질로서의 일치나 규약, 규범이다(B:1, B:2).

여기서 만약 규칙으로서의 규약이나 규범이 단순히 협약적인 것이라고 할 경우, 언어가 자율적이라는 주장은 성립할 수 없다. 왜냐하면 규칙의 성립에 있어 개인의 자의적인 의지가 개입될 경우(RFM, 394쪽), 언어가 스스로 말한다는 주장은 인간의 의지가 개입될 경우에 한 해서 성립할 것이기 때문이다.[96]

---

95 비트겐슈타인은 "일치"란 단어와 "규칙"이라는 단어가 종형제 관계에 있다고 본다(RFM, 344쪽).

96 비트겐슈타인이 수학자들을 새로운 규칙과 새로운 사유방식을 창조하는 일종의 발명가로서 간주하는 한 실재로 자의적인 성격을 전적으로 배제할 수는 없을 것이다. 이와 더불어 비트겐슈타인이 전, 후기 모두 프레게와 마찬가지로 언어의 심리주의적 해석을 배제하고 있다는 사실을 고려하라. 비트겐슈타인에게서 단어에 대한 이해는 여전히 계산이다(WWK, 168, 169쪽, RFM, 126-27쪽). 사상(Gedanke)은 정신의 활동이라기보다는 일상적인 것이며 사유는 언어를 가지고 하는 연산조작일 뿐이다(RFM, §60, §65, §66 참조).

임의의 규칙으로서의 규범이 단순히 협약적인 것이 아니라는 사실은 비트겐슈타인이 논리에서의 일치가 의견 일치(Consensus)에 의해서 결정되는 것이 아니라 행위 일치에서 결정되는 것이라고 하는 데서 잘 나타난다(LFM, 183-184쪽, RFM, 322쪽 참조). 즉 비트겐슈타인이 고려하는 관습으로서의 일치는 다름 아닌 구체적인 행위의 일치인 것이다.

이는 필연적으로 규범에 대한 자연주의적 입장과 관련을 맺는다. 여기서 살펴볼 것은 "행위"와 관련하여 나타나는 임의적 규칙으로서의 규범에 대한 비트겐슈타인의 자연주의적 해석이다. 이는 언어의 의미가 쓰임과 관련을 맺는 면이기도 하다.

C. 관습과 제도(Institution)로서의 언어와 놀이, 규칙은 인간 삶의 현상이다.

1. 언어는 실천 속에서 의미를 갖는 인간 삶의 현상이다.

1-1. 언어는 쓰임에 의하여 의미를 갖는다(RFM, 344쪽, PI, §432).

1-2. 언어는 삶의 방식(Lebensweise)과 관련된 인간 삶의 현상이다(RFM, 335쪽, 351쪽).

1-3. (언어의) 쓰임은 우리의 자연사의 한 사실(Tatsache)이다(RFM, 61쪽).

2. 언어현상은 규칙적임(Regelmäβigkeit)이라는 행위(Handeln)의 일치에 기인한다(RFM, 342쪽).

2-1. 정당화될 수 없는 규약은 단지 그렇게 행위 하는 것으로 나타난다(PI, §217, BB, 24쪽).

2-2. 언어 놀이의 근저에 있는 "규칙을 따른다"는 것은 인간의 활동(실천)이다(RFM, 330쪽, 331쪽).

3. 계산과 수학은 인간 삶의 현상이다(RFM, 209, 273쪽 참조).

3-1. 동의(Consensus)는 우리의 계산현상에 속한다(RFM, 193쪽). 계산의 결과에 따라 우리는 동일성과 일치를 판단한다(RFM, 228쪽).

3-2. 문명에서 사용되는 기호가 수학에서는 본질적이다(RFM, 257쪽).

먼저 C를 통하여 비트겐슈타인이 문법의 규칙들뿐만 아니라 그것이 구성하는 체계로서의 놀이나 언어 모두를 관습과 제도로 간주하고 있다는 것을 알 수 있다. 이때의 관습과 제도는 인간의 활동으로 드러나는 인간 삶의 현상에 해당한다. 이는 비트겐슈타인에게서 임의적인 규칙으로서의 규범이 자연주의적으로 해석된다는 것을 보여주는 단초를 제공한다. 비트겐슈타인은 관습으로서의 언어가 그것의 쓰임에 의하여 의미를 갖게 된다고 진술한다(C:1-1). 그리고 그것이 인간 삶의 방식과 관련된 자연사의 사실임을 분명히 한다(C:1-2, C:1-3).

이때 인간 삶의 방식이나 자연사의 사실로서의 관습 또는 규약이 '형식주의'와 구별되는 면은 비트겐슈타인이 규칙 자체가 아니라 '규칙을 따른다'는 것을 문제삼는 데서 잘 나타난다(C:2).[97] 비트겐슈타인은 "규칙을 따른다"는 개념의 적용이 관습(Gepflogenheit)을 전제로 하고 있다는 사실을 지적하고 있으며(RFM, 322쪽), "규칙"과 더불어 "규칙 따르기" 모두를 관습으로 간주하고 있다(PI, §199, RFM, 344쪽).

이때 "규칙"과 "규칙 따르기"가 모두 관습으로 간주될 수 있는 이유는 비트겐슈타인이 "규칙"을 인간 삶의 현상으로 간주하는데 기인한다. 비트겐슈타인은 개념이 인간 삶의 특정 활동과 관련을 맺는 한에서 규칙이라는 개념이 바로 규칙을 따르는 것이라는 사실을 분명히 한다(RFM, 409쪽). 그 점은 비트겐슈타인이 규약을 단지 그렇게 행위하고 있다고 밖

97 이는 비트겐슈타인에게서의 규칙의 선택이 커리나 콰인과 같은 실용주의적 입장 하에서 성취될 수 없다는 사실을 드러내준다.

에는 표현할 수 없는 정당화가 소진된 암반으로 간주하는데서 잘 나타난다(C:2-1). 즉 규약은 단지 그렇게 행위하고 있는 구체적인 실천을 통해서야 말해질 수 있는 것인 동시에 구체적인 실천이 공통적으로 수반되는 한에서 그것은 이미 규칙을 따르는 행위인 것이다. 이는 규약에 관한 비트겐슈타인의 다음 진술에 잘 드러난다.

> 어떻게 내가 규칙을 따를 수 있는가? 이것이 만약 원인에 대한 질문이 아니라면 그것은 내가 행동하고 있는 방식 속에서 그 규칙을 따르고 있다는 것을 정당화하려는 것이다. 만약 내가 그 정당화를 다 소진했을 경우 나는 (결국) 암반에 부딪히게 되고 나의 삽은 방향을 바꾸게 된다. 그러면 나는 다음과 같이 말하게 된다. 이것은 단지 내가 하고 있는 것이다(PI, §217).

이로부터 다음을 정리할 수 있다.

> (3) 규약으로서의 "임의적"인 규칙의 개념은 주어진 규칙을 따르는 행위를 수반한다((2), C:2-1, C:2-2).

정리 (3)에서 나타난 규칙에 수반하는 "규칙을 따른다"는 행위는 형식주의와 구별되는 비트겐슈타인의 자연주의적 입장을 드러내 준다. 이미 지적한 대로 규칙이 더 이상 정당화될 수 없다는 점에서 비트겐슈타인이나 형식주의자 모두에게 규칙은 '임의적'이다. 그러나 비트겐슈타인에게서 주어진 규칙의 선택이나 평가는 경험과학에서의 성과나 유용성을 통하여 마련되는 것이 아니라 그 행위에 전제되어 있는 인간 삶의 방식이자

자연적인 사실일 뿐이다(A:1-3, C:1-2, 1-3 참조).[98]

이때 삶의 방식이나 자연의 사실은 한편으로 그것이 규칙을 따르는 행위인 한에서 강요된 성격을 갖는다. 이는 규범으로서의 규칙이 논리적 법칙인 이유이기도 하다. 그것은 비트겐슈타인이 사유나 추론을 임의의 정의를 통해 해석될 수 있는 것이라기보다는 자연적인 한계(natürliche Grenze)로 간주하는데서 잘 나타난다(RFM, 80쪽). 비트겐슈타인은 추론의 법칙들이 갖는 강요적인 성격을 인간사회에서의 다른 법칙들 법률의 예를 통하여 유비적으로 설명한다(RFM, 80-83쪽 참조). 여기서 비트겐슈타인은 사유나 추론을 자연적인 것 즉 자연적인 한계로 간주한다.

다른 한편 인간 삶의 방식과 자연의 사실들과 관련된 특성은 사(私)적으로 규칙을 따르는 것이 불가능하다는 사실을 말하는 데서 잘 드러난다. 비트겐슈타인은 어떤 사람이 일생에 단 한번 규칙을 따랐다고 말하는 것이 "규칙"이라는 개념이 갖고 있는 관습이라는 전제에 위배된다는 사실(PI, §199, RFM, 322-23쪽)을 통해서, 그리고 규칙을 따른다고 믿는 것이 규칙을 실재로 따르는 것이 아니라는 사실(PI, §202)을 통해서 사적인 규칙의 준수를 철저히 배제한다.[99]

이로부터 비트겐슈타인에게서 규칙이 어떤 자의성을 수반하는 것도 아니고 의식 안에서 완료될 수도 없는 규칙 따르기라는 행위를 수반하는 것이라는 사실을 알 수 있다. 사적인 규칙의 준수라는 자의성이 배제된

---

98 비트겐슈타인이 구문규칙들을 경험적 성과나 실용적 효과에 의해 협약적으로 정초하지 않는다는 사실은 서론에서 이야기된 비트겐슈타인의 자연주의적 입장이 콰인류의 자연주의와 구별되어야 한다는 점을 잘 나타내 준다. 두 자연주의의 차이와 관련해서는 양은석(2002)를 참조할 것.

99 규칙 따르기의 일부로서 개념에 대한 단 한 번의 쓰임 또한 거부된다(Z, §568.).

규칙 따르기의 강요적인 성격은 비트겐슈타인이 "규칙을 따른다고 말할 때 그것이 규칙을 선택하는 것이 아니라 맹목적으로(blind) 따르는 것"이라는 사실을 분명히 하는 데서 잘 나타난다(PI, §199).

그러나 강요적인 성격이 고정되고 불변하거나 획일화될 수 있는 것은 아니다. 즉 사회제도에 있어서 강요된 법률에 대한 위반이나 반대가 있을 수 있는 것처럼 규칙 따르기에 대한 위반이나 반대가 있을 수 있다. 그러나 그것은 다름 아닌 언어의 관습, 규약에 대한 반대인 것이다. 이는 규약과 관련된 다음의 비트겐슈타인 진술을 통해 확인될 수 있다.

> … 그러나 그가 반대하고 있는 것은 이러한 판단기준과 연관된 이 표현의 사용이다. 즉 그는 그것이 일상적으로 사용되는 특수한 방식으로 이 단어를 사용하는 것을 반대하는 것이다. 다른 한편 그는 그가 규약에 반대하고 있다는 것을 알지 못한다(BB, 57쪽).

> 그러나 요점은 우리 모두가 그것을 똑같이 사용한다는 것이다. 그것의 의미를 아는 것은 다른 사람이 하는 것과 같은 방식으로 그것을 사용하는 것이다(LFM, 183쪽).

먼저 후자의 사례를 통하여 비트겐슈타인이 규약의 특성을 '사람들이 그것에 대해 같은 방식으로 사용하고 있다'는 사실에서 발견한다는 것을 알 수 있다. 그리고 전자의 사례를 통하여 그것에 반대하는 것을 규약에 반대하는 것으로 간주하고 있다는 사실을 알 수 있다. 이로부터 규칙 따르기에 관한 다음의 정리가 따라 나온다.

(4) 규칙을 따른다는 것은 사람들이 행하는 규약을 실천하는 것이다((3), BB, 57쪽).

여기서 규칙 따르기로서의 규약은 자연사의 사실과 더불어 삶의 방식(C:1-2, C:1-3 참조)과 관련을 맺는다. 비트겐슈타인은 공식(예: $y = x^2$)이 의미하는 바의 판단기준이 사람들이 그것을 사용하는 방식 즉 그렇게 하도록 학습 받아온 방식이라고 말하고 있다(RFM, 325쪽). 이로부터 사람들이 정당화의 기준으로 받아들이는 규약이 사람들이 생각하고 살아가는 삶의 방식이라는 것을 알 수 있다.

비트겐슈타인은 언어 놀이의 규칙에 해당하는 수학 명제들(예: 12×12 = 144, 13×14 = 184)의 확실성이 우리의 삶의 행위방식에 따른 것이라는 점을 분명히 한다(RFM, 390쪽, OC, §651). 이때 규칙 따르기로서의 삶의 방식(Lebensweise)에 관해 비트겐슈타인이 자연적 해석을 시도하고 있다는 사실은 그것의 근거를 자연(사) 사실(Tatsache)의 정상성에서 마련하고 있다는 데서 잘 드러난다.[100]

비트겐슈타인은 체계로서의 언어 놀이와 개념 그리고 단어의 의미가 운명을 같이한다는 사실을 지적한다(OC, §65). 이때 언어 놀이에서 기호의 의미 변화는 사실의 정상(normal)성과 관련을 맺는다. 비트겐슈타인은 "사실들(Tatsache)이 지금과 달랐다면 어떤 언어 놀이들은 중요성을 상실하고 다른 놀이들은 중요하게 되었을 것"이라는 점을 가정하고서 "주어진 방식으로 언어의 어휘 사용의 점차적인 변화가 있게 된다"(OC, §63)고 한다. 또 개념의 형성이 자연과학이 아닌 자연의 일반적인 사실들에 연원한 것임을 지적하고 있다(BPP, §46 / PI, 230쪽 참조).[101] 이는 다음

---

100 비트겐슈타인은 이를 귀납과는 다른 문제로 고려한다(OC, §619 참조). 이와 관련하여 비트겐슈타인의 영향 하에서 그의 범형(Paradigma)을 한 시대의 "패러다임"으로 끌어들이는 쿤의 입장을 고려하라(Kuhn(1975), 5장 참조).

101 만약 이로부터 비트겐슈타인이 자연의 사실들에 대한 탐구로 나아간다면 그것은 더 이상 자연의

비트겐슈타인의 진술을 통하여 더욱 분명하게 확인된다.

> 물이 그러그러한 조건하에서 끓지 얼지 않는다는 것을 우리는 알고 있다고 이야기한다. … 이러한 사실은 우리 언어 놀이들의 근저에 침투해 있다(OC, § 558).
>
> 우리가 어떤 개념의 … 의미를 설명하기 위하여 언급해야만 하는 것은 종종 아주(auβerordentlich) 일반적인 자연의 사실들(Naturtatsache)이다. 그것의 지나친 일반성으로 인하여 거의 언급되지 않은 그러한 사실들(PI, 56쪽 주).

이와 더불어 비트겐슈타인은 "단어의 쓰임이 분명하게 규정되는(vorgezeichnet) 것이 정상적인 경우이며 그것이 비정상적이게 된다면 즉 대상이 완전히 다르게 되어 규칙이 예외적인 규칙이 된다면 정상적인 언어 놀이들은 더 이상 존속하지 않게 된다"(PI, §142)는 사실을 분명히 한다. 이로부터 변화와 관련된 언어 놀이의 정상성(표준성)이 자연의 사실과 관련을 맺는다는 것을 알 수 있다. 이로부터 다음을 정리할 수 있다.

> (5) 언어 놀이 안에서의 규칙 실천은 삶의 방식에 따르며 자연의 사실들과 관련을 맺는다.
>
> (5-1) 규약으로서의 규칙은 사람들이 생각하고 살아가는 삶의 방식이다.

사실에 기초한 언어에 대한 탐구가 아닌 자연과학이 된다. 비트겐슈타인은 자연과학으로부터 문법에 기초한 탐구를 철저히 구별시킨다(LPP, §207(~ §214), BPP, §46). 비트겐슈타인에게서 개념의 형성은 인위적인 자연과학을 통하여 파악될 수 있는 성질의 것이 아니다(PI, 230쪽 참조). 비트겐슈타인에게서 언어의 구문을 통해 의미 있는 명제와 관련을 맺는 언어의 영역 또는 철학은 지각을 통한 참인 명제와 관련을 맺는 자연과학으로부터 지속적으로 구분되어 왔다(TLP, 4.11, 4.111, 4.112, WWK, 213-14쪽 참조). 자연의 사실들에 상응하는 언어 놀이로서의 문법(BPP, §46) 안에서 비트겐슈타인은 사상과 실재의 조화를 고려한다(Z, §55).

(5-2) 규칙으로 이루어진 언어 놀이와 그 안에서 기호의 사용은 일반적인 자연의 사실들의 정상성과 관련을 맺는다.

이로부터 비트겐슈타인이 규칙의 실천을 자연의 사실을 통해 해석하고 있다는 것을 알 수 있다. 자연의 사실에 관한 비트겐슈타인의 자연주의적 입장에서의 해석은 그가 문법과 일반적인 자연의 사실들 사이의 대응을 말하고 있으나 자신의 행위가 인위적인 자연과학이나 자연사를 꾸며내려는 것이 아니란 점을 분명히 하는 데서 잘 나타난다(BPP, §46, PI, 230쪽).

이와 더불어 자연의 사실과 관련하여 그것에 대응하는 문법이 하나의 동일한 언어체계를 가져야 하는 것은 아니다. 비트겐슈타인은 사실에 대한 언어에서의 그림의 (일의적) 대응을 제거되어야 할 편견으로 간주한다(BB, 43쪽). 그리고 언어 놀이의 문법명제(예: 25 × 25 = 625)와 관련해 다른 문화(Kultur)에서는 그것에 대해 다른 해석체계를 가질 수 있다는 점을 지적하고 있다(RFM, 133쪽, Z, §387, §388 참조).[102]

그러나 그것이 반드시 다른 해석체계를 갖는다는 것을 함의하지는 않는다. 그것이 다른 해석체계를 갖는지 아닌지는 주어진 자연적 사실에 대해 실제로 어떤 언어체계를 형성했는지 즉 그 반응양태와 관련된 것이기 때문이다. 그런 한에서 '자연적(당연한)(natürlich)'이라는 것은 '필연적(notwendig)'이라는 것과 구별될 수 있다(BPP, §48, §49참조). 그리고 그 자연적 성격을 토대로 비트겐슈타인은 규칙 따르기로서의 규범을 말하

102 한 (전체) 문화가 한 언어 놀이라는 비트겐슈타인의 지적을 고려하라(LC, §26). 비트겐슈타인은 넓은 의미의 언어 놀이를 한 시대가 공유하는 문화로서 간주한다(LC, §25 - § 29 참조).

고 있는 것이다.

지금까지 검토한 사실로부터 비트겐슈타인의 구문규칙에 관한 자연주의적 해석을 확인할 수 있었다. 비트겐슈타인에게서 자연의 사실들과 더불어 변화하는 삶의 방식들은 치료되어야 할 부분과 받아들여야할 부분이라는 이중의 역할을 한다. 즉 그것이 더 이상 일상적으로 사람들이 생각하고 살아가는 방식이 아닐 경우, 그것은 사유방식과 삶의 방식의 변경을 통하여 치료되어야 할 시대의 질병으로 간주된다(RFM, 132쪽, 같은 책, 302쪽 참조). 반면 그것이 사람들이 생각하고 살아가는 방식일 경우, 그것은 이미 주어진 받아들여야 할 삶의 사실들(Lenenstatsache) 즉 삶의 형식들(Lebensformen)로서 간주된다(BPP, §630).

자연의 사실로부터 형성된 개념과 개념의 사용은 하나의 언어 놀이를 형성한다. 그것에 대한 탐구는 다름 아닌 (주어진) 놀이가 갖는 문법에 대한 탐구이며 자연의 사실들에 반응하는 삶의 방식에 대한 탐구이다. 이는 문법의 규칙으로서의 논리의 원리들에 대한 자연주의적 지평을 마련해준다.

3. 논리적 원리의 자연주의적 해석

비트겐슈타인에게서 논리의 원리들이 어떠한 것인가 하는 것은 정리 (5)에 나타난 대로 그가 구문규칙을 논리적 형식으로 간주하는 것에서 예견될 수 있다. 즉 일상 언어의 구문이 지닌 규칙들이 다름 아닌 논리의 원리들인 것이다.(WWK, 197쪽 주 진술 “기하 내에 있는 놀이의 규칙들은 논리의 규칙들이다.”) 그렇다면 구문규칙이 자연주의적으로 해석될 수 있는 규범인 한 논리의 규칙들 역시 자연주의적으로 해석될 수 있는 규범이 된다.

여기서의 과제는 규칙과 관련하여 논리에 관한 자연주의적 태도가 비트겐슈타인에게서 어떻게 나타나는지 밝히는 것이다.[103] 이는 비트겐슈타인이 (논리주의와 다른 방식으로) 직관주의에 어떻게 반대 입장을 표명하는지 함께 보여 줄 것이다.

1) 논리의 법칙과 구문 규칙

여기서 살펴 볼 것은 논리의 원리들이 구문규칙과 관련하여 어떻게 자연주의적으로 해석될 수 있는가이다. 이를 위하여 다음의 정리된 형태의 진술에서 논의를 시작해 보자.

D. 논리의 법칙들은 언어 놀이의 규칙으로서의 구문규칙이다.

1. 언어 놀이(기하내의 놀이)의 규칙들은 논리의 규칙들이다(WWK, 197쪽, PR, 319쪽).

1-1. 공리와 추론규칙은 문법명제로서 기하내의 놀이의 규칙들이다(WWK, 197쪽, RFM, 398쪽 참조).

1-2. 논리적 추론은 언어 놀이의 부분이다(RFM, 397쪽).

2. 언어 안에서 구문규칙들은 단어에 논리적인 것을 규정한다(WWK, 134쪽).

---

103 비트겐슈타인의 수리(논리) 철학에 관한 입장을 '직관주의'의 극단적 형태로서의 (극단적) 구성주의나 (엄밀) 유한주의로 간주하고자 하는 더밋(M. Dummett)이나 베르네이(P. Bernays) 등의 입장을 비트겐슈타인의 철학적 입장에 비추어 반대하는 라일리(M. Wrigley)나 프라스콜라(P. Frascolla) 등은 비트겐슈타인의 수리철학에 관한 입장을 (태도의 수정을 요구하는) "준-수정주의(quasi-revisionism)"로 간주한다(Frascolla(1994), 160, 171쪽, Wrigley(1986), 183-84쪽 참조). 비트겐슈타인 자신이 수학의 재구성이 아닌 태도의 수정을 요구하는 것은 사실이나(RFM, 213쪽) 이는 규칙 따르기의 의미를 약화시킨다. 비트겐슈타인에게 있어서 규칙은 정당화될 수 없는 것인 동시에 따라야하는 것이다.

언어의 규칙들로 작용하는 한에서 수학은 논리학이다(RFM, 99쪽).

2-1. 수학의 명제들은 규칙으로서의 품위를 갖는다(RFM, 99쪽).

2-2. 논리학의 명제들은 사유의 법칙들이다(RFM, 90쪽).

D:1의 진술을 통하여 먼저 공리나 추론규칙 따위의 논리 법칙들이 기하의 놀이 규칙 또는 언어 놀이 규칙으로 간주되고 있다는 것을 알 수 있다(D:1-1, D:1-2). 그리고 기하의 공리에 대한 진술과 더불어(WWK, 62, 64, 91, 100, 197쪽) D:2의 진술을 통하여 그것들이 구문규칙으로 간주될 수 있다는 것을 알 수 있다. 이는 이미 '형식주의'와 관련하여 구문과 규칙들의 '임의성'을 논하는 데서 나타났던 것이다. 이로부터 정리 (5)에 의하여 논리의 규칙들을 논리적 형식으로 간주할 수 있다. 왜냐하면 논리의 규칙들은 바로 구문규칙이며(D, WWK 참조), 구문규칙들은 다름 아닌 논리적 형식이기 때문이다((5), PR, §111 참조).

논리적 법칙들을 구문규칙으로 간주하고 있다는 사실은 비트겐슈타인이 수학과 논리학 명제들을 언어의 규칙으로 간주하는 데서 잘 나타난다(D:2). 『논고』에서와 마찬가지로 수학과 논리학의 명제들은 그것에 대응하는 실재를 갖지 않는다. 그러나 그것들은 경험명제를 판단하는 규칙으로서의 역할을 한다. 수학과 논리학의 명제들이 규칙으로서의 역할을 하고 있다는 사실은 D:2-1, D:2-2의 진술과 더불어 수학적 명제 '$5^2 = 25$'가 경험명제들에 대한 규칙으로서의 역할을 한다고 주장하는 데서(LFM, 82쪽) 그리고 논리학의 명제들과 논리의 규칙들을 모두 사유의 법칙으로 간주하는 데서(RFM, 90쪽, LFM, 230쪽) 잘 나타난다.

『논고』에서의 그림이론과 마찬가지로 실재와 그것에 대한 기술과 직접적인 관련을 맺는 것은 논리적 구조로서의 가설이다(PR, §225, §226).

비트겐슈타인은 이러한 가설을 물리적 법칙과 같은 것으로 간주한다(WWK, 255쪽). 즉 가설의 영역은 경험과 관련을 맺는다. 반면 언어의 구문은 그것의 가능성에 해당하는 논리적 형식과 관련을 맺는다(WWK, 213-14쪽). 따라서 논리의 법칙이 구문규칙인 한에서 논리에는 가설이 있을 수 없는 것이다. 이로부터 다음을 정리할 수 있다.

(6) 구문규칙들로서의 논리의 법칙들은 논리적 형식이다(D, (5)).

논리의 법칙들과 관련하여 비트겐슈타인이 직관주의와 논리주의를 따르고 있지 않다는 사실은 2절에서 지적한 것처럼 비트겐슈타인이 구문규칙들의 임의성과 다양성을 인정하고 있다는데서 잘 나타난다. 구체적으로 논리에 있어서 비트겐슈타인은 2치 논리 체계를 고수하는 (당대) 수리논리학을 아리스토텔레스 논리학의 계승으로 간주한다(RFM, 300쪽). 그리고 아리스토텔레스 논리학이 언어가 가진 논리의 극히 일부분만 취급하고 있을 뿐이라는 점을 분명히 한다(LPP, §525). 비트겐슈타인은 3치 논리를 빌어 제 3의 값을 인정한다. 그리고 이를 통해 배중률의 명제형식 $P \vee \neg P$를 문제 삼는다(Z, §682).[104]

이는 '논리주의'의 논리에 대한 입장을 비판하는 것이기도 하다. 비트겐슈타인에게서 프레게와 러셀을 통해 성립된 현대 수리 논리학은 그것이 2치 논리를 고수하는 한 단지 아리스토텔레스의 논리를 계승하는 다양한 논리의 일부분일 뿐이다. 비트겐슈타인은 논리학이 모든 수학의 기

---

104 비트겐슈타인이 2치와 대비적으로 3치를 논한 것이 그가 3치 논리에 대하여 긍정적인 평가를 내렸다는 것을 함의하지는 않는다. 그는 편견의 제거라는 측면에서 3치를 인정할 뿐 3치 논리 자체에 대해서는 부정적인 평가를 내리고 있다(LWL2).

초가 아니며(RFM, 174쪽), 프레게와 러셀의 논리학이 산술의 기초가 아니란 점을 분명히 한다(LFM, 228쪽). 비트겐슈타인에게서 하나의 논리학은 여타의 것이 환원되어야 할 그 무엇이 아니라 구문과 마찬가지로 자연 언어 안에서 성립하는 다양한 계산 체계 중의 하나일 뿐이다(LFM, 212-13쪽 참조).

그러한 입장에서 '직관주의'에 대한 비판 또한 성립한다. 지금까지 살펴본 대로 수학과 논리학은 직관주의자들의 주장처럼 선험적 의식에 의해 마련될 수 있는 지성의 구성물이 아니다.[105] 이는 사유에 관한 비트겐슈타인의 입장에 잘 나타난다. 비트겐슈타인에게서 사유 법칙으로서의 논리의 법칙들(D:2-2)은 직관주의처럼 선험적 인간 정신에 직관적으로 자명한 또는 그것으로부터 구성된 (유한한 효과적 절차에 의해 증명되거나 반증된) 것이 아니다.

비트겐슈타인은 직관주의자들이 생각하는 것과 달리 사상(Gedanke)이 정신의 능동적인 활동의 산물이 아니라는 점을 분명히 한다(PG, § 60). 그는 사상을 우리에게 익숙한 일상적인 것으로 간주하고 있으며(PG, § 66), 사유를 언어나 기호를 가지고 하는 연산조작으로 간주한다(BB, 6, 16쪽, PG, § 65). 그리고 이때의 언어나 사유도 직관주의처럼 (개별적인 차이성을 인정하지 않는) 고정된 개념이 아니다(PG, § 65). 사유는 구체적 행위와 분리되지 않는다(Z, §101). 그는 "사유"란 표현이 일상 언어로부터 관찰될 수 있고 특정한 상황에서 그 쓰임을 학습하게 되는 삶의 표현임을 분명히 한다(Z, §110 - §116). 이로부터 사유와 사유의 법칙으로서

105 비트겐슈타인은 브라우어가 제시하는 배중률에 대한 반증사례를 오히려 브라우어의 논리에 대한 전제로서 간주한다.(PR, §173) 이와 관련하여 요소명제들의 형식이 선천적으로 주어지지 않는다는 사실을 고려하라(WWK, 249쪽, 5.312 [1]을 참조).

의 논리와 논리의 법칙이 '직관주의'와는 달리 구체적 삶의 행위양식과 관련된 것이라는 사실을 알 수 있다.

2) 논리적 원리와 자연의 사실들

'논리주의'나 '직관주의' 입장을 거부하는 비트겐슈타인의 논리에 관한 태도가 구문규칙들과 마찬가지로 '자연주의'적 입장에 해당한다는 사실은 비트겐슈타인이 논리현상의 전제인 인간들 사이의 일치가 의견일치가 아니라고 하면서(RFM, 353쪽) 논리적 참을 구문규칙의 규칙 따르기와 마찬가지로 의견 일치가 아닌 행위 일치로 간주하는 데서 잘 나타난다(LFM, 183-84쪽). 이와 더불어 구문규칙에 대한 논의에서 지적한 것처럼 비트겐슈타인에게서 논리적 계산과 논리 그리고 추론의 법칙들은 그것이 규칙 따르기인 한 강요적인 성격을 지닌다(RFM, 80-81, 155쪽).

이로부터 논리가 인간의 삶의 방식과 더불어 삶의 형식과도 관련을 맺는다는 사실을 알 수 있다. 즉 논리는 규칙으로서의 삶의 방식의 일치를 전제하고 있으며 그것이 규칙 따르기인 한에서 받아들여야 할 삶의 형식에 해당한다.

비록 그것에 대응하는 사실(Tatsache)이 없을지라도 논리가 자연의 사실과 무관한 것은 아니다. 비트겐슈타인은 논리의 명제들이 갖는 일반성이 그것이 표현할 수 있는 것처럼 보이는 사실(Tatsache)이 아닌, 항상 반복되는 상황이며(RFM, 301쪽)[106] 논리가 사실들이 있다는 것에 의존하고 있다는 점(WWK, 77쪽)을 분명히 한다.

---

106 항상 반복되는 상황은 앞 장에서 지적한 너무나 일반적인 자연의 사실들과 직접적으로 관련되어 있다.

이로부터 구문규칙에서 나타났던 것과 마찬가지로 행위의 일치나 강요적 성격과 관련하여 삶의 방식이나 삶의 형식과 관련되어 있는 논리가 다시 (자연의) 사실들에 의존하고 있다는 것을 알 수 있다. 이것이 바로 비트겐슈타인의 논리에 관한 자연주의적 입장에 해당한다.

4. 비트겐슈타인의 배중률 논의

논리에 관한 비트겐슈타인의 자연주의적 입장은 전통 논리의 공리 배중률에도 그대로 반영되어 있다. 규칙과 관련된 배중률에 관한 그의 입장을 검토하는 것이 여기서의 과제이다. 이 절에서 특별히 관심을 기울이는 것은 직관주의자인 브라우어를 겨냥한 비트겐슈타인 배중률 논쟁이다. 그것은 적어도 다음 두 가지 면에서 수리철학적인 흥밋거리를 제공한다.

첫째, 그의 배중률 논쟁은 당시 주목되지 않았으나 현 수리 철학 논쟁에 빼 놓을 수 없는 한 관점 혹 그와 유사한 관점을 보여줄 수 있다. 논의에서 드러나겠지만 수에 관한 그의 반플라톤주의는 직관주의와 형식주의를 훨씬 뛰어넘는다. 대체로 계산(calculus) 내지 연산주의(operationalism) 형태[107]로 제시되는 수에 관한 그의 발상은 수의 실재성을 인정하지 않는다는 점에서 최근 수리철학 논쟁의 한 축을 담당하는 필드의 유명론적 입장에 가깝다(Field(1980), (1989) 참조). 혹 토대론적 수학을 거부하고 실제 진행된 실천 맥락을 강조한다는 점에서 매디가 주장하는 자연주의에 가깝다고 할 수 있다(Maddy(1997) 참조). 그 점에서

107 수에 관한 연산주의적 태도는 『논고』에 비교적 잘 나타나 있다. 이와 관련하여 이승종(2000), 98-108쪽 참조.

비트겐슈타인은 이러한 철학적 흐름의 선구자 내지 선각자적 위치에 있다.[108]

둘째, 그의 배중률 논쟁과 그것의 연장 논의 안에서 비트겐슈타인 수리철학에 관해 가장 널리 받아들여져 온 유한주의적[109] 해석을 비판적으로 다룰 수 있다. 80년대 이후에도 여전히 지지되는 고전적 형태는 '엄밀 유한주의'이다(M. Marion(1998), 213쪽). 왕, 베르네이, 더밋, 클라이젤 등에 의해 지지되는 엄밀 유한주의는 직관주의보다 더 철저히 반실재론을 편다는 점에서 그 자체로도 충분히 흥미로운 입장이다. 또 반실재론의 철저화란 측면에서 비트겐슈타인 생각과도 잘 어울린다. 그러나 수정주의자들(revisionists)의 지적처럼 이러한 입장은 비트겐슈타인이 무한 수학을 인정했다는 사실에 비추어 정당화되기 어렵다(P. Frascolla(1994), 143쪽).

이러한 문맥에서 새로 제시된 것이 마리온의 '유한주의'이다. 그는 비트겐슈타인의 수리철학이 기존의 수학적 결과물에 대한 태도수정 이상을 함의한다는 점을 들어, 라이트, 프라스콜라 등이 견지한 수정주의적 해석(유사-수정주의(quasi-revisionism))을 비판하고 대신 유한주의 맥락에서 그의 수리 철학을 이해할 것을 강조한다. 그러나 그의 해석이 충분한가 하는 데에는 의문의 여지가 있다. 왜냐하면 유한주의 해석으로는 비트겐슈타인이 강조한 규칙 따르기가 반영하는 다양한 계산과 계산의 실

---

108 실제로 매디는 비트겐슈타인 수리철학을 자연주의로 간주하지는 않지만 그러한 흐름의 선구적 위치에 있는 것으로 평가한다(Maddy(1997), 3부1장 참조).

109 여기서 '유한주의적(finitistic)'은 '엄밀 유한주의(strict finitism)'를 포함한 포괄적 의미의 유한주의를 말한다. 엄밀 유한주의와 구별되는 좁은 의미의 '유한주의f(initism)'는 '힐버트 유한주의'처럼 가능한 한 구체적으로 명명한다.

천 문맥을 제대로 살릴 수 없기 때문이다. 우리는 이러한 문제점을 배중률 논쟁 문맥에서 충분히 확인할 수 있다.[110]

1) 엄밀 유한주의 해석과 문제점

(ㄱ) 해석의 배경

수에 관한 인식론적 입장 차이에도 불구하고 엄밀 유한주의는 종종 직관주의의 극단적 형태로 간주된다(Dummett(1981), 506쪽, (1986), 131쪽). 그것은 크게 다음의 두 가지 이유에서이다. 하나는 이러한 입장 모두 수에 관한 반플라톤주의를 표방한다는 것이고, 다른 하나는 더밋이 직관주의 의미론으로 간주한 '주장가능조건(assertibility-conditions)'에 바탕을 둔 주장 내지 증명 조건적 의미론을 채택한다는 것이다(Dummett(1986), 129-31쪽).

대체로 이들은 '구성주의constructivism'라는 이름으로 한 데 묶일 수 있다.[111] 이러한 입장들 간의 차이는 증명의 허용범위와 직접적으로 연관되며[112], 이의 가장 극단적인 형태로 간주되는 것이 엄밀 유한주의이다.

---

110 비트겐슈타인의 수리철학에 관한 논의는 이러한 문맥에 제약된다.

111 그 점에 관한 한 비트겐슈타인도 예외가 아니다. 비트겐슈타인은 수학을 증명에 의해 구성될 수 있는 것들로 간주하고 조망 가능한 것들을 구성 가능한 것들로 한정한다. 관련하여 PR, §186, PG, 383, 404, 460, 477쪽 등을 참조.

112 증명의 허용범위를 놓고 보면 엄밀 유한주의, 유한주의, 직관주의 순이다(Kreisel(미발표), 266-67쪽). 엄밀 유한주의에서는 실제로 가능한 정의와 증명만 유의미한 구성으로 받아들인다. 따라서 (인간의 유한성으로 인해) 하나하나 세는 방식으로 실제 그 값에 도달할 수 없는 정의를 수에 대한 적절한 정의로 보지 않는다. 엄밀 유한주의보다 보다 많은 정의와 증명을 받아들이는 유한주의는 조합 연산(combinatorial operations)을 강조한다. 즉 구체적으로 (유한하게) 표현될 수 있는 구조를 수학의 대상으로 삼는데 그러한 구조에 대한 연산은 효과적인(effective) 조합일 수 있다. 대신 그것의 결정가능성을 말할 수 없는 (임의의) 집합, 연산, 구조와 같은 추상적인 개념을 배제한다(Troelstra & van Dalen(1988), 2, 25쪽). 직관주의는 구체적인 대상이 아니더라도 의심의 여지가 없

'엄밀 유한주의'는 단일한 의미로 해석될 수는 없지만[113], 대체로 우리가 이해하고 받아들이는 엄밀 유한주의는 원칙상(in principle) 가능한 것이 아니라 실제로(in practice) 가능한 것들의 정의와 증명만 유의미한 것으로 인정하는 입장이다.

이는 구체적으로 직관주의의 논리주의 비판[114]이 철저하지 못하다는 불만에서 비롯된 입장이다. 불만의 이유를 검토하기에 앞서 우리에게 널리 알려진 브라우어의 배중률 비판을 생각해 보자. 배중률이 문제되는 것은 다음과 같은 무한에서의 수 정의이다.

〈사례1〉 a = n, π의 소수전개에서 n번째부터 n+9번째까지
0123456789란 숫자가 차례로 나타날 경우

실무한을 받아들이는 고전적 입장에서 별 문제를 일으키지 않는 이러한 정의가 직관주의에서 문제를 일으키는 것은 주어진 사실을 우리가 구성적으로 증명할 수도 반증할 수도 없기 때문이다.[115] 즉 우리는 실제 그러한 수가 발생하는지 아닌지를 점검할 수 있는 효과적 절차를 가지고 있

다고 판단될 경우 그것들을 가능한 구성으로 간주한다. 가령 고전수학에서 사용하고 있는 선택 공리, 연속체 가설 등을 받아들이지 않지만 선택 수열(choice sequence)과 같은 추상 개념을 인간 정신에 의해 창조될 수 있는 가능한 구성으로 간주한다(같은 책, 4, 20-23쪽).

113 킬코프(C. F. Kielkopf)는 비트겐슈타인을 엄밀 유한주의자로 간주하지만 이는 통상적인 구분과 다소 차이가 있다. 그는 직관주의를 '닫힌 엄밀 유한주의'로, 비트겐슈타인을 '열린 엄밀 유한주의'로 간주한다(Kielkopf(1970), 149쪽).

114 좀 더 정확히 말하면 논리주의라기보다는 실무한을 인정하는 고전 수학자들에 대한 비판이다.

115 직관주의자에게서 수는 인간 정신의 구성물이다. 수학 또한 인간의 정신적 활동이지 그 이상은 아니다(Heyting(1989), 52쪽, "Disputation", Philosophy of Mathematics, 67, 72쪽).

지 못하다. 참이 증명가능성으로 간주되는 한에서, 배중률은 단지 유한에서만 그 타당성을 인정받을 수 있다. 그것은 더 이상 무한에 적용될 논리적 원리가 못된다.

여기에 다시 문제를 제기하고 나선 것이 엄밀 유한주의이다. 브라우어를 포함한 직관주의자들의 경우, 유한에서의 존재 양화와 보편 양화 진술의 사용을 문제 삼지 않는다. 그러나 다음과 같은 수의 정의에 있어서 원칙상의 결정가능성을 주장할 수 있을지는 모르나 실제 그 값을 셀 수는 없다.

〈사례2〉 $a = 67(^{257})^{729}$ (또는 $a = 10(^{10})^{10}$)

마찬가지로 유한수학에 해당함에도 불구하고 10진법 체계에서 멱으로 나타나는 많은 수 표현들은 1 더하기(+1)를 반복하는 연속함수(successor function)를 적용해서는 결코 그 값에 이를 수 없다. 특히 직관적 자명성에 호소하지 않고도 그러한 수 표현에 배중률이 적용될 수 없다는 것을 얼마든지 주장할 수 있다.[116]

이런 맥락에서 엄밀 유한주의자들은 유한수학에서 원칙상으로 가능한 수 표현들을 무한의 수 표현과 마찬가지로 무의미한 것으로 간주한다. 처음으로 이런 생각을 표명한 이가 베르네이(P. Bernays)이고 판 덴찌히, 보렐, 에즈닌-볼핀(A. S. Esnin-Bolpin) 등의 동조자들을 통해 계

---

116 Bernays(1989), 265쪽. 이는 개체로서의 인간이 지닌 생의 본질적 유한성과 직결된 문제이다. 필자는 이 점이 직관주의와 경험주의(실증주의) 계보에 있는 형식주의의 철학적 입장 차이를 잘 보여준다고 생각한다. 기본적으로 형식주의가 수학적 진술의 참을 증명에 호소하는 반면 직관주의는 직관적 자명성이라는 의식의 내적 직관에 호소한다.

승되고 있다.[117]

(ㄴ) 엄밀 유한주의 해석과 문제점

구성주의자들 특히 유한주의자들이 참된 수학적 진술을 유한한 과정에 의해 증명할 수 있는 것으로 한정한다고 할 때, 엄밀 유한주의자들은 그러한 진술이 실제 구성될 수 있어야 한다는 점을 강조하는 이들이다. 베르네이, 크라이젤, 더밋 같은 이들은 비트겐슈타인의 조망가능성과 배중률 논의를 이러한 문맥에서 이해한다. 즉 비트겐슈타인이 말하는 조망가능성은 실제로 유한하게 증명할 수 있는 것을 의미한다. 그리고 배중률 논의는 이러한 관점을 보여주는 모범적 사례이다.[118]

그러나 분명한 입장 표명에 비해 이들의 주장을 뒷받침할 근거 제시는 상당히 미흡하다. 크라이젤 경우 비트겐슈타인이 엄밀 유한주의에 해당한다는 점만 강조하고 있지 어떻게 그렇게 볼 수 있는지를 제대로 논의하지 않았다. 그가 제시하는 논거는 숫자(numerals)의 10진수 기보법이 스트로크 기보법으로 환원될 수 없다는 것(RFM, III, §3) 정도이며(Kreisel(미발표), 268쪽), 그것도 논거의 적합성에 문제가 있다.

---

117 직관주의 극단화란 바로 이런 문맥을 두고 표현된 것이다(Marion(1998), 216쪽). 에즈닌-볼핀의 경우 구성 내지 증명의 엄밀성을 강조한 이런 계획을 "초-직관주의(ultra-intuitionism)", "초-초-직관주의(trans-ultra-intuitionism)" 등으로 명명한다(같은 책, 44-45쪽). 가령 다음 에즈닌-볼핀의 진술은 이러한 상황을 잘 보여 준다. "나는 브라우어의 전통적인 직관주의 비판을 받아들이고 그것을 더 진척시킨다. 나는 1012과 같은 대상이 자연수열에 속해야 하는지를 질문한다. 누구도 그것을 셀 수 없다.… 따라서 자연수열에 수 1012을 구성하려는 이러한 시도는 악순환을 포함한다. … 그리고 우리가 이런 정의를 금지한다면 우리는 자연수 1012의 존재 믿음도 금지해야 한다(Esenin-Volpin(1970), 4-5쪽)."

118 Bernays(1986), 173-74쪽, Kreisel(미발표), 266쪽 주14, 268쪽 주18, Dummett(1981), 506-7쪽, (1986), 133-34쪽.

비트겐슈타인이 독립된 기보법으로서의 10진수 기보법을 거부하면 크라이젤 주장이 정당하겠지만, 그는 수학에서 그러한 기보 사용을 거부한 적이 없다(RFM, III, §2, §3, §51 등). 언급한 두 주장과 관련해 보면, 둘째 논의(배중률)는 빠져있고 첫째 논의(조망가능성)도 표현 사용만 강조되었지 그것이 어떻게 엄밀 유한주의에 한정되어 해석되어야 하는지 설명되지 않았다(Kreisel(미발표), 266, 268쪽 주 참조).[119]

그에 반해 베르네이는 유한주의 문맥에서 해석될만한 경우를 들어 자신의 주장을 정당화한다. 그러나 제시한 논거가 의도한 만큼의 설득력을 지니지 못한다. 그는 비트겐슈타인이 모든 곳에서 엄밀 유한주의 입장을 표명한다고 단정하고서 비서술(정언)적인 정의(impredicative definition)의 경우(예: 데디킨트 컷)와 배중률의 경우를 들어 자신의 주장을 정당화한다.

구체적으로 베르네이는 (비트겐슈타인식으로 표현된) 브라우어의 미결정 사례와 관련하여 비트겐슈타인이 신이라도 그것의 값을 결정하기 위해 계산을 따랐을 것이라고 강조한 부분(RFM, VII, §41)과 부정적으로 해석될 여지를 지닌 무리수 확장을 수학의 확장으로 간주한 부분(RFM, V, §9)을 다음의 방식으로 해석하여 자신의 주장을 정당화한다.

전자의 경우는 신의 전능성에 의한 조망가능성도 효과적 계산 범위를 넘지 않을 것이라는 점, 즉 참됨을 말할 수 있는 수 성질은 유한 절차에 의해 결정되어야 하고 그 결정의 총체성도 그 범위를 넘지 않을 것이라는 점을 통해 정당화한다. 즉 후자의 경우에는 "777"처럼 표현되는 π 소수전개 수열(Φ)이 결정가능하지 않고 그것은 수 Φ가 발생하지 않음을 함의

119 트뢸스트라와 판 달렌 경우에는 적절한 논의가 없다(Troelstra & van Dalen(1988), 29쪽).

한다는 점(후건을 부정할 경우 전건이 성립하지 않는다는 귀류법적 근거 제시)을 통해 정당화한다(Bernays(1986), 174-75쪽).

그러나 전자는 유한주의에 대한 정당화일 뿐 엄밀 유한주의의 정당화가 되지 못한다. 즉 효과적 계산의 상당부분은 실제 가능한 계산 범위를 넘어선다. 후자는 비트겐슈타인 논의에 맞는 해석으로 간주하기 어렵다. 제시된 논거에 맞게 비트겐슈타인이 후건("수 Φ가 발생하지 않는다")을 주장한 문맥을 찾을 수 없을뿐더러 비트겐슈타인이 제시된 부분을 규칙이나 규칙 따르기와 연관 짓고 있는 문맥도 후자의 논의에는 빠져있다(PG, 479-82쪽 참조).

더밋 경우에도 상황은 크게 낫지 않다. 여러 곳에서 비트겐슈타인이 엄밀 유한주의에 해당한다고 주장[120] 하지만 주장의 논거가 충분하지 않다.[121]

중요한 것은 엄밀 유한주의 해석을 위해 앞서 거론한 기본적인 두 주장 자체가 성립하기 어렵다는 점이다. 비트겐슈타인은 전기부터 일관되게 물리적 가능성과 논리적 가능성을 구분하고 있으며[122], 『수학 기초에 관한 소견』에 기초해 볼 때 가능무한의 조망가능성과 거기서의 배중률 사용을 완전히 거부했다고 할 수 없다. 비트겐슈타인은 오히려 그것이 어떤

---

120 Dummett(1978), 249쪽, (1981), 506쪽.

121 더밋 논의의 문제점은 마리온에게서 비교적 잘 검토되어 있다. 마리온은 비트겐슈타인의 규칙 따르기와 반플라톤주의적 문맥에서 제기된 신의 관점 사례가 엄밀 유한주의의 결정가능성으로 해석될 수 없다는 점을 들어 더밋을 비판한다(Marion(1998), 220-28쪽).

122 엄밀 유한주의의 실제 가능한 계산에 대한 인정은 논리적 가능성에 대한 인정이라기보다는 물리적 가능성에 대한 인정이다. 이에 대한 비트겐슈타인의 반대는 "물리적 불가능성과 논리적 불가능성의 혼동"이란 말에 잘 나타나 있다(PG, 452쪽).

관점이나 문맥에서 용인될 수 있는지를 잘 보여준다.[123] 엄밀 유한주의 해석에는 이러한 문맥적 차이와 강조점이 간과돼 있다.

2) 유한주의 해석과 한계

비트겐슈타인의 수리철학에서 흥미로운 것은 그가 (수학의) '철학'이라는 이름으로 다루려고 했던 것은 자신이 생각한 수와 산술이 아니라 수학자들이 계산에 대하여 말하는 것 즉 수학자들이 증명하는 실제 계산이 아니라 그들이 그러한 계산에 대하여 한 진술들이다(PG, 396쪽). 이 글은 비트겐슈타인의 그러한 생각 즉 그의 수리 '철학'에 초점을 맞추고 있으며 그 점에서 마리온의 유한주의를 비판적으로 다룬다. 그러나 그의 '수와 산술에 대한 생각'은 비록 충분하지는 않지만 유한주의적으로 볼만한 여지가 상당히 많다. 먼저 그 점을 생각해 보자.

(ㄱ) 해석의 배경 (1) : 바일 유한주의

여기서 특별히 염두에 둘 형식주의자는 힐버트 유한주의를 받아들인 그의 제자 바일(H. Weyl)이다.[124] 직관주의에 영향을 받은 바일[125]은 1921년 「수학의 새로운 위기에 관하여」에서 배중률이 적용될 수 없는 (무한의) 양화 문장에 대해 새로운 해석을 내놓는다. 그에 따르면 유한 수학에

---

123 이는 4.3절에서 검토될 것이다.

124 바일이 놀이를 강조하는 넓은 의미의 형식주의에 포함될 수 있다는 사실은 그가 수학과 논리를 놀이에 준하는 것으로 간주하는 데서 잘 드러난다. 관련하여 힐버트 프로그램에 대한 강조는 일관성, 독립성, 완전성 주장에 잘 나타나 있다(Weyl(1949), 4, 6, 10, 11절 참조).

125 직관주의자 브라우어의 영향은 무한에서 배중률 사용을 인정하지 않는 데서 잘 나타난다.

제약된 양화 문장은 실제 판단에 기초한 유의미한 진술이다. 가령 다음 사례는 실제 사실을 나타내는 그래서 진위를 판별할 수 있는 단칭 문장의 선언들의 축약으로 간주될 수 있다.

〈사례3〉 $1 < x \leq 5$를 만족하는 소수 x가 있다.[126]

그러나 그러한 판단을 내릴 수 없는 무한 수학의 양화 문장은 판단을 내리기 위한 주장(claim)일 수는 있어도 판단(judgement) 자체는 아니다.[127] 가령 다음 사례는 단칭 문장의 선언들의 축약이 아니다.

〈사례4〉 $n < x$를 만족하는 소수 x가 있다.[128]

존재양화문장 흔히 $(\exists x)Fx$로 표현될 수 있는 위 사례를 바일은 Fa란 판단으로부터 얻어낸 추상 즉 '판단의 추상(judgement-abstract)'으로 간주한다. 마찬가지 맥락에서 무한의 보편 양화 문장도 적절한 판단을 보여주는 유의미한 진술일 수 없다. 바일에 따르면 (열거에 의한) 사실을 나타내지 않는 보편 문장 $(\forall x)Fx$는 Fa란 결론을 끌어내는 데 필요한 '판단의 규칙(rules for judgement)'이나 '가설 명제(hypothetical proposition)'이다(Weyl(1949), 51쪽). 그 점에서 보편 양화의 부정문장이 존재 양화 문장이라고 할 수 없다. 즉 무한에서 전칭명제 그 자체는 공허하기 때문에

---

126 이는 "2는 소수이다 ∨3은 소수이다 ∨4는 소수이다 ∨5는 소수이다" 의 축약에 해당한다.

127 Weyl(1968), 156-57쪽, Marion(1998), 85-86쪽에서 재인용.

128 이는 "n+1은 소수이다 ∨ n+2는 소수이다 ∨ … "의 축약이 아니다. 이 경우 사례를 만족할 단칭문장들을 충분히 열거(enumeration) 할 수 없다.

그것의 부정은 불가능하다. (즉 우리는 ~Fa를 주장할만한 Fa라는 사례를 갖고 있지 않다.) 따라서 이러한 문장과 관련해 배중률 '(∀x)Fx ∨(∃x)~Fx'을 구성할 가능성이 사라진다"(Weyl(1968), ii, 158쪽).[129]

물론 바일은 회귀적 구성(recursive construction)과 구성적 확장의 일관성을 앞세워 초한(transfinite)이라고 부르는 수학의 많은 부분을 인정하고자 한다. 중요한 것은 양화에 관한 이러한 구상이 램지(F. P. Ramsey)를 거쳐 비트겐슈타인에까지 영향을 미친다는 점이다. 램지는 1925년 「수학의 기초」에서 '외연함수(function in extension)'를 도입해 『수학원리』에서의 러셀의 동일성 입장과 무한 공리를 보완한 논리주의 기획을 제시한다(Ramsey(1954), 49-61, 특히 53, 56, 59쪽). 그러나 생의 말년인 1928/9년 수에 관한 플라톤주의를 포기하고 유한주의를 표방한 글들을 새로 선보인다.[130]

무한 공리에 대한 포기 특히 유한 영역과 무한 영역에서의 일반 명제(general proposition) 구분은 바일의 영향을 매우 잘 보여준다. 가령 유한의 보편 양화문장(〈사례5〉)은 단칭문장의 연언에 해당한다. 반면 그렇지 않은 무한의 양화문장(〈사례6〉)은 변항 가정(variable hypotheticals)이지 단칭 문장의 연언이 아니다(Ramsey(1954), 237쪽).

〈사례5〉 서울에 있는 모든 사람이 투표했다.

〈사례6〉 모든 유리수는 실수이다.

---

129 Marion(1998), 88쪽에서 재인용.

130 이 점은 대체로 그의 '최후 글들(last papers)'에 잘 나타난다.

그는 변항 가정을 바일과 마찬가지로 판단이 아닌 판단 규칙으로 간주한다. 그런 의미에서 변항 가정은 반대할 수는(disagreed) 있어도 부정할 수는(negated) 없다(같은 책, 241쪽).[131] 램지의 이러한 생각이 비트겐슈타인의 양화에 대한 생각에 변화를 초래한다.[132] 즉 그는 램지와의 대화 이후 (무한에서의) 존재, 보편 양화 문장을 무한 선언과 연언으로 이해한 것이 잘못이었음을 스스로 인정한다(PG, 268-69쪽, M, 297-98쪽). 그리고 바일, 램지처럼 무한을 더 이상 수가 아닌 (종종 문법이나 규칙으로 표현되는) 기호주의(symbolism)에서의 가능성으로 간주한다(LWL, 17쪽).[133] 즉 무한을 유한과 엄격히 구분하고 그것을 실재하는 것이 아니라 정의와 같은 법칙에 해당하는 것으로 본다. 유한은 (실재하는) 외연일 수 있지만 무한은 정의되는 것이지 실재하는 것이 아니다.

(ㄴ) 해석의 배경 (2) : 스콜렘 유한주의

스콜렘은 유한한 수학 대상들에 대한 (구체적인) 조합 연산을 강조하는 유한주의의 전형적 인물이다(Troelstra & van Dalen(1988), 25쪽). 스콜렘은 원초적 회귀 산술을 통해 양화가 아닌 자유 변항을 사용한 (무한에서의) 일반성 표현 방법을 제시하는 데, 그것은 무한(을 다루는 기본 산술)에서 양화가 무제약적으로 사용되는 것을 방지하기

---

131 바일의 영향은 「유한 수학 원리」에 명시적으로 나타나 있다(Ramsey(1990), 256쪽).

132 이는 비트겐슈타인 저술과 편지 곳곳에서 발견된다(PI, 서문, viii, LWC, 239쪽 등 참조).

133 물론 유한도 궁극적으로 [1, ξ, ξ+1]의 일반성에 의해 표현되는 규칙의 일부이자 결과물이다. 비트겐슈타인이 무한을 규칙이라고 하여 유한과 구별하는 것은 그것이 (열거의 방식을 따르는) 외연에 의해서는 결코 판단될 수 없기 때문이다.

위한 것이다(Skolem(1923), 302-303쪽). 가령 스콜렘의 다음 진술은 이점을 잘 보여주고 있다.

> 만약 우리가 일반 산술 정리를 함수적 주장(functional assertions)으로 간주하고 회귀적 사유 양식을 기저로 택한다면, 러셀과 화이트헤드의 "항상"과 "때때로"라는 개념 사용 없이도 그 학문을 엄밀한 방식으로 기초 지을 수 있다. 이것은 또한 다음으로 표현될 수 있다. 가논리변항(apparent logical variables)의 사용 없이 산술을 위한 논리적 기초가 마련될 수 있다. 분명 가변항을 도입하는 것이 종종 이로울 것이다. 그러나 이러한 변항은 단지 유한한 영역을 범위로 한다고 할 필요가 있다. 그리고 회귀적 정의를 사용해서 우리는 언제나 그러한 변항 사용을 피할 수 있다(Skolem(1923), 304쪽).[134]

마리온이 지적하듯이 "회귀적 사유 양식"은 새로운 함수 도입을 위한 원초적 회귀 정의의 사용과 증명을 위한 수학적 귀납 사용으로 이루어진다. 스콜렘의 가변항을 통한 제한된 양화 사용은 (유한 영역에서) 단지 편의를 위해서일 뿐이고, 무한영역을 범위로 할 때 그는 자유 변항을 사용한다(Skolem(1923), 326쪽, Marion(1995), 154쪽). 비트겐슈타인은 무한에서 바일이 전칭문장을 사용한 것을 문제 삼는데 이는 유한과 무한에서 일반성(generality) (진술)을 구분하는 형식으로 제시된다. 그리고 이에 대한 논의는 스콜렘의 생각과 상당히 유사하다.

비트겐슈타인에 따르면 무한에서 "모든"이 들어간 전칭문장 내지 전

---

134 마리온이 지적하듯이 "회귀적 사유 양식"은 새로운 함수 도입을 위한 원초적 회귀 정의의 사용과 증명을 위한 수학적 귀납 사용으로 이루어진다. 스콜렘의 가변항을 통한 제한된 양화 사용은 유한 영역에서 단지 편의를 위해서일뿐이고, 무한영역을 범위로 할 때 그는 자유 변항을 사용한다(Marion(1995), 154쪽).

칭표현을 사용한다고 할 때, 그것의 (무한에서의) 사용가능성은 귀납을 통해 마련된다. 즉 무한에서 "모든 수"와 같은 전칭표현을 사용한다고 할 때, 실제 그것이 나타내는 무한은 '[1, ξ, ξ+1]' (또는 '[f(1), f(ξ), f(ξ+1)]')의 (구조가 보여주는) 일반화이다. 따라서 유한에서의 전칭문장이 (∀x)Fx로 표현될 수 있다면 무한에서의 전칭문장은 (수학적 귀납) [1, ξ, ξ+1] (또는 '[f(1), f(ξ), f(ξ+1)])에 의해서야 올바로 표현될 수 있다(WWK, 81쪽, PG, 402쪽, LWL, 14쪽 등 참조).[135]

스콜렘이 원초적 회귀 산술에서 자유 변항을 통해 일반성을 표현한다고 할 때, 자유 변항을 갖는 식은 그 일반성을 만족하는 개별 식이 대입될 수 있는 일종의 도식 역할을 한다. 유사하게 비트겐슈타인은 (수학적 귀납법에 바탕한 일반성을 기준으로) 회귀적 정의와 증명을 특수한 정의와 증명이 아닌 그러한 정의와 증명을 인도하는 일반적 규칙과 증명이라고 본다(PR, §164, PG, 405-407, 430-432쪽 등).

바일과 관련하여 비트겐슈타인이 무한에서 전칭의 부정 진술을 존재양화 형태의 문장으로 볼 수 없는 이유는 그것이 수학적 귀납에 바탕을 둔 규칙에 해당하기 때문이다(WWK, 81쪽). 무한에서 귀납에 의해 표현되는 일반성은 명제가 아니며, 귀납은 (명제처럼) 어떤 것을 주장하지 않기 때문에 긍정도 부정도 할 수 없다. 따라서 이러한 진술에 배중률은 적용될 수 없다(WWK, 82쪽). 마찬가지로 원초적 회귀 산술의 진술(정의)들은 (체계의 규칙으로) 규정되는 것이지 주장되거나 부정되는 것이 아니다. 따라서 그러한 정의는 부정될 수 없으며 같은 이유로 배중률 또한

---

135 비트겐슈타인에 따르면 (무한) 수학(또는 산술)에서의 일반성은 전칭문장이 아닌 귀납에 의해 주어진다(PR, §129, LWL, 14쪽).

적용될 수 없다(PR, §163 참조).

유의할 것은 비트겐슈타인의 수와 산술에 대한 이러한 생각이 (스콜렘의 영향 하에서 수와 산술에 대한 발상의 전환을 통해 제시된 새로운 구상이라기보다는) 이미 『논고』에 있었다는 점이다. 그 점에서 전환기 수와 산술에 대한 비트겐슈타인의 생각은 전기 수와 산술에 대한 생각의 연장선상에서 이해될 수 있다.

『논고』에서 비트겐슈타인은 "모든 사람은 죽는다"와 같은 우연적 일반성으로부터 ([1, ξ, ξ+1] 형식의) 수학적 귀납에 바탕을 둔 수학적 일반성을 구분한다(TLP, 6.03, 6.031, 6.1232). 비트겐슈타인에 따르면 수는 연산의 지수로 정의될 수 있는데 연산의 지수란 수학적 귀납에 상응하여 [x, ξ, Ω'ξ] (또는 [Ω0'x, Ων'xξ, Ων+1'x+1])로 표현될 수 있는 것이다(TLP, 6.02, 6.021). 자유변항에 의해 표현된 Ω'은 연산의 반복횟수를 횟수를 나타내는 것으로 Ω0'는 연산이 0번 반복해서 사용되었다는 것을, Ων'은 연산이 ν번 반복되었다는 것을 나타낸다.

비트겐슈타인이 『논고』에서 이미 전칭문장에 의해 표현되는 우연적인 일반성으로부터 수학적 귀납에 바탕을 둔 자유변항에 의해 표현되는 필연적 일반성을 구분하였다는 것은 분명하다. 문제가 되었던 것은 우연적 일반성과 필연적 일반성의 구분이 아니라 『논고』에서 전자의 일반성이 무한에 적용될 수 있다고 본 점이다. 그의 수 정의에 사용된 연산의 반복 사용 또한 회귀성(recursion)내지 반복 도식(scheme of iteration)에 견줄만한 것이다(Troelstra & van Dalen(1988), 115쪽, Marion(1998), 104쪽 참조). 따라서 완벽한 형태는 아니지만 비트겐슈타인은 『논고』에서 이미 스콜렘의 원초적 회귀 산술에 견줄만한 생각을 갖고 있었다고 할 수 있다.

(ㄷ) 유한주의 해석과 한계

1929년 이후 비트겐슈타인이 양화문장에 관한 바일적 유한주의 관점을 채택하였다는 사실에 주목한 이가 마리온이다.[136] 그는 비트겐슈타인을 회귀적 구성에 한해 무한 수학을 인정한 일종의 가능 무한주의자로 본다. 그는 1995년 다음의 세 가지를 앞세워 비트겐슈타인 전환기(1929-35년) 수리철학이 유한주의로 해석되어야 한다고 주장한다(M, Marion(1995), 141-76쪽).

첫째, 전환기에 비트겐슈타인은 일반 산술명제의 양화 이론에 의한 해석을 거부하고 (유한) 증명과정의 '일반성'에 의존해 그것을 (규칙에 해당하는) 주장으로 간주했다.[137] 둘째, 첫째의 일반성 개념에 의거해 배중률의 보편적 적용가능성을 거부했다. 셋째, 그의 연속체에 관한 당시 설명 즉 회귀적 연속체 수용은 (유한 증명에 한해 가능 무한을 받아들인) 이러한 관점을 보여주는 좋은 사례이다.[138]

마리온은 비교적 적절한 논거를 들어 자신의 주장을 정당화한다. 우선 그는 전환기에 비트겐슈타인이 구분한 수학의 서로 다른 두 증명을 근거로 첫째 주장을 정당화한다. 즉 비트겐슈타인은 무한 수학에서 양화를 통한 일반성이 아닌 (스콜렘) 원초적 회기산술에 준하는 (일반적으로 완전귀납이나 수학적 귀납이라고 부르는) 귀납에 의한 증명에 사용된 일반성 개념을 받아들였다. 그리고 그것은 수에 관한 귀납적 연산주의를 채택한

---

136 마리온은 바일의 유한주의 입장이 램지를 거쳐 어떻게 비트겐슈타인에까지 영향을 미치게 되었는지 그 역사적 맥락을 잘 짚어내고 있다(Marion(1998), 4장).

137 여기서의 주장은 앞서 거론한 유의미한 진술이 아닌 규칙에 해당한다. 그리고 이행 과정의 일반성은 스콜렘의 원초적 회기산술과 굳스타인의 등식계산에 준하는 수학적 귀납에 바탕을 둔 일반성이다.

138 이 글에서 특별히 관심을 기울이는 것은 첫째와 둘째 주장이다.

전기 입장의 연장에 해당한다(Marion(1995), 142-45, 151-56쪽).

이런 맥락에서 둘째 주장도 정당화한다. 즉 무한에 관한 보편 양화 문장은 (참, 거짓을 판별할 수 있는) 유의미한 명제가 아닌 (규칙에 해당하는) 주장이다. 이에 기초해 볼 때 무한에서의 보편 양화의 부정 문장을 존재 양화 문장으로 볼 수 없다. 따라서 그러한 양화 문장 사이에서 성립하는 배중률은 더 이상 무한에 적용될 수 없다(같은 글, 149-50, 152, 160-61쪽).[139]

산술문장의 일반성 개념과 그에 따른 배중률 적용 문제를 통해 발생한 이러한 정당화는 앞서 거론한 바일, 스콜렘의 유한주의 입장에서 충분히 이해될 수 있다. 마리온의 논거는 제시한 문맥도 적절하고 대체로 옳다. 문제는 그러한 논거가 비트겐슈타인 중기 수리 철학을 대표할 만큼 충분한가 하는 것이다. 즉 마리온이 제시한 논거는 비트겐슈타인의 수리 철학의 이해를 위해서 필요하지만 충분하지는 않다. 그 이유는 다음과 같다.

첫째, 비트겐슈타인이 생각한 수 범위가 마리온이 제시한 것보다 포괄적이고 일반 산술문장의 성격도 더 다양하다. 가령 마리온은 『비트겐슈타인과 비엔나 서클』에 나오는 비트겐슈타인이 수학에서 두 가지 증명을 구분한 것 즉 증명의 마지막 수 표현(정리)이 따라 나오는 것과 그렇지 않은 것을 구분한 것에 주목하여 귀납에 의해 성립하는 후자의 증명과 일반성 개념이 중기 비트겐슈타인이 생각한 수와 그것의 진술 범위라고 본다. 그리고 그것이 스콜렘식의 유한주의 즉 (완전 귀납을 가정한) 회귀적 정의와 증명을 통해 충분히 설명될 수 있다고 본다.

---

139 배중률 논의에선 브라우어에 대한 반대 문맥도 있다(Marion(1995), 159-60, (1998), 167-75쪽). 이에 대한 비판은 다음의 미결정성 비판과 맥을 같이 한다.

그러나 비트겐슈타인은 완전 귀납에 의해 증명될 수 없는 무한수학을 인정하고 있으며(PG, 430-31, 450쪽), 실수에서 일반 산술문장에 보편 양화가 적용될 수 없는 이유를 자연수(유리수) 경우와 달리 생각하고 있다. (자연수 진술에 보편 양화를 반대하는 것이 거기서의 "모든"이 우연적 일반성이 아닌 수학적 귀납법에 바탕을 둔 필연적 일반성이기 때문인 반면 실수에서는 그러한 일반성마저 성립할 수 없기 때문이다. 즉 자연수처럼 귀납에 바탕을 둔 "모든 실수"라는 진술은 성립하지 않는다(PG, 429, WWK, 110-112, PR, 245-46쪽)).

특히 비트겐슈타인은 수와 수 연산이 마리온이 생각하는 것처럼 하나의 환원적인 방법 (회귀산술이라는 스콜렘식의 유한주의)로 설명되어야 할 것으로 간주하지 않는다. (비트겐슈타인의 강조점은 논의 문맥에 따라 올바른 증명과 계산이 사용되어야 한다는 것이다. 마리온이 주장하는 회귀산술에 제약된 비트겐슈타인의 유한주의는 비트겐슈타인이 용인한 무한의 여러 계산과 증명의 일부일 뿐이다(PG, 430-31, 450쪽 등). 특히 수에 관한 대수 문장(대수 법칙)이 회귀적 증명이나 산술을 통해 설명될 수 있는 것은 논의 사항에 대한 합의를 전제한 단지 특정한 문맥 하에서이다(PG, 448-49쪽).)

둘째, 마리온이 전환기 비트겐슈타인과 연관 짓고 있는 "유한주의" 개념이 단일하지도 충분하지도 않다. 마리온은 유한과 무한의 영역 차이에 따른 진술과 주장(규칙) 차이를 강조하기 위해 비트겐슈타인 수리 철학을 바일의 형식주의와 연관짓기도 하고, 유한 수 자체도 실제 개념이 아닌 형식 개념에 해당한다는 점을 강조하기 위해 스콜렘 형식주의와 연관

짓기도 한다.[140] 나아가 두 유한주의를 받아들인다고 해도 첫째 지적에서 보듯 양자의 어느 것으로도 비트겐슈타인이 인정한 무한수학을 충분히 설명할 수 없다.

셋째, 마리온의 주장은 비트겐슈타인의 전기 수리철학과의 연속성을 보이기에 적합할지 모르나 후기와의 연속성을 보이기에는 미흡하다. 마리온이 더밋의 엄밀 유한주의를 비판하기 위해 사용한 '규칙 따르기' 개념은 그가 생각한 유한주의보다 훨씬 포괄적인 개념이며 우리는 그러한 개념 사용을 중기 비트겐슈타인 수리철학에서 상당부분 읽어낼 수 있다. 즉 마리온의 논의에는 계산에 있어 보다 포괄적 문맥과 수학적 실천이나 쓰임 문맥에서 이해될만한 비트겐슈타인 중기 수리 철학의 특성이 배제되어 있다.

특히 마리온의 논의 맥락을 통해서는 『수학 기초에 관한 소견』에서 볼 수 있는 이후 비트겐슈타인의 무한의 조망가능성과 거기서의 배중률 허용을 제대로 설명할 수가 없다. 그에 대한 논의는 유한주의보다는 규칙 따르기와 쓰임 문맥에서 보다 잘 설명될 수 있다.[141]

3) 비트겐슈타인 수리 철학과 계산의 실천
: 무한의 조망가능성과 배중률 논쟁

비트겐슈타인에 따르면 수학은 계산들로 이루어지고 수학의 명제들은 반드시 계산에 속해야 한다. 왜냐하면 그러한 명제는 계산에서의 역할로

140 물론 후자의 유한주의가 비트겐슈타인의 유한주의에 가까운 것으로 간주된다.

141 '규칙 따르기'는 계산(calculus)과 실천(practice)의 두 차원을 갖는다. 전자가 내적 기준에 해당한다면 후자는 외적 기준에 해당한다.

인해 의미가 있기 때문이다. 즉 계산에서의 역할 그것이 바로 특정한 수학 명제가 지닌 의미이다(PG, 130, 376, 468쪽). 이점에서 수학과 수학에 관한 철학은 다르다. 수학이 실제 진행된 계산인 반면, 수학에 관한 철학은 그러한 계산에 대한 수학자들의 진술을 검토하는 것이다(같은 책, 396쪽).

다소 진부한 듯 하지만 계산의 일반적 성격은 '규칙 따르기'의 범위를 넘지 않고, 명제의 의미도 계산에 사용된 규칙에 전적으로 의존한다.[142] 마찬가지로 그의 수리 철학도 '치료로서의 철학'이나 '명료화로서의 철학' 이념을 벗어나지 않는다.[143] 배중률을 둘러싼 그의 수리 철학 논쟁은 이러한 기본 틀 안에서 이해되는 것이 자연스럽다.

(ㄱ) 무한의 미결정성 논제 비판

브라우어는 고정되지 않는 수(pendulum number)의 성질을 이용해 배중률에 대한 반례를 제시한다. 우리가 그러한 수 정의를 받아들이는 한, 그것이 특정한 값을 갖는다는 주장과 주장의 부정을 증명(반증)할 수 없고, 그 결정을 위한 효과적 절차도 제시할 수 없다.[144] 비트겐슈타인은 그러한 경우가 나타날 수 있다는 것을 인정하지만 브라우어의 주장이 적절

142 따라서 같은 형태의 진술이라도 그것이 속한 계산에 따라 의미가 얼마든지 달라질 수 있다(PR, 245-46쪽, PG, 88, 455-56쪽 등 참조).

143 비트겐슈타인 수리철학 논쟁의 목표는 계산의 실천문맥 이상으로 수학적인 함의를 끌어내려는 시도(인식론적, 존재론적 시도)를 경계하고, 진술들의 역할을 분명히 구별해 잘못된 쓰임을 바로잡는 것이다(PG, 115, 367쪽, PI, §254 등).

144 필자는 이러한 수 성질 혹 그것을 나타내는 일반 산술문장의 특성에 관한 주장을 '미결정성 논제(undecidability thesis)'로 명명한다.

하다고 생각하지는 않는다. 왜냐하면 브라우어의 미결정성 논제는 '무한'[145] 개념의 올바른 이해에서 제기될 수 있는 것이 아니기 때문이다.

다음 인용에서 알 수 있듯이 비트겐슈타인은 외연에 따라 무한을 다룰 때 브라우어가 주장하는 미결정 현상이 발생하지만 그것은 무한에 대한 올바른 접근에서 일어난 것이 아니라고 본다.

> (브라우어가 하듯) 누군가가 $(x)f_1(x) = f_2(x)$에 대해 그렇고 그렇지 않은 경우뿐 아니라 미결정성 경우가 있다고 말한다면 이것은 '(x) …'가 외연에 의해 의미되고 우리는 모든 x가 어떤 성질을 가질 수 있는 경우에 대해 말할 수도 있다는 것을 함의한다. 그러나 실제로 그러한 경우에 대해 말하는 것은 불가능하고 산술에서 '(x) …'는 외연에 따라 취해질 수 없다(PR, §174).

그것은 일단 브라우어가 선택 수열(choice sequences) 좀 더 엄밀히 말하면 매번 주사위를 던져 각 열의 값을 새로 결정하는 무법칙적인 수열(lawless sequences)을 받아들인 데 반해[146], 비트겐슈타인은 그것을 받아들이지 않은 데 따른 것이다.

그러한 수열을 받아들이지 않은 것은 '무한'이 외연에 의해 파악될 수 있는 개념이 아니기 때문이다. 손쉬운 예로 우리가 $\sqrt{2}$를 무리수라고 할 때, 그것은 '1.414 … '라는 소수 형태로 표현되는 외연 때문이 아니다. 우리는 실제로 그리고 원칙상으로도 각 열을 충분히 열거할 수 없다.[147] 그

---

145 여기서 논하는 무한은 무리수, 실수이다.

146 '선택 수열'과 '무법칙적 수열'이란 말은 최근의 표현을 빌린 것이다. 각 수열에 대한 기본적 이해를 위해서는 Treolstra & van Dalen(1988), 206-8쪽을 참조.

147 만약 정해진 수열을 열거한다면 그것은 무한이 아닌 유한이 될 것이고, 혹 그러한 열거가능성을 주

점에서 브라우어의 미결정성은 잘못된 개념 사용이 빚은 결과이다. 비트겐슈타인은 경험 명제의 유비적 경우를 들어 그 점을 분명히 한다(PG, 458-59쪽).

그렇다면 비트겐슈타인은 무한을 어떻게 이해하는가? 그는 앞서 거론한 유한주의자들처럼 무한의 수들이 규칙에 해당한다고 본다. 가령 √2를 특정한 무리수나 실수라고 하는 것은, 그것이 "그것에 의해 x^2이 2에 접근하는 방법"을 의미하기 때문이다(PR, §185).

이점은 무리수, 실수 같은 불특정 수의 경우에도 마찬가지이다. 실수는 "끊임없이 소수자리를 산출하는 산술법칙"으로 "임의로(at random) 선택된 유리수와 비교될 수 있는 것"이다(PR, §186, §191, WWK, 73쪽). √2를 실수라고 명명하는 것은 그것이 이러한 일반적인 정의를 만족하기 때문이다. 즉 비트겐슈타인에 따르면 무한에 관한 진술은 규칙과 그것을 따르는 무한 열들 즉 규칙 따르기에 의해 판단되어야지 외연에 따라 판단될 것이 아니다(PR, §180, PG, 475-77쪽).[148]

장한다면 '무한 소수'에서 '무한'에 제약이 가해지거나 아니면 열거주장이 무한 개념과 양립하지 않을 것이다. 우리가 알고 있는 일반적 지식으로도 무리수, 실수는 열거의 범위를 넘어선다.

148 무한의 수에 관한 문제를 그것의 외연이 아닌 규칙의 문제로 간주하고 있다는 사실은 비트겐슈타인이 실수가 소수자리(the places of decimal fraction)라는 외연을 끊임없이 산출하는 산술법칙이지 그 자체는 외연이 아니라고 하는 데 매우 잘 나타난다(PR, §186). 그에 따르면 브라우어의 미결정성 논제는 "무한집합에 관한 명제의 특성을 밝혀주지 않는다"(PR, §173).

(ㄴ) 의미와 이해(통찰)가능성[149]

비트겐슈타인은 유한주의자들과 마찬가지로 무한이 외연이 아닌 규칙에 해당한다고 본다.[150] 그가 외연과 규칙을 구분하는 것 특히 무한에서 그 구분을 강조하는 것은 무한을 나타내는 수를 외연에 의해 판단할 수 없기 때문이다. 무한에서 우리가 수를 사용하는 것은 정의가 지닌 규정이나 함의 때문이다. 즉 우리가 무한을 나타내는 수와 수 연산을 규칙으로 간주해 사용한다고 할 때, 그렇게 할 수 있는 것은 규칙에 대한 혹 주어진 규칙을 어떻게 따르는지에 대한 이해 내지 통찰 때문이다.[151]

무리수나 실수에 관한 논의[152]에서 마리온이 간과한 것은 비트겐슈타인이 그러한 수를 원초적 회귀산술처럼 일의적으로 해석될 하나의 계산으

---

149 마리온은 비트겐슈타인이 회귀적으로 정의될 수 있는 코쉬 실수(cauchy reals)를 받아들인 것으로 간주한다(Marion(1995), 161-65, (1998), 193-98쪽). 유리수와의 비교가능성과 관련된 앞 절의 비트겐슈타인 실수 정의를 감안할 때, 그 점은 얼마든지 인정할 수 있다. 그러나 그것만으로는 비트겐슈타인이 용인한 무한 범위와 그것의 허용 이유를 충분히 설명할 수 없다. 특히 마리온은 미결정을 일으키는 고정되지 않는 수를 비트겐슈타인이 더 이상 수로 간주하지 않았다고 하나 그것은 비트겐슈타인 생각에 어긋난다. 그의 수 정의는 회귀적 엄밀성보다는 규칙의 의미규정과 함의 차원에서 다뤄지는 것이 훨씬 자연스럽다. 우리는 비트겐슈타인의 '조망가능성'을 이러한 문맥에서 이해할 수 있다. 이와 관련하여 여기서 살펴볼 것은 무한의 '조망가능성'을 나타내는 무한의 의미 '이해(verstehen)' 내지 '통찰(einsehen)'이다(RFM, V §39 참조).

150 이러한 주장이 무한이 외연과 무관한 영역이라는 것을 함의하지는 않는다. 수의 외연은 규칙에 의해 산출된 결과로 수(규칙)와 직접적으로 연관되며 내포를 이해하는데 보조적인 역할도 한다.

151 비트겐슈타인에게서 규칙 내지 규칙 따르기의 통찰은 어떤 심적 과정을 나타내지 않는다. 여타 경우와 마찬가지로 그러한 통찰은 실제 계산을 적절히 하고 있는지 즉 계산하기라는 행위를 수반하는 화용론적 차원에서 다뤄진다.(PG, 40-41, 160-61, 384쪽 등 참조)

152 마리온은 중기 비트겐슈타인이 회귀성과 유리수와의 비교가능성이란 두 조건을 만족하는 한에서 무한을 인정했다고 본다. 그 점에서 보면 고정되지 않는 수 성질을 이용한 브라우어의 미결정 사례는 적절한 수 정의가 못된다. (브라우어가 제시한 정의로는 그 값이 0인지 0보다 큰지 작은지를 판단할 수 없다.) 마리온은 비트겐슈타인이 이러한 문맥에서 미결정성 논제를 비판했다고 본다. 즉 고정되지 않는 수는 무한의 수를 정의하는 규칙이 못된다.

로 간주하지 않았다는 점이다(PG, 479쪽). 비트겐슈타인은 브라우어식의 미결정 수[153]가 π, $\sqrt{2}$ 등의 무리수와 구별되지만 그것도 여전히 무리수에 해당한다고 주장한다.

먼저 구별 이유를 살펴보자. 브라우어식의 미결정 수 π', $\overset{7\rightarrow 3}{\pi}$ 등이 무리수 π와 구별되는 것은 (가령 우리가 π를 '3.14 … '로 표현한다고 할 때) 후자의 확장이 전적으로 π본성에서 발생하는데 반해 전자는 10진수 기보법의 우연한 성질에도 의존하기 때문이다.[154] 즉 '(π) 수열에 나타난 숫자 7을 3으로 바꿔라'는 규정은 10진수 기보 체계의 규칙이지 무리수 π가 지닌 규칙이 아니다. 따라서 전자 계산에서는 10진수 기보법으로 인해 발생하는 우연한 결과에 의해 새로운 수열을 나타낼 수 있지 그러한 성질과 독립된 즉 그 자체로 그러한 확장을 일으키는 무리수를 정의할 수는 없다.[155]

브라우어의 미결정 수 π'은 앞선 실수 정의를 만족하지 않는다.[156] 그럼에도 불구하고 우리가 무리수라고 하는 것은 유리수와 달리 그것이 무한수열을 낳기 때문이다. 즉 그것은 π와 마찬가지로 무한 수열을 형성하는

---

153 이하 π'으로 통칭. 비트겐슈타인은 그것을 π 수열에 나타난 770, 7777, Φ 같은 표현을 통해 말한다.

154 물론 '3.14…'로 표현한다고 할 때, 이러한 표현은 10진수 기보체계의 본성에 기인한 것이기도 하다. π의 본성이란 점을 강조하는 것은 π 소수확장이 π 규칙에 의해 반드시 일어나는데 반해, 10진수 표현은 우연한 선택결과이기 때문이다.

155 설령 정의한다고 해도 그것을 지금 경우와 같은 수로 간주하기 어렵다. 비트겐슈타인은 두 수 혹 두 규칙의 같음이 외연이 아닌 내포에 의한 것임을 분명히 한다(PR, §187, PG, 456, 473쪽).

156 가령 $\overset{7\rightarrow 3}{\sqrt{2}}$은 $\sqrt{2}$처럼 멱에 의해 유리수 2와 비교될 수 있는 산술의 법칙이 못된다(PR, §185, §186, §188).

규칙에 해당하고(PG, 475쪽)[157], 그 점에서 유리수와 구별되는 무리수 성격을 지닌다고 할 수 있다. 가령 π'이 'π 수열에서 연속으로 나타난 777 숫자를 000으로 바꿔라'는 규정을 지닌다면, 그것은 무리수 π에 의존하면서 π와 유사한 형태의 외연을 산출하는 규칙이다. 그 점에서 π'은 무리수로 간주될 수 있다. 다만 앞서 언급한 π같은 무리수와 성격이 다를 뿐이다. 즉 π'은 π와 다른 계산에 속하는 무리수이다(같은 책, 475-79쪽).

비트겐슈타인은 미결정 사례가 자연수처럼 회귀적으로 비트겐슈타인 표현을 빌리면 귀납에 의해 정의될 수 있다고 생각하지 않는다. 그럼에도 불구하고 그것을 수로 간주하는 것은 앞서 거론한대로 규칙이 지닌 의미 규정과 함의 때문이다. 비트겐슈타인은 그러한 규칙의 의미를 파악하는 것을 무한의 조망가능성으로 간주한다. 그 점은 우선 브라우어의 비판에 대한 다음의 연속된 진술에 잘 나타난다.

> 만약 우리가 양편의 관계를 통찰하지 못한다면, 우리는 그 등식을 이해할 수 없다.

> 미결정성은 소위 (등식의) 두 부분 사이에 숨은 관계가 있다는 것 - 그 가교가 기호들을 가지고 만들어질 수 없다는 것 - 을 전제한다. 존재하나 기호의 전이에 의해 재현될 수 없는 기호들 사이의 관계는 생각될 수 없는 사유이다. 관계가 있다면 그것을 보는 것이 **가능해야 한다**(PR, §174).[158]

---

157 정해진 규칙에 의해 특정한 외연의 무한수열이 발생한다는 점에서 π'은 무법칙적 수열과 구분된다. 이는 후자 수열을 적절한 무리수로 간주하지 않는 이유에 해당한다.

158 고딕에 의한 강조는 필자 주. 이하 마찬가지임.

인용 맥락에서 알 수 있는 것은 (등식의) 미결정성이 이해될 수 있다면 그것은 두 항 사이의 관계에 대한 통찰을 바탕으로 한다는 것이다.[159] 이러한 통찰에 의해 확인할 수 있는 관계란 전, 후기 비트겐슈타인이 일관되게 강조해 온 언어의 내적 속성(관계)이다. 그리고 그 점은 π와 구별된 규칙으로 간주한 미결정 수의 성질을 한 형식의 내적 속성으로 간주하는 데서 충분히 확인될 수 있다(PG, 475-77쪽).

의미를 이해할 수 있는 것이 외적 관계가 아닌 내적 관계 때문이며 그 관계가 조망될 수 있다는 발상은 외연이 아닌 내포 문맥에서 의미를 이해하려는 전, 후기 비트겐슈타인의 일관된 의도에 기인한다. 지금까지 논의처럼 이러한 문맥에서 그의 중기 무한에 대한 논의를 이해하는 것이 가장 자연스럽다.

그 점은 이후에 같은 이유로 실제 회귀 산술의 범위를 넘는 보다 포괄적인 무한에 관한 주장을 인정하는 데서 더욱 분명하게 주장될 수 있다. 비트겐슈타인은 『수학 기초에 관한 소견』에서 무한의 또 다른 예인 하이네-보렐 정리를 들어 그것이 외연에 따라 이해될 수 있는 것처럼 보이지만 실제로는 내포로 인해 이해될 수 있다고 주장한다(RFM, V §39). 외연은 무리수 √2의 "1.414 ⋯ "처럼 단지 내포를 분명히 하는 보조적 역할만 할 뿐이다. 그리고 마찬가지 이유에서 그것을 조망할 수 있는 것으로 간

159 비트겐슈타인은 한편으로 (비트겐슈타인이 π'으로 표시하는) 브라우어가 제시한 배중률 반례가 소수의 규칙을 의미하는 한에서는 π나 √2 등과 유사하고 그것이 간격을 의미하는 한에서는 점과 유사하다고 한다. 다른 한편 이로부터 수리철학에서 이루어진 모든 오류가 한 형식(규칙목록들의 구성부분으로서의 한 규칙)의 내적 속성들과 외적 속성을 혼동한 데 기인한다고 주장한다(PG, 476-77쪽).

주한다(같은 곳).[160]

(ㄷ) 계산의 범위 그리고 배중률 사용[161]

앞선 두 절에서 나타나듯이 중기 비트겐슈타인의 배중률 논쟁은 브라우어의 배중률 반례를 어떻게 볼 것인가에 집중되어 있었다. 후기에 오면서 비트겐슈타인은 미결정 수 혹은 그것을 표현하는 명제에 집중되었던 논의를 점차 탈피한다. 단적인 예로 그러한 사례와 관련하여 이제는 배중률이 어떻게 이해되는 것이 옳은지 즉 미결정 사례보다는 배중률 자체를 검토하는 데 심혈을 기울인다. 비트겐슈타인은 배중률에 대한 새로운 관점을 통해 그것이 무한에서 쓰일 수 있는 길을 열어 놓는다.

브라우어식의 미결정 일반 산술문장을 인정하면서 무한에서 배중률이 사용될 수 있다고 주장하는 것은 상호 모순인 것처럼 보인다. 물론 비트겐슈타인은 전기에서 생각했던 진리표상의 동어반복을 만족하는 명제 논리나 술어 논리 형태의 배중률이 그러한 명제에 적용될 수 있다고 생각하지 않는다(RFM, V §9, §12 참조). 그가 미결정 문장과 관련하여 배중률이 적용될 수 있다고 주장하는 것은 배중률의 또 다른 해석을 통해서이다.

---

160 조망가능성은 유한한 증명에서 뿐 아니라 무한에 대한 이러한 통찰, 이해가능성에서 성립한다. 마리온의 유한주의 해석엔 이러한 측면이 간과돼 있다.

161 엄밀 유한주의자들이나 유한주의자 마리온 모두 비트겐슈타인이 무한에서 배중률 사용에 대해 부정적 평가를 내린 것으로 간주한다. 앞서 논의한대로 중기 비트겐슈타인이 무한의 일반 산술문장에 대해 그러한 평가를 내렸다는 데에는 의심의 여지가 없다. 그러나 그러한 논의에는 비트겐슈타인이 배중률이 타당한가 아닌가를 계산 내의 문제로 즉 놀이의 문제로 간주하고(PG, 368쪽), 같은 무한에서도 다양한 계산이 있을 수 있음을 인정한다(같은 책, 479쪽)는 사실이 간과돼 있다. 특히 비트겐슈타인은 하나의 이름을 문맥 즉 계산과 독립된 하나의 개념으로 이해하지 않는다. 가령 우리가 "실수"라고 할 때도 그것은 문맥에 따라 역사적으로 간주되어 온 실수를 의미할 수도 있고 특정 계산에 속하는 실수를 의미할 수도 있다. 비트겐슈타인의 배중률 논쟁은 이러한 문맥에서 이해하는 것이 자연스럽다.

이를 검토하기 위하여 먼저 앞서의 논의대로 π' 같은 미결정 사례를 하나의 규칙으로 간주할 때, 비트겐슈타인이 그것과 그것 부정의 선언이 배중률 문장이 아니라고 하는 데서 논의를 시작해 보자.[162]

> "너는 그것을 한다"가 너는 그것을 해야 한다를 의미하고 "너는 그것을 하지 않는다"가 너는 그것을 하지 말아야 한다를 의미할 경우, "너는 그것을 하거나 너는 그것을 하지 않는다"는 배중률 문장이 아니다(RFM, V §17).

인용 사례를 '~을 금하는 규칙이 있거나 ~을 허락하는 규칙이 있다'로 해석할 때, 그것은 P라는 규칙과 ¬P라는 규칙의 선언에 해당한다. 비트겐슈타인은 이러한 선언이 배중률 문장이 아닌 또 다른 규칙을 말하는 것이라고 단언한다(같은 곳). 그리고 그렇게 주장할 수 있는 이유를 "P라는 법칙이 있다"의 부정이 "¬P라는 법칙이 있다"가 아니라는 데서 발견한다(RFM, V §13). 그에 따르면 후자를 부정 즉 ¬P로 간주할 경우, "우리는 곤경에 빠지게 된다"(같은 곳). 그 이유는 전자를 P로 후자를 ¬P로 간주할 때 양자의 선언을 만족하지 않는 브라우어식의 반례가 성립하기 때문이다(RFM, V §13 참조).[163] 그 점에서 P ∨ ¬P("P라는 법칙이 있거나 ¬P라는 법칙이 있다")는 무한에 대한 조망할 수 없는 수열을 나타내는 오도적 그림이다(RFM, V §10, §11). 그러한 그림은 단지 유한 수열에서

162 표현의 의미가 계산에서의 역할에 의해 결정되듯이 비트겐슈타인에게서 'P ¬P'로 기호화되는 것은 더 이상 그 자체로 배중률을 의미하지 않는다(Z, §682-683, RFM, V §18). 배중률은 문맥 혹 계산에서의 역할에 의해 규정된다.

163 이럴 경우 증명되지도 않고 반증되지도 않는 즉 P라는 규칙(너는 그것을 해야 한다)도 ¬P라는 규칙(너는 그것을 하지 말아야 한다)도 만족하지 않는 상황이 벌어진다.

만 사용될 수 있다(RFM, V §11).

그렇다면 무한에서 P("P라는 법칙이 있다")의 부정은 어떻게 이해되어야 하는가? 비트겐슈타인은 다음의 부정(반대) 진술에 대한 구분을 통해 미결정으로 인한 무한의 배중률 적용 문제를 해소한다.

> "그것은 나타나지 말아야 한다"의 반대는 "그것은 나타날 수 있다"이다. 그러나 그 수열의 유한 절편에 대해서 "그것은 나타나지 말아야 한다"의 반대는 "그 안에서 그것은 나타나야만 한다"인 것처럼 보인다(RFM, V §17).

이 경우 브라우어의 미결정 문장은 더 이상 배중률의 반례가 아니다. 왜냐하면 "π에서 φ가 나타난다"와 "π에서 φ가 나타나지 않는다"의 선언은 무한에서 "π에서 φ가 나타나지 말아야 하거나 φ가 나타날 수 있다"는 배중률을 만족하기 때문이다. 유한의 경우라면 당연히 배중률은 "φ가 나타나야 하거나 φ가 나타나지 말아야 한다"이다. 이 경우에도 동일한 사례를 놓고 얼마든지 그 타당성을 인정할 수 있다. 가령 π의 소수점이하 100번째까지의 수열로 범위를 한정한다면, 주어진 문장은 유한의 배중률을 충분히 만족한다.[164]

이로부터 비트겐슈타인의 배중률에 대한 새로운 이해 방식을 발견할 수 있다. 즉 배중률은 비트겐슈타인이 비판하는 논리주의나 직관주의처럼 한 가지 방식으로 의미가 고정되어야 할 것이 아니다. 그것은 사용되

164 배중률에 대한 이러한 해석은 양상 논리적 기호화를 통해 좀 더 정확히 이해될 수 있다. 즉 "해야 한다"를 양상 필연성으로, "할 수 있다"를 양상 우연성으로 간주할 경우, 유한과 무한의 배중률은 다음으로 기호화될 수 있다. (□: 필연성, ◇: 우연성)
[유한배중률] $\Box P \vee \Box\neg P$ / [무한배중률] $\Box\neg P \vee \neg\Box\neg P (\Diamond P)$

는 영역에 따라 다른 의미로 해석될 수 있고 그에 따라 상이한 규칙으로 간주될 수 있다. 이는 배중률에 대한 의미 변화 내지 차이를 보이기 위해 다음의 쓰임을 문제 삼는데서 잘 드러난다.

> 도대체 규칙 자체가 쓰임에 있어 눈치채지 못하게 바뀔 수 있는가? 나는 그러한 것을 의미한다. 내가 그것을 사용하는 상이한 공간들에 대해 말할 수도 있다는 것을(RFM, V §18).

비트겐슈타인이 여기서 관심을 기울인 것은 배중률이 유한과 무한에서 실제 어떤 형태 혹 어떤 의미로 사용되는 가이다. 실제 쓰임이 허용하는 한, 그것은 충분히 유의미한 것으로 간주될 수 있다(RFM, V §17 참조).

4) 의의와 남은 과제

수리 철학 문맥에서 제기된 비트겐슈타인 배중률 논쟁에서 주목할 점이 있다면, 그가 수학의 계산이나 배중률 모두를 하나의 개념을 갖고 설명하려고 하지 않았다는 점이다. 즉 수학에는 다양한 계산이 있고 배중률도 그것이 사용되는 문맥에 따라 다르게 이해될 수 있다. 즉 여러 다른 규칙의 메타적 진술로 간주될 수 있다.

이러한 발상은 배중률을 중심으로 한 수리철학 논쟁에서 그가 논적으로 삼았던 논리주의자들이나 직관주의자들뿐만 아니라 대체로 형식주의 계보를 잇는 그의 수리철학을 보는 (엄밀 유한주의를 포함한) 유한주의자들의 철학적 구상과도 완전히 다르다. 왜냐하면 두 유형이 수학에 관한 토대론과 반토대론이라는 문맥에서 확연히 구별되기 때문이다.

알려진 대로 고전적 배중률 논쟁의 당사자들은 (명시적으로든 암묵적으로든) 토대론적 수학을 구상했고 단지 준거로 삼는 토대를 궁극적으로 철학적 토대를 달리했을 뿐이다. 이점은 배중률 해석에서도 그대로 나타난다. 이들 모두 배중률이 일의적으로 해석되어야 즉 한 가지 원리로 간주되어야 한다는 데 이의를 달지 않는다. 다만 그것을 어떻게 해석 또는 간주하느냐에서 차이를 보일 뿐이다.[165]

위의 논의에서 알 수 있듯이 비트겐슈타인은 배중률 논쟁을 통해 그러한 철학적 발상에 정면으로 도전한다. 필자는 이것이 배중률을 중심으로 한 그의 수리철학 논쟁에서 끌어낼 수 있는 가장 큰 의의라고 생각한다.[166]

유한과 무한에서 실제로 비트겐슈타인이 생각한대로 배중률이 사용되는가에 대해서는 충분히 이견이 있을 수 있다. 그리고 지금의 논의로는 무한의 다양한 계산에서 배중률이 구체적으로 어떻게 규정되고 사용될 수 있는지를 제대로 알 수 없다. 또 비트겐슈타인이 실제 염두에 두고 있는 계산 특히 무한의 계산 범위가 어느 정도인지를 정확히 가늠할 수 없다. 필자는 지금 논의와 관련하여 이러한 것들이 앞으로 좀 더 밝혀져야 한다고 생각한다.

물론 그러한 것들은 비트겐슈타인이 생각하고 있던 수학에 관한 철학보다는 수학에 가까울 것이고 그것은 비트겐슈타인의 관심거리가 아니

---

165 이 경우는 고전 논리와 직관주의 논리의 차이에서 잘 드러난다. 가령 명제 논리에서 고전 논리의 배중률이 $\vdash P \vee \neg P$라면 직관주의에서는 $\vdash P \vee \vdash \neg P$에 해당한다. 이러한 차이는 더밋이 잘 지적한대로 전자가 진리조건적 의미론을 채택한데 반해 후자는 주장(증명)조건적 의미론을 채택한데 따른 것이다. 그러한 차이는 근본적으로 진리의 기준으로 삼는 철학적 전제의 차이 때문이다.

166 배중률이 논의 영역에 따라 궁극적으로 계산에 따라 달라질 수 있다는 생각은 최근의 다양화된 논리학 체계들과 그러한 체계에서 배중률의 실질적 차이에 비추어 대체로 정당화될 수 있다. 그리고 기존의 토대론적 논리학을 거부한 다치 논리학자들 중에는 명시적으로 그런 생각을 표명한 이들이 있다(지노프에프(A. A. Zinov'ev)(1963), 86-87쪽). 비트겐슈타인이 초기 수리철학 논쟁에서 그 점을 분명히 했다는 점에서, 이러한 입장을 표방하는 최근 수리철학의 유명론, 자연주의 움직임의 선구적 역할을 충분히 인정할 수 있다.

었다고 할 수 있다. 실제로 비트겐슈타인은 수리 철학적 논의에서 그것을 논제로 구체화한 바 없다.[167] 그러나 필자는 그것이 비트겐슈타인의 '수학에 관한 철학'의 철학이 아닌 그의 '수학'에 관한 철학을 밝히기 위한 필요조건은 된다고 생각한다. 그 점에서도 이 글은 그의 수리 철학에 관한 제한적인 논의일 수밖에 없다.[168]

5. 배중률과 자연주의적 해석

지금까지의 고찰을 통하여 (무한에서) 배중률 사용이 비트겐슈타인에게서 보존되고 있다는 것을 알 수 있다. 그러나 그것이 아리스토텔레스의 '모순'에 관한 입장을 계승하는 '논리주의' 같이 긍정명제와 부정명제 사이의 배타적 모순의 관계로부터 정립되는 것은 아니다. 즉 배중률 해석에서 나타나듯 배중률은 동일한 의미를 보존하는 것이 아니고 그것은 또 다양한 논리들 중 단지 2치 논리체계에서만 유의미한 규칙이다(RFM, 300쪽, LPP, §525 참조). 반면 배중률이 필연적인 원리일 수 없는 이유가 '직관주의'처럼 의식의 구성과 관련을 맺는 선험적 확실성의 문제로부터 제기되는 것도 아니다. 배중률은 쓰임이 허용하는 자연적인 맥락에 따라 제한적으로 보존되는 것이다. 이것이 바로 논리주의나 직관주의와 구별되는 비트겐슈타인의 배중률에 대한 자연주의적 태도이다.

---

167 대체로 이 점을 강조하는 이들이 수정주의자들이다. 이러한 입장은 다음 장에서 비판적으로 다룰 것이다.

168 필자는 마리온의 유한주의 입장이 충분하지는 않지만 이러한 점을 고찰하는 유용한 지침일 수 있다고 생각한다. 또 비트겐슈타인이 생각한 수학을 구성주의로 간주하려면 당연히 그 점을 밝혀야 한다고 생각한다.

07
비트겐슈타인과 초일관성
비트겐슈타인과 모순

1. 초일관성 논의 배경 및 목적

후기 비트겐슈타인의 수학과 논리에 대한 철학(이하 수리철학)은 오랜 기간 부정적으로 다루어져왔다. 가령 『수학의 기초에 관한 고찰』 등에서 보여준 수학에 대한 그의 진술들은 때로 수학의 문외한으로 그를 폄하하도록 만들었다(Anderson(1964), Shanker(1986) 등 참조). 실제로 수학 분야에서 비트겐슈타인이 특별히 기여한 바는 없다.[169] 수, 일관성, 불완전성과 같은 수학의 다양한 주제들에 대한 그의 진술들에는 불명료하고 잘못된 부분들이 있다. 비록 고전 명제 논리의 의미론을 제공하는 진리표를 창안하였지만, 그것이 전부라고 해도 무방할 만큼 논리학에서의 기여 또

* 이 장은 양은석(2004)를 최소한도로 수정한 것임.

169 유일한 기여라면 논고에서 회귀적 산술에 준하는 연산 방식으로 수를 이해한 것 정도가 될 것이다 (Frascolla(1994), 1장 참조).

한 그리 크지 않다. 그리고 비트겐슈타인 스스로 인정하듯 진리함수의 아이디어는 이미 프레게에게 있었던 것이다. 이러한 점들을 감안할 때, 그의 수리철학에 관한 부정적인 평가가 전혀 부당하다고는 할 수 없다.

널리 알려진 대로 비트겐슈타인은 고전 논리학에 바탕을 두고 있는 수학자들과 논리학자들이 받아들이기 힘든 모순에 대한 독특한 견해를 피력하였으며, 이 점은 그의 수리철학을 비판하는 중요한 이유 중 하나였다(Goldstein(1989), 554쪽 참조). 이 글에서는 그러한 비판에 맞서 그의 모순에 관한 견해가 논리 철학적으로 무의미하지 않음을 밝히고자 한다. 구체적으로 그의 모순에 관한 견해가 대안 논리학(alternative logic)의 주요 분야인 초일관 논리(paraconsistent logic) 나아가 연관 논리(relevance logic)와도 관련될 수 있음을 밝힌다.

이와 관련하여 먼저 지적할 것은 종래의 비판에 맞서 그의 모순에 대한 견해를 긍정적으로 재평가하려는 시도가 있었다는 것이다. 그 예로 이승종, 박정일, 프라스콜라의 비트겐슈타인의 모순에 대한 논의를 꼽을 수 있다(이승종(2002), 박정일(2002), Frascolla(1994)). 필자가 생각하는 이들 논의의 공통점이자 장점은 아래 구절이 보여주는 비트겐슈타인 수리철학의 수정주의적(revisionistic) 태도를 잘 부각시켰다는 것이다.

> 내 목적은 모순 그리고 일관성 증명에 대한 태도를 바꾸는 것이다(RFM, III § 82).

그러나 이들 논의는 대체로 수정주의적 태도가 갖는 철학적인 가치를 환기시키는 차원에 머물러 있다. 그리고 그러한 논의 가령 그의 모순에 관한 논의에 고전적 의미의 논리와 논리에 사용된 주요 개념들의 보편성을 거부하는 철학적 의의가 있음을 강조하는 것과 같은 논의로는 그의 수리철학의 비판자들에 대한 충분한 답변이 못된다. 나아가 그의 수리철학을 수학과 논리학 내부에서 옹호하고자 하는 이들에게도 직접적인 도움이 되지 않는다. 왜냐하면 태도 수정을 강조하는 것만으로는 비트겐슈타인이 염두에 두고 있는 수학과 논리학의 범위와 특성 등을 정확히 판단하기 어렵기 때문이다. 따라서 철학적 중요성을 환기시키는 차원의 수정주의적 논의는 비트겐슈타인 수리철학의 비판자들과 수학과 논리학의 범위 내에서 그의 수리철학을 옹호하려는 이들 모두에게 별로 흥미롭지 않은 주제일 수 있다.

이에 비해 필자의 논의는 아직 국내외적으로 충분히 논의되지 않는 논리 분야와 관련된 논의라는 점만으로도 충분히 흥미로울 것이다. 보다 중요한 것은 필자의 논의를 통해 비트겐슈타인 수리철학의 주된 이해 방식의 하나인 구성주의적 접근의 정당성에 문제를 제기할 수 있다는 것이다. 앞으로의 논의에서 밝혀지겠지만 비트겐슈타인의 모순에 관한 이해는 구성주의가 주로 채택하는 직관주의 논리와 혹은 모순으로부터 모든 것이 따라 나온다는 것을 받아들이는 구성주의와 양립할 수 없다. 이 점에서 비트겐슈타인의 수리철학에 대한 구성주의적 해석은 적절하지 않다.

아울러 이 글은 다음의 의의도 함께 지니게 될 것이다. 첫째, 아직 국내 철학계에 낯선 분야인 초일관 논리와 연관 논리의 기본 아이디어를 이해할 수 있는 계기를 마련한다. 둘째, 그의 모순에 대한 논의가 논리학 내부에서 충분히 논할 가치가 있는 논제라는 사실을 밝힌다. 셋째, 비트겐슈타인의 수학철학에 대한 주된 입장이라고 볼 수 있는 (엄밀 유한주의를 포함한) 유한주의가 논리철학적 관점에서 부적절한 입장임을 보인다.

2. 고전적 모순개념과 함의 역설

고전 수학과 논리학을 받아들이는 이들은 한 이론이 모순적(contradictory)이라는 것과 비일관적(inconsistent)이라는 것을 특별히 구분할 필요가 없다. 왜냐하면 한 이론이 비일관적이라는 것은 그 이론이 상호 모순을 일으키는 φ와 ~φ를 모두 받아들인다는 것과 동치이기 때문이다. 그러나 개념적으로 두 가지는 다른 의미를 갖는다. 이론을 문장들의 집합이라고 할 때, 전자는 한 이론이 상호 모순을 일으키는 문장들을 받아들인다는 것을 의미하고, 후자는 모든 문장을 받아들인다는 것을 의미한다. 따라서 개념적 차원에서 우리가 고려할 수 있는 것은 다음 네 가지이다. 1) 모순되고 비일관적인 이론 2) 모순되고 비일관적이지 않은 즉 일관된 이론 3) 모순되지 않고 비일관적인 이론 4) 모순되지도 비일관적이지도 않은 즉 모순되지 않고 일관된 이론.

비일관성을 다른 의미로 사용하지 않는 한 3)의 이론은 있을 수 없다. 왜냐하면 비일관적인 체계는 모순을 포함한 모든 문장을 받아들이기 때문이다. 그렇다면 문제는 2)의 이론이 있을 수 있는가 하는 것이다. 고전 논리와 직관주의 논리는 2)의 이론을 거부한다. 반면 대안 논리 중 다치(퍼지) 논리, 연관 논리, 초일관 논리의 대부분은 2)의 이론을 받아들인다. 2)는 모순이 참이 되는 경우나 항위 문장이 되지 않는 경우를 인정하는 이론에서 성립한다.[170]

일상에서는 상호 대립, 갈등, 투쟁하는 현상을 모순이라고 부른다. 그

---

170 우리는 모순과 비일관성을 동치로 간주하여 2)의 가능성을 거부하는 입장을 모순에 관한 고전적 입장으로 간주한다(모순에 관한 고전적 입장이 직관주의를 포함하기 때문에 고전적 입장이 고전 논리와 수학으로 한정되지 않는다는 사실에 유의할 것).

리고 그러한 현상은 우리 주변에서 쉽게 관찰될 수 있다. 그러나 모순처럼 보이는 현상들을 엄밀히 규정할 경우, 대부분의 현상은 모순이 아니다. 가령 햇빛이 비춰면서 비가 오는 것을 보고 "비가 오면서 오지 않는다"고 할 때, 우리는 시간과 장소를 한정함으로써 모순을 피할 수 있다. 실제로 이러한 점은 모순을 거부하는 주요한 이유에 해당한다(LWL2, 71쪽 참조).

그러나 이러한 이해 방식은 세계 현상이 정말로 모순 없이 설명될 수 있는가 하는 문제와 별도로 다음의 문제점을 갖는다. 우선 우리가 다루는 문장들이 사실 진술로 한정될 필요가 없다는 점이다. 가령 우리는 사실에 관한 지식이 아닌 믿음의 문제를 논리적으로 다룰 수 있고, 이 경우 모순된 믿음을 갖는 경우가 있을 수 있다. 보다 중요한 것은 모순을 항위문장으로 간주할 경우, 전건과 후건이 아무런 의미연관이 없는 따라서 의미상 함의한다고 보기 힘든 역설에 빠지게 된다는 점이다. 즉 모순을 항위문장으로 간주할 경우 "모순 형태의 문장으로부터 모든 것이 따라 나온다"는 불합리성(absurdity) $(\phi\wedge\sim\phi)\rightarrow\psi$를 타당한 식으로 받아들여야 하고, 이는 "오늘 비가오고 동시에 오지 않으면, 철수는 영희를 좋아 한다"와 같은 전건과 후건이 아무런 의미 연관이 없는 문장을 참으로 만든다.

불합리성과 쌍대(dual)를 이루는 식은 "배중률 형태의 문장은 모든 문장으로부터 따라 나온다"는 사소성(triviality) $\phi\rightarrow(\psi\vee\sim\psi)$이다. 일반적으로 불합리성과 사소성은 실질 함의의 역설(paradoxes of material implication)로 불리는 데, 그 이유는 실질 함의를 받아들일 경우에는 타당하지만 전건과 후건이 아무 연관이 없어서 전건이 후건을 함의한다고 보기 어려운 역설적 상황에 빠지기 때문이다(Anderson & Belnap(1975, 1992)). 이러한 상황은 고전 논리를 확장한 양상 논리에서 사용하는 엄밀 함의(strict implication)에서도 마찬가지로 발생한다(Hughes & Cresswell(1996), 203-5쪽).

실질 함의를 받아들이는 **고전 논리**(와 그것을 확장한 **양상 논리**)에서는 일관되고 (φ와 ~φ 중 적어도 하나는 받아들이는) 완전한(complete) 이론이 있을 수 있다. 하지만 그 대가로 위와 같은 역설을 타당한 식으로 간주해야 한다. 배중률을 거부하는 **직관주의 논리**에서는 불합리성은 받아들이지만 사소성은 거부한다. **초일관 논리**에서는 반대로 사소성은 받아들이지만 불합리성은 거부한다. 의미 연관을 강조하는 (강한 의미의) **연관 논리**에서는 이 둘 모두를 거부한다.

3. 치하라의 구성주의 해석과 문제점

비트겐슈타인 수리철학에 대한 구성주의적 해석은 가장 오래된 그리고 가장 널리 받아들여져 온 입장이다. 가령 초창기 왕, 베르네이, 더밋, 클라이젤 등의 엄격한 유한주의에서 최근 마리온의 유한주의에 이르는 유한주의적 해석을 대표적으로 꼽을 수 있다(양은석(2000b, 2004) 참조). 이 글에서 특별히 관심을 기울이는 것은 치하라의 해석이다. 그 이유는 치하라가 비트겐슈타인의 수리철학을 구성주의로 간주하면서 모순에 대한 고전적 입장에서 그의 철학을 비판하기 때문이다.

치하라는 「수학적 발견과 개념 형성」에서 플라톤주의자들이 수학적 증명을 발견으로 간주하는데 반해 구성주의자들은 발명 내지 창조로 간주한다는 점을 강조한다. 이 과정에서 비트겐슈타인이 수학을 발견이 아닌 발명으로 간주한 부분(RFM, I §32 등)을 들어 그의 수학철학이 반실재론 특히 구성주의로 해석될 수 있음을 보인다(Chihara(1963), 268-69쪽, 271-73쪽).

비트겐슈타인의 수학철학에 대한 초기 논의에 해당하는 치하라의 이러한 논의는 오늘날 별로 흥미롭지 않다. 왜냐하면 수학을 발견이 아닌 발명으로 간주해야 한다고 하는 것은 비트겐슈타인의 수학철학을 반실재론과 구성주의로 해석하는 이들에게서 그동안 꾸준히 논의되어 온 것이기 때문이다. 아울러 위 논문에서 치하라의 비트겐슈타인 비판도 그가 사용한 "개념", "기준", "쓰임"과 같은 단어의 불명료성을 지적하는 수준에 머물러 있다(Chihara(1963), 273쪽).

우리의 논의와 관련하여 보다 흥미로운 치하라의 비판은 비트겐슈타인의 모순관에 대한 비판이다. 그는 「『수학기초에 관한 강의』에서 비트겐슈타인의 역설 분석」에서 모순(비일관성)에 관한 비트겐슈타인의 주된 생각을 다음과 같이 본다.

> 토대론자들이 우리 수학과 논리 체계에 숨겨진 비일관성에 대해 걱정하는 것은 어리석은 짓이다. 왜냐하면 모순이 발견되지 않는 한 그 체계는 잘 작동할 것이기 때문이다. 그리고 비일관성이 발견된다고 하더라도 "해가 없을 수 있다". 왜냐하면 그것은 어떤 원치 않는 결론을 끌어내는 것을 금지하기 위해 규칙을 바꾸는 단순한 문제이기 때문이다(Chihara(1977), 328쪽).

치하라는 이러한 생각을 『수학기초에 관한 강의』의 209, 303, 220쪽의 인용을 빌어 "모순으로부터 모든 것이 따라 나온다"란 불합리성에 대한 비트겐슈타인의 답변으로 간주한다. 그리고 비트겐슈타인의 제안이 "모순으로부터 어떤 것도 추론하지 않음으로써 원치 않는 결론을 얻는 것을 금할 수 있다"는 규칙을 세우는 것에 해당한다고 본 후, 다음의 논증을 빌어 그러한 제안이 설득력이 없음을 보인다. 프레게의 논리 이론 T에는 다음의 문장 ϕ가 있다.

〈논증I〉

1. T ⊢ ϕ, 즉 ϕ는 T에서 도출된다.
2. T ⊢ ~ϕ, 즉 ~ϕ는 T에서 도출된다.
3. T ⊢ ϕ ∧ ~ϕ (1, 2의 연접)

불합리성으로부터 임의의 문장 ψ가 따라 나올 수 있다. 이때, 불합리성을 금지하더라도 우리는 임의의 문장 ψ를 다음에 의해 도출할 수 있다.

4. T ⊢ ~ϕ → ψ (1에 의해)
5. T ⊢ ψ (2, 4에 의해)

비트겐슈타인의 모순관에 대한 비판이 불합리성을 받아들이는 모순에 관한 고전적 입장에서 제기되었다는 점을 감안할 때, 〈논증I〉에 근거한 치하라의 비판은 일면 설득력 있는 것처럼 보인다. 그럼 이제 〈논증I〉을 좀 더 분석해 보자. 5를 도출하는 데 2, 4와 긍정식(modus ponens, MP)이 사용되었다는 것은 비교적 분명하다. 하지만 치하라가 1과 무엇을 사용해서 4를 도출했는지는 분명하지 않다. 추가 조건이 없는 한 우리가 생각할 수 있는 것은 수출 형식의 불합리성(exportation of absurdity, EA) ϕ→(~ϕ→ψ)과 긍정식을 함께 사용해서 4를 도출하는 것이 될 것이다. 즉,

〈논증I*〉

4*. T ⊢ ~ϕ → ψ (1, EA, MP에 의해)

5*. T ⊢ ψ (2, 4*, MP에 의해)

치하라의 논증을 〈논증I*〉로 이해할 때, 치하라의 비판은 다음 의미에서 고전적 입장의 비판과 크게 다르지 않다. 첫째, EA의 수입(importation) 형태가 불합리성이고, 모순에 관한 고전적 입장에서는 수입과 수출 형태의 불합리성은 동치이다. 즉 고전적 입장에서 볼 때, 치하라는 수입 형태의 불합리성 대신 수출 형태의 불합리성을 사용해서 임의의 문장 ψ를 도출한 것에 불과하다. 둘째, 모순에 관한 고전적 입장을 받아들이는 고전 논리와 직관주의 논리에서는 수입과 수출 형태의 불합리성을 모두 받아들이지만, 고전적 입장을 거부하는 초일관 논리와 연관 논리의 대부분은 이 두 형태의 불합리성을 모두 거부한다. 가령 최소 초일관 논리 체계 $\mathbf{C}_{\min}$, 연관 논리 체계 **R**은 이 둘을 모두 거부한다(Carnielli & Marcos(2002), 33-34쪽, Dunn(1986), 147-48쪽, Mares(2004), 8쪽 참조). 즉 수출 형태의 불합리성은 모순에 관한 고전적 입장에서 수용할만한 논리적 원리이다. (치하라가 보였어야 할 것은 불합리성을 사용하지 않고 임의의 문장 ψ를 도출하는 것이 아니라 불합리성을 거부하면서 두 모순된 진술로부터 ψ를 도출하는 그런 이론 T를 구성하는 것이다.)

따라서 치하라의 논증이 〈논증I*〉에 해당하는 한 그의 비판은 모순에 관한 고전적 입장에서 제기되었던 변형된 형태의 비판에 불과하다. 아울러 이후 논의에서 드러나겠지만, 〈논증I*〉는 비트겐슈타인이 거부하는 논증에 해당한다. 특히 치하라는 자신의 논의에서 다음의 한 가지 중요한 문제에 대한 검토를 빠뜨리고 있다. 즉 비트겐슈타인의 모순관에 대한 지금의 비판이 이전 글에서 보여준 그의 수학철학에 대한 구성주의적 해석과 어떻게 양립할 수 있는가 하는 점이다. 왜냐하면 구성주의 수학과 논리 체계에서는 불합리성을 받아들일 것이고, 비트겐슈타인이 구성주의 수학과 논리를 인정했다면 그 또한 관련 체계가 불합리성을 받아들인다고 주장했어야 할 것이기 때문이다. 치하라의 논의에서 드러나는 문제가 되는 귀결은 다음이다.

A. 비트겐슈타인은 논리와 수학 체계에 관한 한 구성주의를 받아들인다.

B. 비트겐슈타인은 구성주의 논리와 수학 체계의 주요 원리를 거부한다.

한 체계의 기본 원리의 일부를 거부할 때, 우리는 일반적으로 그 체계를 거부한다고 말한다. 이러한 일반적인 해석을 받아들이는 한, A, B는 양립할 수 없다. 이러한 문제에 대해 치하라가 할 수 있는 답변은 A, B를 모두 받아들이고 비트겐슈타인이 양립할 수 없는 수리철학적 태도를 보이거나, A, B 중 하나만 받아들이고 대신 둘 중 하나의 논의가 잘못되었음을 인정하는 것이 될 것이다. 그러나 우리는 치하라의 글에서 이 두 가지 중 어떠한 답변도 발견할 수 없다.

B가 비트겐슈타인의 글에서 실제로 발견될 수 있는 내용이고 비트겐슈타인 스스로 구성주의자임을 자처한 적이 없다는 점에 비추어 우리는 A를 철회하고 B를 받아들이는 것이 자연스럽다고 본다. 동시에 이 문제는 비트겐슈타인 수리철학을 구성주의적으로 해석하는 이들 가령 가장 널리 받아들여져 온 유한주의자들이 반드시 답변해야 할 문제이기도 하다. 왜냐하면 구성주의 해석에 있어서 이 문제가 어떻게 해결될 수 있는지에 대해 그동안 뚜렷이 논의된 적이 없기 때문이다. 이들은 구성주의 이론이 사소하지 않은 모순된 이론의 성립을 거부하고 있다는 사실을 간

과한 채 비트겐슈타인의 수리철학을 구성주의로 해석하고 있다.

4. 이승종, 박정일의 치하라 비판과 문제점

치하라의 비판에 대하여 이미 국내 비트겐슈타인 연구자 이승종, 박정일 교수의 재반론이 있었다. 그럼에도 불구하고 치하라의 논증을 재론한 것은 우리의 논의 목적에 비추어 볼 때 이들 논의에 미흡한 점이 있기 때문이다. 먼저 이승종 교수는 치하라 논증의 4, 5 과정을 다음으로 재구성한다(이승종(2002), 119-20쪽).[171]

〈논증I**〉

4*. T ⊢ $\phi \wedge \psi$ (1과 선언도입)

5*. T ⊢ ψ (2, 4*, 선언삼단논법(disjunctive syllogism))

이러한 구성과 관련하여 먼저 지적할 것은 치하라가 제시한 것은 〈논증I〉이지 〈논증I**〉이 아니라는 점이다. 이승종 교수의 책에서는 이 점이 분명히 드러나 있지 않다. 대신〈논증I**〉은 보다 흥미로운 논의를 제공한다. 왜냐하면 〈논증I*〉와 달리 변형된 불합리성을 사용하지 않고 ψ를 도출하고 있기 때문이다. 따라서 이론 T가 불합리성을 거부하면서 선언삼단논법을 받아들이는 체계라면, (치하라의 논증을 〈논증I**〉로 간주할 때) 그의 논의는 설득력을 얻게 될 것이다.

하지만 선언삼단논법은 모순에 대한 고전적 관점의 또 다른 예에 불과

171 〈논증I**〉는 루이스의 논증에 해당한다(Dunn(1986), 151쪽, Brown(2002), 628-29쪽 참조).

하다. 선언삼단논법 $\sim\phi,\ \phi \lor \psi \vdash \psi$ 를 받아들이는 이유는 ϕ와 $\sim\phi$가 동시에 참이 될 수 없기 때문이다. 즉 $\sim\phi$가 참일 경우 ϕ가 거짓이고 따라서 $\phi \lor \psi$ 가 참이기 위해 ψ가 반드시 참이어야 하기 때문이다. 모순에 관한 고전적 입장을 취하는 고전 논리와 직관주의 논리에서는 선언삼단논법을 받아들이지만, $\mathbf{C}_{min}$, **R**과 같은 초일관 논리와 연관 논리에서는 선언삼단논법을 거부한다(Dunn(1986), 149쪽, Brown(2002), 628-29쪽). 따라서 〈논증I**〉가 성립하는 논리 체계가 불합리성을 거부하고 있다는 점을 보여주지 않는 한, 〈논증I**〉를 통해서도 여전히 치하라의 논증은 설득력을 얻지 못한다. (혹은 모순에 대한 고전적 관점에서만 설득력이 있다.) 아쉽게도 이승종 교수의 논의에는 이러한 점에 대한 논의가 빠져있다. 이승종 교수는 위와 같이 논증을 구성할 뿐, 그 논증이 설득력이 있는 지 없는 지를 직접적으로 논하고 있지는 않다(이승종(2002), 120쪽 참조).

박정일 교수는 위 치하라의 논증을 언급하면서 다음의 진술을 들어 비트겐슈타인이 나름대로 답변을 하고 있다고 주장한다.

> 왜냐하면 치하라의 주장과는 달리 비트겐슈타인은 어느 정도는 대답을 했기 때문이다. 예컨대 어떤 사람들이 모순을 우회해서 P와 ~P를 통해 어떤 임의의 결론을 이끌어내고 다리를 건설한다면, 우리는 앞에서 논의된 바와 같이, 그들의 체계는 "계산체계"라고 부를 수 없다고 말하게 될 것이다(박정일(2002), 86쪽).

위 진술에서 박정일 교수는 그러한 체계는 계산체계가 아니라고 비트겐슈타인이 답했기 때문에 〈논증I〉은 문제되지 않는다고 대답하는 것처럼 보인다.

하지만 이러한 답변은 다음의 문제가 있다. 첫째, 이러한 답변은 위 논증에 대한 논리적인 답변이 되지 못한다. 논증에서 문제 삼고 있는 것은 불합리성에 의존하지 않고서도 임의의 문장이 따라 나올 수 있기 때문에 불합리성을 거부하는 것으로 임의의 문장이 따라 나오는 것을 금할 수 없다는 것이다. 이에 대한 적절한 비판이 되려면, 위에서 든 예가 반례가 되지 못한다 것을 보여야 한다. 박정일 교수의 답변은 이점을 직접적으로 문제 삼는 진술이 아니다. 둘째, 모순으로부터 모든 것이 따라 나오는 것을 포함하는 이론이 계산으로 가치가 없다고 하는 것은 치하라가 거부하는 입장이 아니다. 앞서 언급한대로 모순을 논리적 불가능성으로 보는 것은 고전적인 입장에 해당하고, 치하라는 이를 거부할 이유가 없다. 따라서 치하라가 비트겐슈타인을 비판하면서 박정일 교수의 답변을 받아들일 수 있다는 점에서 박정일 교수의 답변은 치하라의 논증에 만족할만한 답변일 수 없다. 셋째, 모순으로부터 모든 것이 따라 나오는 것을 금하는 즉 불합리성을 금하는 규칙을 세우면 된다고 하는 비트겐슈타인의 답변(LFM, 220쪽 참조)을 잘 설명할 수 없다. 모순으로부터 모든 것이 따라 나오게 하는 이론이 (아마도 사소한 이론이기에) 계산으로써 가치가 없다면 이 점을 지적하는 것으로 이론의 무가치성을 충분히 설명할 수 있다. (즉 사소한 이론이 된다고 지적하는 것으로 충분하다.) 이러한 의미에서 그것을 금하는 규칙을 세우는 것은 불필요한 일이고, 그 점에서 비트겐슈타인은 이상한 답변을 한 것이 된다. 박정일 교수의 답변으로는 이 부분을 잘 설명할 수 없다.

5. 비트겐슈타인의 모순에 대한 초일관론적 해석

위와 같은 문제를 논리의 문제로 보고 비트겐슈타인을 초일관 논리와 관련짓는 인물은 골드스타인과 프리스트와 루트리이다. 흥미로운 것은 프리스트와 루트리가 골드스타인의 강한 초일관론 해석에 맞서 비트겐슈타인을 약한 초일관론자로 보고 있다는 것이다. 여기서는 이들 논의의 문제점을 간단히 다룬다.

1) 골드스타인의 강한 초일관론 해석과 문제점

(수출 형태의 불합리성을 포함한 여러 형태의) 불합리성은 초일관 논리에서 보통 확산원리(spread laws)로 불린다. 골드스타인은 모순으로부터 모든 것이 따라 나온다는 확산원리 (S1) $\phi \land \sim\phi \vdash \psi$를 비트겐슈타인이 금하는 것을 강한 초일관론(dialethist view)과 연관 짓는다(Goldstein(1989), 553쪽). 골드스타인은 먼저 아래 인용을 비트겐슈타인의 강한 초일관론적 경향을 보여주는 최초의 증거로 간주한다.

> 모순은 p 그리고 not-p 형태의 명제이다. 이것의 발생을 금하는 것은 매우 추천할만한 한 표현 체계를 채택하는 것이다. 이것은 우리가 모순을 사용할 수 없다는 것을 의미하지 않는다. 실제로 그것은 예를 들어 '나는 그것을 좋아하고 좋아하지 않는다'는 진술에서 사용된다(A, 71쪽).

그리고 『수학의 기초에 관한 고찰』에 나오는 모순된 계산을 사용하는 외계인과 부족의 예를 들어 비트겐슈타인이 강한 초일관론적 견해를 갖고 있다고 본다. 동시에 모순을 피해야 할 것으로 간주한 부분을 예로 들어 이와 양립할 수 없다는 견해도 함께 갖고 있다고 본다(같은 글, 553-54쪽).

골드스타인이 전자의 측면을 초일관론과 관련짓는 데 있어 전기 비트겐슈타인의 의미 구분 즉 사실에 대응할 수 있는(그림의 역할을 할 수 있는) 유의미한(meaningful) 진술과 그러한 역할을 하지 않는 의미를 상실한(senseless) 진술(모순, 동어반복) 사이의 구분이 중요한 역할을 한다.(같은 글, 543쪽) 골드스타인은 이러한 구분을 일반화하여 전자를 후기 철학에서의 유의미한 즉 쓰임을 갖는 진술과, 후자를 의미 없는 즉 쓰임이 없는 진술과 관련짓는다. 위 인용에서 알 수 있듯이 골드스타인은 비트겐슈타인이 전기와 달리 의미 있는 (즉 쓰임을 갖는) 모순의 경우를 인정하였다는 점을 근거로 비트겐슈타인이 강한 초일관론적 견해를 갖고 있다고 주장한다(같은 글, 556-57쪽).

골드스타인의 이러한 논의는 다음의 두 가지 문제점이 있다. 첫째, 유의미한 모순 즉 쓰임을 갖는 모순을 포함하는 언어 놀이가 논리 체계에 해당하는지 분명하지 않다. 논리 체계가 언어 놀이 중 하나이지만 그 역은 성립하지 않는다. 골드스타인이 근거로 제시한 인용(RFM, 402-3, 370, 377-78쪽)에서 알 수 있는 것은 모순을 사용할 수 있다는 것 즉 그러한 모순을 허용하는 언어 놀이가 있다는 것 정도이다. 이로부터 유의미한 모순을 갖는 논리 체계가 있다는 것을 끌어낼 수 없다. 둘째, 유의미한(쓰임을 갖는) 모순을 포함하는 논리 체계를 인정하더라도 그러한 체계의 인정이 강한 초일관론적 견해를 꼭 지지한다고 볼 수는 없다. 왜냐하면 유의미한 모순이 반드시 참인 모순일 필요는 없기 때문이다. 즉 모순된 진술이 사용될 수 있다는 것은 그러한 진술이 항상 참이라는 것을 함의하지 않는다.

2) 프리스트와 루트리의 약한 초일관론 해석과 문제점

프리스트와 루트리는 「초일관 논리의 역사」에서 초일관 논리를 사소하지 않으면서도 φ와 ~φ를 모두 허용하는 모순된(contradictory) 이론을 가능하게 하는 논리로 규정한 후, 믿음의 문제처럼 사유차원에서 모순된 현상이 일어날 수 있다고 보는 입장을 약한 초일관론(weak paraconsistent position)으로, 그것을 넘어서 실재 즉 세계차원에서 그러한 현상이 일어나는 것을 용인하는 입장을 강한 초일관론(strong paraconsistent, i.e., dialethic, position)으로 간주한다(Priest & Routley(1989a), 3-4쪽).[172] 그리고 현대 논리학사에서 독립적으로 그러한 접근을 한 인물로 비트겐슈타인을 꼽는다.

이들에 따르면 비트겐슈타인의 철학에는 역설을 포함한 모순을 쓸모없는 (또는 무의미한) 것과 그렇지 않은 것으로 간주한 측면이 모두 있다(같은 글, 36-37쪽). 가령 "한 언어 놀이는 어떤 모순에 의해 그것의 의미를 즉 언어 놀이의 성격을 잃을 수 있다(RFM, 208쪽)"는 것은 전자 측면의 예에, "피해야할 한 가지 잘못이 있다. 사람들은 분명히 모순이 의미 없다고 생각한다(RFM, 377쪽)"는 후자 측면의 예에 해당한다. 후자의 측면에서 볼 때, 비트겐슈타인은 참인 모순을 인정하기를 꺼렸지만 사소하지 않은 모순된 이론들(언어 놀이들)을 인정하였다는 점에서 약한 초일관론적 입장을 보인 것으로 간주될 수 있다(Priest & Routley(1989a), 41쪽). 프리스트와 루트리는 비트겐슈타인이 초일관 논리로 불릴만한 체계를 제시하지는 못했지만 그러한 체계가 있을 수 있다는 점을 예견하였다는 점

172 이들이 각주 2에서 지적하고 있듯이 초일관 논리에 대한 정확한 정의는 「초일관 논리 체계들」에 제시되어 있다(Priest & Routley(1989b), 151쪽).

에서 약한 초일관론적 입장에 있다고 본다(같은 글, 39-40쪽).

프리스트와 루트리는 「초일관 논리의 역사」에서 그들이 인용에 있어 골드스타인의 도움을 받았음을 인정한다(Priest & Routley(1989a), 주 145). 5.1절의 논의에서 보듯이 모순을 유의미성(사용)의 문제와 관련짓는 것은 이들 고유의 논의라기보다는 골드스타인이 제기한 것이다. 그러나 이들 논의에는 주목할 만한 차이점이 있다. 우선 위 논의에서 알 수 있듯이 루트리와 마미어는 같은 인용(RFM 377쪽)을 약한 초일관론 해석의 근거로 사용하고 있다. 그리고 골드스타인과 달리 비트겐슈타인이 제시한 확산원리를 금하는 규칙이 효과적이지 않은 불충분한 규칙이라고 본다(Priest & Routley(1989a), 39-40쪽).

필자는 언어 놀이를 이론으로 간주하는 한 유의미한 모순을 인정한 것은 사소하지 않은 이론을 받아들인 것에 해당하고, 이 점에 비추어 비트겐슈타인은 약한 초일관론적 입장에 있다고 볼 수 있다는 이들 주장에 동의한다. 문제는 이들이 위 주장을 논리적으로 뒷받침할 근거를 제시하지 못하고 있다는 점이다. 골드스타인의 인용에서 도움 받았음을 인정하는 데서 예견할 수 있듯이 이들의 논거 제시는 상당히 미흡하다. 프리스트와 루트리가 제시하는 것은 "사람들이 일관성으로부터 스스로를 해방시킨 것에 대해 정말로 자랑스러워하게 될 것이다(WWK, 139쪽)"처럼 다소 은유적으로 보이는 비트겐슈타인의 진술들이다(Priest & Routley(1989a), 39쪽). 이러한 진술은 약한 초일관론을 지지할 수 있는 충분한 논거가 되지 않는다.

6. 비트겐슈타인의 모순: 연관성에 근거한 초일관론적 해석

이승종 교수는 비트겐슈타인의 모순관을 연관성 문제와 관련짓는다. 가령 이승종 교수는 다음과 같이 말한다.

> 함의의 문제는『논고』의 한계선상에 속하는 또 하나의 예에 해당한다. 2.1에서 보았듯이『논고』에서 함의는 'p ⊃ q'가 동어반복일 경우, 그리고 오직 그 경우에만 p는 q를 함의하는 것으로 정의되었다. 그렇다면 '(p · ~p) ⊃ q'가 동어반복이므로 모순은 어떠한 문장도 다 함의한다는 사실이 이끌어져 나온다. 비트겐슈타인은 이러한 결과를 부정한다. 그것은 명백히 상식과 어긋나기 때문이다. "비가 오고 비가 오지 않는다"는 분명히 일상 언어에서 "눈이 온다"를 함의하지 않는다. 논리학이 일상 언어의 쓰임에 부적합하다고 해서 문제가 될 필요는 없을지 모른다. 그러나 비트겐슈타인은 그러한 종류의 논리학에 관심이 없었다(이승종(2002), 151쪽).

이는 비트겐슈타인의 생각을 연관 논리나 초일관 논리와 관련지을 수 있는 논리철학적으로 상당히 중요한 내용이다. 하지만 이승종 교수는 이를 (자연언어의 문제를 넘어선) 논리 일반의 문제로 확장하고 있지 못하다.

비트겐슈타인은 실질 함의(material implication)가 "만약 … 라면" 과 같은 형태의 일상의 조건문으로 번역되는 것에 대해 문제를 제기 한다. 비트겐슈타인은 p가 거짓이거나 q가 참인 경우에 확증되는 실질 함의 p ⊃ q가 우리가 일상에서 사용하는 조건문과 일치하지 않는다고 본다. 예를 들어 "내가 성냥을 그으면(p), 불길이 일어날 것이다(q)"의 조건문은 일상에서 p가 거짓인 경우에 즉 내가 성냥을 긋지 않을 경우(~p)에 전체 문장 "만약 p이면, q"가 확증되는 그런 문장으로 간주되지 않는다(A, 117-18쪽).

러셀 용법에서 ~p가 p ⊃ q를 확증하는 것은 만약 p이면 q라는 우리의 일상어의 용법이 그의 용법과 다르다는 것을 보여준다(A, 118쪽).

이는 〈논증I*〉에 사용된 또 다른 형태의 확산원리 (S2) ~φ ⊢ φ ⊃ ψ를 거부한 것에 해당하는데, 비트겐슈타인은 러셀 기보법으로 (x)(φx ⊃ ψx)로 표현될 수 있는 경우 가령 "모든 사람은 죽는다" 같은 경우를 들어 그 이유를 설명한다. 그는 이 문장이 "사람이 한명도 없을 때조차 모든 사람이 죽는" (것이 허용되는) 그런 것을 의미하지 않는다고 본다(A, 53쪽). 대신 "모든 S는 P이다"라고 할 때 "P라고 불릴 S들이 있고 그러한 S들 모두가 죽는다"는 것을 보통 의미한다고 본다(같은 책, 118쪽). 즉 일상 용법에서는 전칭 진술이 (아리스토텔레스가 전제했던 것처럼) 대상들이 존재한다는 존재 가정을 하는 것으로 본다. 러셀 용법에서는 S가 없는 경우가 "모든 S는 P이다"와 "어떤 S도 P가 아니다"를 모두 참이 되도록 한다. 이 경우 두 문장에서 P는 S와 독립적이고 따라서 S와 **무관**하게 된다(같은 곳). 비트겐슈타인은 이를 다음과 같이 요약한다.

요약하면, (1) 우리는 일상적 의미에서 "S들이 있고 그러한 S들 모두 P이다(어떠한 S도 P가 아니다)"를 의미하기 위해 "모든 S는 P이다(어떠한 S도 P가 아니다)"를 사용한다. S가 없을 경우 "S들이 있다"가 거짓이라는 주장과 명제의 나머지 부분은 무관하게 된다. (2) "모든 S는 P이다(어떠한 S도 P가 아니다)"에 의해 우리는 보통 … 한 S들이 있다는 것을 의미한다(같은 곳).

위 이유와 인용에서 알 수 있듯이 비트겐슈타인이 일상의 사용에서 (S2)를 거부하는 주요 이유는 그것이 (전건과 후건 사이에) 아무런 의미 연관이 없는 진술을 참이 되도록 하기 때문이다. 비트겐슈타인은 그러한 진술이 일상에서 사용되지 않는다고 본다.

(S2) 형태의 확산원리에 대한 거부는 비트겐슈타인이 전건과 후건이 상호 무관한 진술이 참이 되는 것을 혹은 그렇게 되도록 하는 추론을 거부한다는 것을 보여준다. 널리 알려진 대로 이는 연관 논리가 고전 논리를 거부하는 주된 이유에 해당한다. 비록 (S1) 형태는 아닐지라도 (S2) 형태의 확산원리에 대한 거부는 비트겐슈타인이 연관 논리와 같은 이유에서 확산원리를 거부하고 있다는 것을 보여준다.

7. 비트겐슈타인의 연관 논리적 문제의식

6절에서의 논의를 일반화할 경우 즉 (S2)의 경우를 (S1)에 적용할 경우, 우리는 모순으로부터 모든 것이 따라 나오는 (S1) 형태의 확산 원리를 금하는 이유가 그것이 상호 무관한 진술 사이의 함의이나 추론을 허용하기 때문이라고 할 수 있다. 비록 비트겐슈타인이 대안 논리로서 연관 논리 체계를 구축한 것은 아니지만, 연관 논리적인 문제의식에서 고전 논리의 실질 함의를 문제 삼고 있다는 것은 분명하다.

이는 모순으로부터 모든 것이 따라 나오는 것을 금하는 논리적 차원의 주된 이유에 해당한다. 비록 비트겐슈타인이 모순으로부터 모든 것이 따라 나오는 것을 금할 수 있는 구체적인 규칙을 제시하지는 않았지만 그러한 규칙을 제시하는 것이 불가능한 것은 아니다. 우리는 비트겐슈타인의 생각을 연관 논리적 문맥으로 확장하여 그러한 규칙을 제시할 수 있다. 전건과 후건 사이의 혹은 보다 일반화하여 전제와 결론 사이의 변항 공유 원리(variable sharing principle)가 그러한 규칙에 해당한다(Anderson & Belnap(1975) 참조).

08
인공지능과 퍼지 논리
자데와 개념의 불확정성

1. 자데와 퍼지 논리의 발생

자연 언어의 모호성(vagueness)과 양가의 원리(principle of bivalence)나 배중률[173]이 양립할 수 없다는 점에 착안하여 비-고전 논리로서 다치 논리와 그것을 연장한 퍼지 논리가 정립되었다는 것은 주지의 사실이다.[174] 흔히 자데가 창안한 것으로 간주되는 소속 함수에 바탕을 두고 있는 '퍼지 집합' 개념은 러셀이 이상 언어로서의 인공 언어와 대비되는 자연 언어의 모호성을 지적(Russell(1923), 88-89쪽)한 이래 블랙(M. Black)에 의하여 이미 1937년 '모호한 기호'라는 이름으로 정립되었던 것이다(Black(1966), 42-49쪽).[175] 그러나 퍼스나 우카세비츠 등에 의해 시작되어

---

173 양가의 원리는 '임의의 문장은 참이거나 거짓이다'에, 배중률은 '임의의 문장이 참이거나 그것의 부정이 참이다' 에 해당한다.

174 이와 관련하여 학(S. Haack)(1996), 6장 참조.

175 코스코는 블랙의 발상이 자데처럼 주목받을 수 없었던 원인을 논리 실증주의가 당대에 주류를 이루었던 점에서 발견하고 있다(코스코(1995), 213쪽).

주도된 다치 논리는 전통 2치 논리에 대한 대안(alternative)이나 일탈된 (deviant) 논리로 간주되었고 형식적 정식화에 비추어 그것이 배경으로 삼는 언어에 충분한 관심을 기울이지 않았다.[176]

현대 철학의 전개에서 철학적 탐구 대상으로서의 자연 언어에 대한 본격적인 관심은 후기 비트겐슈타인과 그의 언어관을 일정 정도 반영하고 있는 일상 언어학파의 운동을 통해서야 부각되었다고 할 수 있다. 그리고 그들이 자연 언어를 배경으로 하는 퍼지 논리의 언어관을 형성하는 데 직, 간접적인 영향을 끼친 점을 부인할 수 없다.[177]

철학적 논의의 부족에도 불구하고 우리는 그러한 사실의 단초를 자데(L. A. Zadeh)가 모호성과 그것의 문제를 철학적으로 논하기 위해 블랙이나 비트겐슈타인, 고구엔(J. A. Goguen) 등을 거론하는 데서 발견할 수 있다(FILH, 468쪽 주2), 498쪽 참고문헌 [10]-[15]).[178] 자데가 인용하는 퍼지 논리학자인 고구엔 또한 불충분하나 자신의 (철학적) 논의에 라일이나 비트겐슈타인 등을 끌어들이고 있다(Goguen(1973/1981), 99-101쪽).

퍼지 논리가 자연 언어를 모델로 삼고 있다는 점에 한번쯤 주목할 필요가 있다. 왜냐하면 자연 언어 모두가 모호하거나 부정확한 것은 아니며

---

176 물론 퍼스의 '모호한' 문장들에 대한 관심이 블랙 같은 언어 철학자에게 영향을 끼쳤다는 점을 부인하는 것은 아니다(Black(1966), 30쪽 참조). 다치 논리의 대안적 성격과 기본적인 정식화와 관련해서는 Haack(1996), 1장과 레셔(N. Rescher)(1968), 6장을 참조할 것.

177 물론 형식화의 구성적 배경을 제공하는 것은 우카세비츠의 $L_{\aleph 1}$ 논리이다. 자데는 그것을 퍼지 논리의 기초 논리 (base logic)로 간주한다(TAR, 380쪽). 필자의 표준 퍼지 논리는 (표준연산에 제한하여) 함의를 제외한 우카세비츠의 $L_{\aleph 1}$ 논리와 퍼지(술어)논리를 모두 포함한다.

178 이와 관련하여 CLV, 364쪽 참고문헌 [10], TAR, 407-408쪽, FADC, 149쪽 주+ 참조. 자데가 부정확한 개념을 문제 삼는 데 많이 원용되는 블랙에 대한 비트겐슈타인의 영향은 Black(1966), 6장 등에서 잘 나타난다.

퍼지 논리 또한 그 의미와 외연이 확정될 수 있는 개념을 완전히 배제하는 논리가 아니기 때문이다. 즉 퍼지 논리는 의미와 외연이 확정될 수 있는 개념들뿐만 아니라 그렇지 않은 개념들을 대상으로 삼는 논리이다.[179] 이는 우리가 자연 언어를 의미론적 배경으로 삼는 논리를 고려하도록 이끈다.

2. 퍼지 논리와 개념의 경계문제

1) 개념의 경계 불확정성과 퍼지 논리의 목적

자데는 실제 사용되는 개념이 모호하다는 점을 비판하기보다는 오히려 적극적으로 받아들인다. 자데는 거꾸로 그 점에 기초하여 개념의 확정성을 가정하는 2치 논리를 비판한다. 이 절에서는 개념의 확정성을 가정하는 2치 논리에 제기하는 자데의 비판을 확인해 보고자 한다.[180]

전통 논리학의 발생에서나 이를 계승하는 고전 논리학의 발생에서 보듯 논리는 일차적으로 '개념'과 관련을 맺는다. 즉 개념이 갖는 내포의 측면이 의미와 관련을 맺는다면, 그것이 갖는 외연의 측면은 구문과 관련을

---

179 이 점은 기본적으로 이치와 다치의 차이점에 반영되어 있다. 이치는 특정한 값들을 취한 다치의 특수한 경우로 간주될 수 있다.

180 비트겐슈타인과 달리 자데에게 있어서 개념의 확정성에 대한 철학적인 논의는 그의 퍼지 논리의 형식적인 정립에 비추어 볼 때 본질적인 부분은 아니다. 즉 개념의 확정성에 대한 비판이 비트겐슈타인에게는 철학적 논의를 통해 수행되고 있는 반면, 자데에게서는 논리적 정식화를 통해 수행되고 있다. 따라서 자데에서 개념의 확정성에 대한 논의는 잘 나타나지 않는다. 여기서는 필자의 논의와 관련하여 그 비판의 기본적인 입장만을 확인할 것이다.

맺는다.[181] 즉 아리스토텔레스의 삼단논법이나 프레게의 술어 논리에서 볼 수 있듯이 전자는 (술어) 개념 진술과 (의미 있는) 문장 진술(명제 진술)을 가능하게 하는 반면, 후자는 대상과 개념, 개념과 개념 사이의 외연에 따른 계산을 할 수 있도록 한다.[182]

프레게와 러셀의 정의처럼 개념의 외연이 집합으로 간주될 경우, (내포로서의) 개념과 (외연으로서의) 집합은 상호 대응한다. 그러나 로고스나 인공 언어에서의 개념이 아닌 실제 사용되는 현실적인 '개념'을 고려할 경우, 그것의 대응에 있어서 해결하기 어려운 문제가 발생한다. 왜냐하면 현실에서 사용되는 개념은 대부분 그 의미나 외연에 있어서 경계가 뚜렷하지 않기 때문이다.

자데는 바로 이 면을 문제 삼는다. 즉 이상화된 언어에서 가정하는 것과 달리 실제로 대부분의 개념은 그 내포와 외연이 확정되지 않는다는 것이다. 먼저 자데 입장을 통해 개념의 확정성과 관련된 문제를 검토해 보자.[183] 이를 위하여 다음의 정리된 진술로부터 논의를 시작해 보자.

A.

1. 퍼지 논리와 전통 2치 논리 사이의 주요한 차이점을 설명하면 다음과 같다. 전통 2치 논리에서 모든 집합들은 분명하게 정의된 경계를 갖는 것으로

---

181 여기서 외연이 구문과 관련된다는 것은 의미를 고려하지 않고서 그 양에 따라 계산을 할 수 있다는 것 이상을 의미하지 않는다.

182 아리스토텔레스와 프레게의 명제의 주술 관계에 있어서의 포섭/종속관계와 원소-부분집합/집합-집합에 있어서의 원소/부분집합 관계의 대응을 고려하라.

183 자데는 그 내포와 외연의 측면에서 구별될 수 있는 개념과 집합을 구분하지 않는다. 따라서 퍼지 집합은 다름 아닌 의미를 수반하는 개념에 대한 자데의 입장이기도 하다.

가정된다. 따라서 임의의 한 대상은 어떤 집합의 원소이거나 아니게 된다. … 그러나 현실 세계(real world)의 대부분의 집합들은 분명한 경계를 갖지 않는다(IRW, 17쪽).

2. 나는 퍼지 논리가 어떤 의미에 있어서 궁극적인 체계라는 것을 이야기하려는 것은 아니다. 그러나 나는 그것이 전통 논리체계보다 현실 세계를 취급하는 데 훨씬 더 적합하다고 생각한다(같은 글, 19쪽).

B.

1. 오늘날 우리가 알고 있듯이 인공지능은 2치 논리—즉 전통 아리스토텔레스의 논리—에 기초해 있다. 그리고 인공지능의 토대로서 우리가 필요로 하는 것은 일계 논리라고 일반적으로 가정되어왔다. … 실제로 2치 논리는 다양한 논리체계를 포함한다. 그것들 모두 진리가 2치라는 기본 가정을 공유한다. 이러한 논리체계의 하나가 일계 논리이다. 그리고 조금만 수정하면 일계 논리로 충분하다고 많은 사람들이 가정하고 있다(같은 글, 15쪽).

2. 내가 취하는 입장은 … 우리가 인공지능에서 논리를 필요로 한다는 것이다. 그러나 우리가 필요로 하는 유형의 논리는 일계 논리가 아닌 퍼지 논리이다 - 즉 부정확하거나 근사적인 추론을 기초짓는 논리이다. 대부분의 인간의 추론이 부정확하기 때문에 나는 이 방법을 선호한다. 그것의 대부분이 상식 추론이라고 불려질 수도 있는 것들이다(같은 글, 16쪽).

인용된 A의 진술을 통하여 퍼지 논리가 원소로서의 (현실 세계의 실제) 대상과 관련하여 (술어에 해당하는) 경계가 모호한 집합을 논의 대상으로 삼고 있다는 것을 알 수 있다. 여기서 언급되고 있는 집합에 대응하는 것은 다름 아닌 자연 언어의 "개념들"이다. 자데는 분명한 경계를 갖는 집합으로 "유한하거나(mortal) 유한하지 않은, 죽은, 산, 남성의, 여성의"를 들고 있으며, 그렇지 않은 집합으로 "큰, 지적인, 지친, 아픈" 등을 들고

있다(IRW, 17쪽).[184]

이로부터 우선 자데가 개념의 내포와 외연을 특별히 구분하지 않는다는 것을 알 수 있다. 그러나 우리의 논의에서 자데가 개념의 내포와 외연을 구분했는가 아닌가는 별로 중요하지 않다. 여기서 주목할 것은 자데가 프레게와 마찬가지로 개념에 바탕을 둔 논리를 주장하고 있음에도 불구하고, 그의 개념에 대한 입장이 프레게와 상이한 것으로 볼 수 있다는 점이다. 이는 개념의 경계 문제를 논하는 데서 잘 드러난다.

4장에서 살펴본 것처럼 프레게에게서 개념은 그것의 값이 진리 값인 함수이며, 그것이 참과 거짓의 진리 값을 갖기 위해서는 의미 영역을 한정하는 분명한 경계를 가져야 한다. 이로부터 배타적 참, 거짓의 관계를 갖는 2치 논리는 개념에 관한 한 그것의 확정성을 가정해야만 성립할 수 있다는 것을 알 수 있다.

A:1에서 볼 수 있듯이 자데는 개념의 확정성을 가정하는 2치 논리를 더 이상 받아들이지 않는다. 그 이유는 (현실 세계를 반영하는) 자연 언어의 개념들은 분명한 경계를 갖지 않으며(A:1), 현실 세계의 대상들을 취급하는 데 필요한 논리는 그러한 (모호한) 개념들을 대상으로 삼는 것이어야 하기 때문이다(A:2, B:1). 자데에 따르면, 퍼지 논리는 이를 만족시키기 위해 구상된 논리이다. 이로부터 다음을 정리할 수 있다.

(1-1) 개념의 분명한 경계를 가정하는 2치 논리는 현실 세계를 다루는 데 적합하지 못하다(A:1, A:2).

---

184 그러나 전자의 사례 또한 현실에 있어서 그 경계를 결정하기 어려운 모호한 경우가 발생한다. 이는 실질적으로 "개념"의 분명한 경계가 정도의 차이에 따른 근사의 문제임을 반영한다.

(1-2) 개념의 분명한 경계를 가정하지 않는 퍼지 논리는 현실 세계를 다루는 데 적합하다(A:1, A:2).

(1-2)의 정리를 통하여 자데가 (개념의 확정성을 전제로 성립할 수 있는) 의미 확정이나 외연의 경계 한정과 같은 것들을 받아들이지 않는다는 것을 알 수 있다. 그에 따라 모순을 이루는 두 대립 항의 배타적 관계 또한 받아들일 필요가 없다. 그러나 여기서 문제 삼는 2치 논리가 무엇이며 현실세계를 취급한다는 것이 무엇을 의미하는지는 아직 분명하지 않다. 그것은 B의 진술을 통하여 좀 더 분명하게 논의될 수 있다.

먼저 B:1을 통하여 (1-1)에서 자데가 비판하는 2치 논리가 필자의 논의와 관련되어 있는 대상에 대한 확정된 개념들을 (비논리 상항으로) 갖고 정초되는 고전 논리(일계 논리)라는 것을 알 수 있다. 그리고 그가 다루고자 하는 논의 영역이 '인공 지능'이라는 것도 알 수 있다. 즉 퍼지 논리는 인공지능에 적합한 토대를 마련하기 위해 구상된 논리인 것이다(같은 글, 16쪽). 이는 B:2의 진술에 잘 나타나 있다. 퍼지 논리는 인공지능의 목적이기도 한 인간이 지성을 통해 실제로 행하는 추론을 모형화한 모호한 (상식 추론으로서의) 근사 추론을 기초 짓는 것을 목적으로 한다. 이로부터 (1-1), (1-2)를 다음과 같이 수정할 수 있다.

(1-1') 개념의 경계를 가정하는 일계 논리는 인공 지능을 다루는 데 적합하지 못한 논리이다((1-1), B:1, B:2).

(1-2') 개념의 경계를 가정하지 않는 퍼지 논리는 인공 지능을 다루는 데 적합하다. 퍼지 논리는 인간이 수행하는 근사 추론을 다루는 논리이다((1-2), B:1, B:2).

2) 단순성에서 복잡성으로 : 자연 언어와 근사추론

비록 비트겐슈타인처럼 철학적 문제를 중점적으로 논하지 않을지라도, 자데가 인간 지성이 행하는 추론을 더 이상 정확하고 확정된 것으로 간주하지 않는다는 것을 알 수 있다. 이는 필자의 논의에서 매우 중요하다. 왜냐하면 후기 비트겐슈타인과 마찬가지로 자데가 더 이상 인간의 공통된 사유를 가정하지 않기 때문이다.

그것은 사상(Gedanke)에 대한 논의에서 잘 드러난다. 아리스토텔레스나 프레게에게서 기본 명제와 기본 명제를 구성하는 개념은 대상에 대한 속성을 의미하며, 속성에 해당하는 개념은 의미가 확정될 수 있는 것이었다. 동시에 그것은 모호성과 애매성을 수반하는 자연 언어와 달리 이상화된 언어에 나타나는 인간에게 공통적인 참, 거짓을 의미하는 사상과 그 부분으로 간주되었다(4장 참조). 그러한 사상을 반영하는 한에서 보편 언어로서의 로고스나 인공 언어는 배타적인 참, 거짓 의미를 갖는 2치 논리의 논리 언어일 수 있었다.

그러나 자데에게서 개념의 확정성을 가정하는 데서나 성립할 수 있는 보편 언어에 대한 논의는 나타나지 않는다. 오히려 자데에게서 인간의 추론은 부정확하고 근사적일 수밖에 없는 것으로 간주된다(B:2). 아리스토텔레스와 프레게적 의미의 사상이 아닐지라도 개념의 의미를 사유나 사상으로 간주할 경우, 개념의 확정성을 가정하는 논리(아리스토텔레스, 프레게)나 개념의 확정성을 가정하지 않는 논리(비트겐슈타인, 자데) 모두 인간이 어떻게 사유하는지를 문제 삼고 있다는 점에서는 공통적이다.

차이점은 경험 지각과 독립된 공통적인 인간의 사유를 가정하는가 아닌가에 있다. 비트겐슈타인이 (실재의 판단자로서) 명제 체계를 말하기 위해 실제 사실의 문제를 거론하듯이, 자데 또한 현실 세계의 문제를 다루려고 한다. 구체적으로 자데는 점차 증대되고 있는 복잡성(complexity)과 부정확한 정보의 문제를 거론하고 있다(IRW, 20, 23-24쪽). 이로부터 필자의 논의 목적에 따라 다음을 지적할 수 있다.

(2) 2치 논리의 언어는 인간이 실제로 행하는 모호한 판단과 추론을 반영하지 못한다((1-1'), (1-2')). (인공 언어 일반에 대한 비판)

고전 논리의 추론 규칙인 '긍정식'과 관련하여 퍼지 논리의 근사 추론에서 긍정식의 일반화인 후향 추론(일반화된 긍정식)으로 다음의 간단한 사례를 들 수 있다.

토마토가 빨갛다면 토마토는 익은 것이다.
토마토가 꽤 빨갛다.

토마토가 잘 익었다(CLV, 353쪽 (2.60) 참조).[185]

이 사례는 일상에서 수행되는 일반적인 추론의 예이다. 그럼에도 불구하고 위 사례의 결론은 언어 변형자 "꽤(very)"로 인하여 전통 연역 논리 체계에서는 추론될 수 없다. 특히 정도를 수반하는 개념들, 그리고 정도를 수반하는 판단에 있어서 (정도를 무시하지 않는 한) 고전 논리는 그러한 대상들을 다루는 데 있어서 별다른 역할을 하지 못한다. 퍼지 논리가 일차적으로 기여하는 것은 바로 이러한 부분이다. 즉 퍼지 논리는 일상

185 A: 토마토가 빨갛다. A': 토마토가 꽤 빨갛다. B: 토마토가 익었다. B': 토마토가 잘 익었다.
; $A' \circ (A \supset B) \triangleq B'$

언어에서 발생하는 모호한 개념(과 문장)을 대상으로 하는 실제 추론을 정식화하고자 한다. 이로부터 다음을 정리할 수 있다.

(3) 퍼지 논리는 분명한 경계를 갖지 않는 모호성을 갖는 현실 세계의 자연 언어(의 개념)을 대상으로 하고 그러한 모호한 대상을 다루는 근사 추론의 정식화를 목적으로 한다(A, B).

실제로 자데는 전통 연역 논리의 추론 규칙에 퍼지 개념을 도입하여 그것을 변형하고 다양화한 후 그것들을 계산 가능한 방식으로 수량화한 퍼지 논리의 사례들을 제시한다.[186] 이는 개념의 확정성에 대한 경계 조건을 비판하는 것들이다. 그것을 정리하면 다음과 같다.

(4) 현실의 대상을 다루는 개념의 의미와 외연은 확정될 수 없고 그 경계는 모호하다. 따라서 개념의 경계 확정을 가정하는 일계 논리는 현실적인 논리일 수 없다((2), (3)).

3. 퍼지 논리와 배중률

퍼지 논리는 (모호성을 갖는) 자연 언어의 문장과 문장의 구성요소들 그리고 그것들 사이의 내적 관계(internal relation)를 기본 대상으로 삼는

---

186 퍼지 논리와 관련하여 자데가 제시하는 삼단논법과 긍정식을 일반화한 다양한 추론규칙과 사례에 대해서는 RFL, 413-41쪽, SRFL, 440-66쪽, PRUF, 499-568쪽, CAFQ, 569-613쪽 등을 참조할 것. 이의 대부분은 필자가 양은석(1997a)에서 논한 표준 퍼지 술어 논리와 표준 퍼지 관계논리의 범위를 넘어선다. 이는 자연 언어에서의 추론(PRUF)이 성립하는 연산이 유계합/곱, 대수합/곱으로 확장될 수 있음을 보여준다(PRUF, 550쪽 Database 참조).

다. 그 점은 일차적으로 퍼지 논리의 진리함수가 참, 거짓의 배타적 관계에 해당하는 0, 1이 아닌 그 중간 값을 인정하는 [0, 1]의 연속 값을 취하는 데서 알 수 있다. 여기서는 모호한 문장을 대상으로 하는 퍼지 논리에서 모순율과 함께 배중률이 성립할 수 없다는 점을 보다 체계적인 방식으로 보이기로 하겠다.

1) 불대수 정의

[정의1] 불 대수 정의

불 대수는 동등관계(=)를 포함하는 다음의 공리를 만족하는 항 ⟨B, *, ·, ', 0, 1⟩= 이다.

(B: 집합, *, ·: B의 이항 연산(binary operation) 합(join)과 곱(meet), ': B의 일항 연산 여(complement), 0, 1: B의 특수 원소(distinct elements))

공리1. [결합법칙] 각각의 연산은 결합법칙을 만족한다.

$\forall x, y, z \in B,\ x*(y*z) = (x*y)*z\ \&\ x\cdot(y\cdot z) = (x\cdot y)\cdot z$

공리2. [교환법칙] 각각의 연산은 교환법칙을 만족한다.

$\forall x, y \in B,\ x*y = y*x\ \&\ x\cdot y = y\cdot x$

공리3. [배분법칙] 각각의 연산은 배분법칙을 만족한다.

$\forall x, y, z \in B,\ x*(y\cdot z) = (x*y)\cdot(y*z)\ \&\ x\cdot(y*z) = (x\cdot y)*(y\cdot z)$

공리4. [항등법칙] 각각의 연산은 항등법칙을 만족한다.

$\forall x \in B,\ x*0 = x\ \&\ x\cdot 1 = x$

공리5. [여법칙] 각각의 연산은 여법칙을 만족한다.[187]

$\forall x \in B,\ \exists x' \in B\ \text{s.t.}\ x*x' = 1\ \&\ x\cdot x' = 0$

---

187 여기서 여법칙은 전통 연역논리학의 배중률, 모순율에 해당한다.

여기서 집합의 대상을 명제로 하고 연산자로 일항, 이항 연결사 ㄱ, ∧, ∨ 을 그리고 1을 명제에 관한 "참(T)" 값으로 0을 "거짓(F)" 값으로 간주할 경우[188], 명제 논리와 그것의 의미 해석을 제공하는 진리표를 구성할 수 있다.[189] 그리고 다치 논리와 퍼지 논리 등에서 문제되고 있는 우리가 흔히 알고 있는 논리의 원리들은 진리표 또는 불 대수 하에서 항상 참(항진) 또는 1의 값을 갖는다.

2) (표준) 퍼지 문장논리

퍼지 문장논리는 자연 언어의 문장을 그 대상으로 하여 진리 값을 0, 1의 단위 실수 위에서의 연속 값 [0, 1]로 하여 성립하는 논리이다. 논리에 관한 우카세비츠의 무한 다치 논리는 표준 퍼지 문장논리로 간주될 수 있다 (단, 함의 제외).

자연 언어의 문장에 진리 값의 정도를 부여하고 이에 대한 (퍼지) 표준 논리연산을 사용하여 얻어진 0, 1을 연속 값으로 하는 대수 연산체계를 표준 퍼지 문장논리 (대수)라고 한다.[190]

---

188 동치관계를 포함하는 명제에 관한 불 대수 ⟨P, ∨ , ∧ , ㄱ, F, T⟩≡(P: 명제들의 집합, ∨ : 선언, ∧ : 연언, ㄱ : 부정, F : 거짓, T : 참)

189 전통적인 집합 또한 불 대수와 동형으로 간주될 수 있다. (불 대수에 관한) 동등관계를 포함하는 집합에 관한 불 대수 ⟨2^s, ∪ , ∩ , ^{c}, ∅, U⟩= (2^s : S의 부분 집합들의 집합, ∪ : 합, ∩ : 곱, c : 여, ∅ : 공집합, U : 전체집합)

190 여기서 논하는 표준 퍼지 문장논리는 정확히 말하면 논리가 아닌 논리 대수이다. 우리의 강조점이 체계의 구체적인 정형화가 아닌 표준 퍼지 문장논리가 배중률을 만족하지 않는다는 점을 보이는 것이기 때문에, 논의의 편의상 논리와 대수 양자를 엄격히 구분하지 않고 표준 퍼지 문장논리로 명명한다. 표준 퍼지 문장논리와 그것을 특징짓는 대수의 엄격한 구분은 표준 퍼지 문장논리의 증명론과 함께 다른 지면에서 논하기로 하겠다. 표준 퍼지 문장논리는 다치 논리의 일부로 간주될 수 있다. 다치 논리적인 정형화에 관심이 있는 독자는 『논리와 구조』를 참조하기 바란다.

[정의2] 퍼지 문장 집합

퍼지 문장 집합은 각각의 문장들에 대하여 (진리) 소속 함수 v 를 부여하여 얻어진 다음의 순서쌍들의 집합이다.

$P^* = \{(p, v(p)) \mid p \in P\}$, $v : P \rightarrow [0, 1]$ ($P = \{p\}$, p: 문장)

(이하 진리 소속 함수만 가지고 표현)

[정의3] 표준 연산

우카세비츠식 표준연산에 따라 표준 퍼지 문장논리의 표준연산은 다음으로 정의된다(자데 함의 제외).[191]

$v : \{p\} \rightarrow [0, 1]$

1. 부정 $\neg p$: $1 - v(p)$

2. 논리곱 $p \wedge q$: $\wedge[v(p), v(q)]$

3. 논리합 $p \vee q$: $\vee[v(p), v(q)]$

(4. 자데 함의 $p \supset q$: $\vee[1-v(p), v(p) \wedge v(q)]$)

(표준 퍼지 문장논리는 [정의2]를 만족하는 문장들의 집합 위에서 표준 연산에 대하여 닫힌 체계이다. $P^* \cup \{\vee, \wedge, \neg\}$)

[정리4] 표준 퍼지 문장논리는 불 대수에 관한 공리1—공리4를 만족한다.

191 편의상 문장과 문장에 진리함수를 적용한 함수값을 구별하지 않고 문장 연산을 값의 연산으로 간주한다. 우카세비츠의 함의 정의는 다음과 같다. $p \rightarrow q = \wedge[1, v(1-p+q)]$. (전기) 자데 함의에 해당하는 4를 함의로 갖는 논리체계를 구상하는 데는 다소 어려움이 따른다. 지시 값(designated value(s))을 극대 값에 해당하는 1이라고 하자. 동일률에 해당하는 p p는 항상 1의 지시 값을 갖지는 않는다. 논리적 원리로 간주되는 논리식들이 항진으로 간주되기 위해서는 항상 1의 값을 결과로 가져야 하나, 자데 함의 경우 동일률처럼 대부분의 논리식이 지시 값 1을 갖지 않는다.

〈증명〉

$\forall p, q, r \in P$ 에 대하여,

(i) S-규범, T-규범에 의하여 $\vee$, $\wedge$ 은 불 대수에 관한 공리1, 공리2, 공리4를 만족한다.[192]

(ii) $\vee$, $\wedge$ 은 불 대수에 관한 공리3 분배법칙을 만족한다.
(이하 진리 소속 함수 v(p)를 p로 하여 계산한다)

$$A : p \wedge (q \vee r) = (p \wedge q) \vee (p \wedge r)$$

Case1) p〉q〉r일 경우,

$p \wedge (q \vee r) = \wedge[p, \vee(q, r)] = \wedge(p, q) = q$ &

$(p \wedge q) \vee (p \wedge r) = \vee[\wedge(p, q), \wedge(p, r)] = \vee(q, r) = q$

Case2) p〉r〉q 일 경우,

$p \wedge (q \vee r) = \wedge[p, \vee(q, r)] = \wedge(p, r) = r$ &

$(p \wedge q) \vee (p \wedge r) = \vee[\wedge(p, q), \wedge(p, r)] = \vee(q, r) = r$

---

192 [정의5] S-규범 다음의 공리를 만족하는 함수 S를 S-규범(S-norm)이라고 한다.
$S : [0, 1] \times [0, 1] \rightarrow [0, 1]$
공리1. $S(x, 0) = x$ & $S(x, 1) = 1$: 경계 조건
공리2. $S(x, y) = S(y, x)$: 교환 법칙
공리3. 단조성(monotonicity) : $(x \leq x', y \leq y') \rightarrow S(x, y) \leq S(x', y')$
공리4. 결합법칙 : $S(S(x, y), z) = S(x, S(y, z))$
(합집합 연산 ∪(∨)은 S-규범을 만족한다. 그 외 대수합(∓), 유계합(⊕), 격렬합(⊎), 분리합(Δ) 또한 마찬가지이다.)
[정의6] T-규범 다음의 공리를 만족하는 함수 T를 T-규범(T-norm)이라고 한다.
$T : [0, 1] \quad [0, 1] \rightarrow [0, 1]$
공리1. $T(x, 0) = 0$ & $T(x, 1) = x$: 경계 조건
공리2. $T(x, y) = T(y, x)$: 교환 법칙
공리3. 단조성 : $(x \leq x', y \leq y') \rightarrow T(x, y) \leq T(x', y')$
공리4. 결합법칙 : $T(T(x, y), z) = T(x, T(y, z))$
(교집합 연산 ∩(∧)은 T-규범을 만족한다. 그 외 대수적(.), 유계적(⊙), 격렬적(⊎) 또한 마찬가지이다.)

Case3) 동등성을 포함하는 나머지 경우(예: $q>p>r$, $p=q>r$, $p=q=r$ 등)는 유사 한 방식으로

$B: p\vee(q\wedge r)=(p\vee q)\wedge(p\vee r)$

Case1) $p>q>r$ 일 경우,

$p\vee(q\wedge r)=\vee[p,\wedge(q,r)]=\vee(p,q)=p$ &

$(p\vee q)\wedge(p\vee r)=\wedge[\vee(p,q),\vee(p,r)]=\wedge(p,p)=p$

Case2) - Case3) 은 마찬가지 방식으로

따라서 표준 퍼지 문장논리는 분배법칙을 만족한다. ■

[정리7] 표준 퍼지 문장논리는 불 대수에 관한 공리5 즉 배중률, 모순율을 만족하지 않는다.

〈증명〉

$0<p<1$ 의 경우,

(i) $p\vee\neg p=\vee[p,(1-p)]=p,\quad 0.5\leq p<1$

$1-p,\quad 0<p\leq 0.5,$

따라서 $0.5\leq p\vee\neg p<1$ 이고 $p\vee\neg p\neq 1.$

(ii) $p\wedge\neg p=\wedge[p,(1-p)]=p,\quad 0<p\leq 0.5$

$1-p,\quad 0.5\leq p<1,$

따라서 $0\leq p\wedge\neg p<0.5$ 이고 $p\wedge\neg p\neq 0.$

■

그러나 표준 퍼지 문장논리의 진리함수가 다음의 특성 함수로 제약될 경우, 명제 논리에 관한 불 대수 ⟨P,∨,∧,¬,0,1⟩≡를 만족한다.

$$v_x : \{p\} \rightarrow \{0,1\} \quad \text{i.e.,} \quad v_x(p) = 1, \; v(p) = 1$$

0, 그 외.

(v를 만족하는 {p}는 원소가 퍼지 문장인 퍼지 집합으로 간주될 수 있고 v_x를 만족하는 {p}는 원소가 고전 논리의 문장인 레벨-1 퍼지 집합으로 간주될 수 있다.)

3) (표준) 퍼지 논리와 배중률, 모순율 문제 : 퍼지 논리와 3치의 문제

명제의 참, 거짓 또는 0, 1에 관한 배타적 모순을 가능하게 하는 전통 논리의 공리 배중률과 모순율이 상호 수반하는 관계에 있다는 점은 두 원리가 **쌍**(dual)을 이룬다는 데서 잘 드러난다. 즉 배중률에 대하여 쌍대 원리([정의8])를 적용할 경우 모순율이 성립하고 그 역 또한 마찬가지이다.[193] 이와 관련하여 주목할 것은 불 대수에 관한 일항, 이항 연산 ¬, ∨, ∧을 보존하면서 전통 연역논리의 의미론과 관련을 맺는 자연수 0, 1(F, T)을 0, 1 사이의 단위 실수 연속값 [0, 1]로 일반화할 경우[194], 불 대수에 관한 공리들 중 공리5 배중률과 모순율이 더 이상 타당하지 않다는 것이

193 배중률과 그것의 값에 대한 명제형식 v(P∨¬P)=1에 대하여 다음의 [쌍대원리]를 적용할 경우 v(¬P∧P) = 0라는 무모순율을 얻게 되고 그 역 또한 마찬가지이다.

[정의8] (불 대수에 관한) 쌍대 원리(principle of duality)불 대수 체계 내에서 형성된 임의의 명제에 대한 쌍(dual)은 다음의 대치를 통해 얻어지는 명제를 의미한다.

(i) ∨ ⇒ ∧ & ∧ ⇒ ∨

(ii) 1 ⇒ 0 & 0 ⇒ 1

194 이는 우카세비츠의 무한 다치 논리의 경우이다.

다(3.2절참조).

일항, 이항 연산에 대한 기본 규칙 하에서 정립되는 대수 체계에서 문제를 야기시키지 않는 0, 1 사이의 값에 대한 일반화는 논리에 관한 한 전통 논리를 포함하는 고전 논리를 더 이상 수용하지 않는 의미 해석을 제공한다. 왜냐하면 이는 2치 원리를 가능하도록 한 배타적 경계 조건 그 자체를 부정하는 것이기 때문이다.

먼저 불 대수의 기본 연산 ∨, ∧, ¬에 있어서, 불 대수는 이항 관계 연산 ∨, ∧ 의 "극대 값(Max)"과 "극소 값(Min)"에 해당하는 원소들만 연산의 대상으로 삼는 특수한 연산에 해당한다. 이 점은 연속 값 [0, 1]의 극대 값 1, 극소 값 0만 선택할 경우, 전통 집합과 고전 논리의 기본 원리들과 마찬가지로 그것이 불 대수 구조를 갖는다는 사실에서 잘 드러난다.

퍼지 집합과 퍼지 논리의 원형을 제공하는 우카세비츠의 무한 다치 논리[195]는 의미론적으로 고전 논리의 진리 값 0, 1 사이에 중간 값들을 허용하여 정립된 체계이다. 그리고 (술어 논리를 포함하는) 표준 퍼지 논리는 이를 더 일반화하여 진리 값에 대한 일반화뿐만 아니라 ("매우", "꽤", "상당히" 등에 해당하는) 변형자를 통하여 양화 연산과 술어(관계)들을 더 일반화(다양화)한 논리 체계이다(FSA, 18-19쪽 참조).

여기서 일차적으로 고려하고자 하는 것은 논리 연산에 관한 불 대수의 기본 연산을 보존하면서 논리를 정립할 경우에 나타나는 불 대수의 특수 체계로서의 명제 논리와 (이를 2치 원리 하에서 확장한 체계로서의 술어

---

195 우카세비츠의 진리값에 대한 정의 $v(a \supset b)=Min(1, 1-v(a)+v(b))$는 필자의 논의와 관련하여 논리합 "∨"가 아닌 대수합 "+"를 사용하는 문제점을 갖는다. (대수에 관한 한 대수합이 사용되는 범주와 논리합이 사용되는 범주는 구별될 수 있다는 것(예: 멱등법칙)을 고려할 것.) 전자의 영역에서 배분법칙이 반드시 성립하지는 않으나 후자의 영역에서는 배분법칙이 성립한다.

논리와) 퍼지 논리 사이에서 성립하는 고전 논리와 표준 퍼지 논리 간의 차이성이다. 이에 관한 차이는 불 대수의 공리5 배중률과 모순율이 퍼지 논리에서 더 이상 타당하지 않다는 사실에서 두드러지게 드러난다. 이를 위하여 불 대수를 만족하는 전통 집합과 전통 명제 논리로부터 표준 퍼지 집합과 표준 퍼지 논리가 어떻게 구별될 수 있는지를 검토해 보자.

개념의 외연에 해당하는 집합에 있어서 원소와 집합의 소속 관계(소속 이항 관계연산) " ∈ "는 원소가 집합에 속하거나 속하지 않거나 하는 두 가지 경우만 갖는다. 이를 고전 논리에 적용할 경우, 고전 논리의 의미 해석을 위한 만족(satisfaction) 모형이 성립한다. 이때 원소와 집합 간의 소속 관계에 대한 **정도 값**을 소속 함수(membership function)로 하여 일반화한 체계가 퍼지 집합이다.[196] 그리고 이를 퍼지 논리에 대응시킬 경우 진리 소속 정도에 따른 일반화가 성립한다.

이로부터 기본적인 퍼지 집합과 퍼지 정합 문장이 성립한다. 이는 확정성을 가정하는 전통 집합과 명제의 특성을 만족하지 않는 집합과 문장들이다. 그리고 이에 대하여 불 대수에 사용된 일항, 이항 연산 ㄱ, ∨, ∧ 을 기본 연산으로 사용할 경우, 그것에 몇몇 정의를 부가하여 표준 퍼지 집합과 표준 퍼지 논리 체계를 구성할 수 있다.

여기서 불 대수의 기본 연산을 보존하는 표준 퍼지 집합과 표준 퍼지 문장논리를 불 대수 체계의 공리1-공리5에 적용할 경우, 주어진 집합과 논

---

196 [퍼지 집합] (1항 관계)공집합이 아닌 집합 X 위에서의 퍼지 집합 A는 다음의 소속 함수 $\mu A(x)$를 만족하는 순서쌍들의 집합이다.

$A = \{(x, \mu A(x)) | x \in X\}, \ \mu A(x) : X \rightarrow [0, 1]$

(소속 함수 하에서 전통 집합의 소속 관계는 다음의 특성함수로 나타낼 수 있다;

$\mu A(x) : X \rightarrow \{0, 1\}, \ \mu A(x) = 1, \ x \in A$

$0, \ x \notin A$)

리는 여법칙(공리5)을 제외한 나머지 공리들을 만족한다([정리4], [정리7]). 지적한 것처럼 여법칙은 다름 아닌 고전 논리의 배중률과 모순율에 해당한다. 이로부터 일차적으로 다음을 말할 수 있다.

(5) 표준 퍼지 집합과 표준 퍼지 논리 하에서 배중률과 모순율은 더 이상 타당한 논리의 원리가 아니다.

정리 (5)는 배중률과 모순율이 불 대수의 이항 연산 ∨, ∧ 과 직접적으로 관련된 원리가 아니라는 사실을 함의한다. 왜냐하면 부정에 관한 연언과 선언에 있어서 극대, 극소 값이 반드시 1과 0이어야 할 필연성은 ∨, ∧ 자체로부터 마련되지 않기 때문이다([정리7] 참조).[197]

그러나 정리 (5)에서 지적된 배중률과 모순율이 항상 만족되지 않는 것은 아니다. 전술한대로 표준 퍼지 집합과 논리의 소속 함수가 (0, 1의) 특성 함수로 나타나는 한 배중률과 모순율은 성립한다. 그리고 소속 함수가 0, 1의 특성 함수로 나타나는 한에서 바로 불 대수의 일항 관계 연산 "¬" 에 대하여 0, 1은 양립할 수 없는 배타적 관계를 이룬다. 즉 P의 값($\mu_A(x)$)이 1일 경우 그것의 부정은 0이며 그 역 또한 마찬가지이다. 이를 보여주는 것이 다름 아닌 불 대수 정의의 "공리5" 배중률과 모순율이다.

이로부터 배중률과 모순율이 2치 원리 하에서 성립하는 모순(또는 참, 거짓)의 배타적 관계 하에서야 비로소 타당한 논리 원리라는 것을 알 수 있다. 역으로 "공리5"를 바탕으로 알 수 있듯이 배중률과 모순율은 모순

---

197 이는 확률 이론과 퍼지 이론의 차이성을 극명하게 드러내준다. 확률 이론에서의 대수합은 여 연산에 관한 항상 1의 값을 갖는다. 예) $P(A) + P(A^c) = 1$ 〈가법성 조건〉. 그러나 퍼지 이론에서 〈가법성의 조건〉은 필연적이지 않다. 퍼지 이론은 〈단조성 조건〉에 기초해 있다.

(또는 참, 거짓)의 배타적 관계를 마련해 주는 2치 논리의 기초이다. 이로부터 다음을 정리할 수 있다.

(6) 배중률과 모순율은 (0, 1 또는 참, 거짓 사이의 배타적 모순관계를 가정하는) 2치 논리에서 타당한 논리의 원리들이다.

그리고 (5)와 (6)으로부터 다음 귀결을 끌어낼 수 있다.

(7) 표준 퍼지 집합과 논리에서 전통 논리의 공리인 배중률과 모순율은 특수한 경우에 만족된다. 부정 연산에 관한 배타적 모순은 그 중간을 허용하는 상관적 모순의 특수 경우이다.[198]

(6)의 사실은 2치 논리에 대한 최초의 중간 값을 허용하는 3치 논리 체계들에서조차 배중률이 타당성하지 않다는 데서 잘 드러난다. 배중률과 모순율이 다치 논리를 포함하는 퍼지 논리에서 더 이상 타당하지 않다고 할 경우, 이는 함의 ⊃에 대한 정의의 문제를 야기한다.[199] 왜냐하면 명제 논리에 있어서 배중률 P∨¬P는 P⊃Q = ¬P∨Q로 정의되는 실질 함의에서 ("항진"으로 나타나는) "P⊃P"로 간주될 수 있기 때문이다.[200] 만약 퍼지 논리에서 ¬P∨Q의 정의를 그대로 받아들여 그것을 함의 정의로 사

---

198 여기서 배타적 모순은 참, 거짓의 연언관계에 있어서 그 중간 값을 허용하지 않는 경우를 나타내고, 상관적 모순은 그 중간 값들을 허용하는 경우를 나타낸다.

199 이는 함의 ⊃에 기초한 전통 연역 논리의 공리와 추론규칙의 정립 그 자체에 대한 본질적인 문제제기이다.

200 1. P∨¬P (배중률) 2. ¬P∨P (교환법칙) 3. P⊃P. 이는 [쌍대원리]에 의하여 모순율에도 동일하게 적용될 수 있다.

용한다고 할 경우, 전통 연역논리의 기본식인 동일률 "$P \supset P$" 또한 타당하지 않게 된다. 즉 "$P \supset P$"가 반드시 ("항진"인) 동어반복일 필요가 없다.[201]

소속 함수에 의해 참, 거짓의 양극 값에 대한 중간 값들을 허용하는 자데에 의해 구상된 (자데의) 퍼지 논리는 고전 논리뿐만 아니라 다치 논리와 비교해서도 굉장히 파격적이다. 다치 논리와 구별된 의미에서의 자데의 퍼지 논리는 다음 의미에서의 고전 논리와 같은 의미 해석과 구문론적 체계를 말하기 힘들다.[202]

의미 해석과 증명론적 차원에서 고전 논리는 "항진"으로 간주될 수 있는 "동어반복"이나 "논리적 타당성"에 대한 의미 해석과 "항진(논리적으로 타당한 것)"에 상응하는 기본 공리와 추론규칙으로 이루어진 구문론적 체계를 건전성 정리와 완전성 정리를 통해 동치화하는 것이 가장 중요하다. 이 점에 관한 한 중간 값들을 허용하는 다치 논리도 (고전 논리와) 마찬가지이다.

그러나 자데의 퍼지 논리는 "항진"에 기초하여 그것의 의미 해석과 구문론적 체계를 구상한 논리라고 보기 어렵다.[203] 즉 자데에 의해 제시된 퍼

---

201 이는 실제로 다치 논리에서 함의에 대한 새로운 정의 문제를 야기시켰다. 우카세비츠는 이를 일반화한 n-치 논리에서 함의를 Min(1, 1+b-a)로 정의하고 있으며, n치 논리를 무한 다치($\aleph_1$) 논리로 확장한다.

202 학(S. Haack)은 이 점을 퍼지 논리를 논리로 간주할 수 없는 주요한 이유로 삼고 있다(Haack(1996), 235-36쪽).

203 이는 퍼지 논리의 의미해석이 진리 값과 양화 그리고 술어/관계를 소속 함수를 통해 ([0, 1] 사이의 계산 가능한 범위 내에서) 정도를 일반화시키고 있을 뿐 그것을 더 이상 소속 정도가 항상 1의 값을 갖는 고전 논리의 "항진"으로 환원하고 있지 않다는 데서 잘 나타난다. 마찬가지로 그것의 구문론적 체계 또한 소속 함수가 항상 1의 값을 갖는 것을 공리와 추론규칙으로 선택하여 이루어지지 않고 자연 언어 안에서 드러나지 않는 소속 함수를 통한 일반화가 계산 가능하도록 기본적인 규칙을 정초하는 데서 잘 드러난다. 이 점에서 퍼지 논리는 다치 논리보다 훨씬 파격적인 논리라고 할 수 있다.

지 논리는 한편으로 그것의 의미 해석을 위하여 언어 변형자와 진리 정성자, 진리 정량자가 부가된 자연 언어의 문장을 정합문장으로 선택하여 정초된 것이다(양은석(1997a) [정의5-2.0], *3 참조). 그리고 다른 한편으로 그것에 대한 실제 추론에 맞는 계산(calculus)을 위하여 적절한 계산 규칙이 부가된 것이다(같은 글, [정의5-3.1], [규칙5-3.2] 참조). 그러나 이 두 측면을 건전성과 완전성을 통해 혹은 그에 상응할만한 것들에 의해 의미해석과 구문론을 연관짓지 않는다. 이는 고전 논리와 자데의 퍼지 논리의 근본적인 차이점을 극명하게 보여준다.

공리 연역 체계로서의 고전 논리가 2치 논리에서 "항진(논리적 타당)"인 문장들을 기본 대상으로 하여 정초되는 논리인 반면, (다치 논리를 포함하는) 퍼지 논리는 참, 거짓을 포함하는 (참, 거짓에 대한 정도 값을 수반하는) 문장들을 기본 대상으로 하여 정초 되는 논리이다. 전통 논리와 마찬가지로 고전 논리에서는 논리의 원리들이 (체계에 관계없이) 절대적으로 참이어야 한다고 가정하는 반면 퍼지 논리에서는 그렇지 않다. 위의 사실과 관련하여 이를 정리하면 다음과 같다.

(8) 공리 연역체계로서의 고전 논리는 (2치 논리에서 "항진인 (또는 논리적으로 타당한)") 참인 문장들과 그것들 사이의 관계를 다루는 논리이다. 반면에 (표준) 퍼지 논리는 참, 거짓의 중간 값들을 갖는 문장들과 그것들 사이의 관계를 (적절한 계산) 규칙을 갖고 다루는 논리이다.

(7), (8)과 관련된 고전 논리와 퍼지 논리의 차이점은 함의(implication)의 차이에서 잘 드러난다. 고전 논리는 의미 해석과 증명론적인 차원에서 건전성 정리와 완전성 정리를 통한 외적인 완결성에도 불구하고, 전건이

후건을 함의하는 실질 함의가 전제가 참일 경우 결론이 거짓일 수 없는 논리적 함의을 제대로 반영하지 못하는 문제를 안고 있다.[204]

[정의3]의 함의 정의에서 보듯 근사 추론(approximate reasoning)을 목적으로 하는 퍼지 논리(TAR, 367-68, 379쪽)는 그러한 함의 정의를 더 이상 받아들이지 않는다.[205] 그럼에도 불구하고 앞선 배중률과 모순율에서처럼 퍼지 문장논리의 함의와 실질 함의 사이의 진리함수적인 관계를 고려할 수 있다. 즉 p⊃q 에서 p, q가 0, 1의 값만 가질 경우, [정의3]의 함의와 실질 함의는 같은 진리 값을 갖는다.[206] 그러나 p, q가 0, 1뿐만 아니라 그 중간 값들을 가질 경우, 함의 ⊃은 0, 1이 아닌 값을 가질 수 있다. 즉

(9) 표준 퍼지 논리에서 함의에 관한 한 전통 논리의 실질 함의는 특수한 경우에 만족된다; (표준 퍼지 관계논리의) 근사추론에서 정의되는 함의 ⊃은 그것의 소속 함수가 0, 1의 특성함수로 나타나는 한에서 고전 논리의 (실질) 함의를 만족한다.

이러한 특성은 고전 논리의 추론 규칙 긍정식과 부정식에도 마찬가지로 적용될 수 있다. 즉 근사 추론에 사용되는 후향 추론과 전향 추론은 긍

---

204 이 점을 문제 삼는 대표적인 논리가 엄밀 함의(strict implication)를 주장하는 양상 논리이다. 연관 논리는 논리적인 필연성(necessity) 뿐만 아니라 연관성(relevance)도 문제 삼는다. 두 논리의 구체적인 논의를 위해서는 필자의 『논리와 구조』를 참조할 것.
그간 실질 함의에 대해서 많은 비판이 있었다. 루이스(C. I. Lewis(1918))는 대안적 실질 함의로 엄밀 함의(strict implication)를 제시했고, 앤더슨과 벨납(Anderson & Belnap(1975))은 연관 함의(relevant implication, entailment)를, 루이스(D. Lewis)(1973)와 스톨네이커(R. C. Stalnaker)(1968)는 상대역 함의(counterfactual implication)를 제시했다.

205 전통 (명제) 논리의 함의에 대한 문제제기에 대해서는 FST, 140-41쪽을 참조할 것.

206 즉 ⊃(p, q) = 1(1, 1), 0(1, 0), 1(0, 1), 1(0, 0)

정식과 부정식을 특수한 경우에 만족하는 일반화된 긍정식과 부정식에 해당한다(양은석(1997a), [정리5-3.8], □5, □6 참조).

보다 중요한 차이는 근사 추론이 전제로부터 결론의 추론에 종래의 귀결 관계를 더 이상 사용하지 않는다는 점이다. 근사 추론에서 전제와 결론 (사이의 관계)는 그것들의 소속 함수의 값이 일치하는 최적 해를 찾는 것이다.[207] 그러한 한에서 근사 추론은 일종의 관계 방정식을 형성한다.

이는 고전 논리와 퍼지 논리의 전제로부터 결론으로의 추론에 있어서 차이를 보여준다. 왜냐하면 고전 논리에서의 결론은 긍정식에서 나타나듯 전제의 범위를 넘지 않는데 반하여[208] 근사추론에서의 결론은 전제의 범위를 넘어선 새로운 것일 수 있기 때문이다. 즉 A, A ⊃ B의 전제에서 긍정식을 사용해서 B를 결론으로 끌어낸다고 할 때, B는 이미 전제(의 일부)로 있었던 것이다. 반면 그것의 일반화에 해당하는 A', A⊃B의 전제에서 후향 추론 즉 일반화된 긍정식에 의해 B'을 결론으로 끌어낸다고 할 때, B'이 반드시 전제(의 일부)일 필요가 없다.[209]

---

207 퍼지 관계방정식의 해와 관련하여 이혜경(1992), 산체스(E. Sanches)(1979) 등을 참조할 것.

208 긍정식에 대한 전제와 결론 사이의 표준형식은 P, P⊃Q ⊢ Q 이다. (여기서 ⊢ 의 왼쪽은 전제이고 오른쪽은 결론이다.)

209 일부 독자는 퍼지 논리에서 실질 함의를 포함한 배중률과 모순율이 특수한 경우에 만족될 수 있다는 사실((7), (9))에 착안하여, 퍼지 논리를 고전 논리의 확장으로 생각해 볼 수 있을 것이다. 진리 치에 관한 한 (다치 논리를 포함한) 퍼지 논리는 분명 2치 논리의 확장이다. 그 점이 어떻게 확장의 문맥에서 다루어질 수 있는지에 관해서는 필자의 (1999b)를 참조하기 바란다.

4. 배중률과 모호성

3절의 [정리7]에서 드러나듯이 퍼지 논리에서 여법칙은 일반적으로 적용될 수 없다. 그리고 이 여법칙이 논리적 원리인 배중률과 모순율에 해당한다. 따라서 퍼지 논리에서 전통 논리의 공리 배중률은 더 이상 타당한 논리적 원리가 아니다. 이는 개념의 확정성을 더 이상 받아들이지 않고 그 중간의 모호한 정도를 인정함으로써 귀결된 현상이다. 즉 [0, 1]의 연속 값은 임의의 대상이 개념에 일정 정도 속하거나 속하지 않을 수 있는 모호한 정도 값을 나타낸다. 그러한 모호성을 수용한 논리가 (다치 논리와) 퍼지 논리이며 거기서 전통 논리의 공리 배중률과 모순율은 더 이상 타당한 논리적 원리가 아니다.

09
철학과 논리

논리에 관한 '논리주의'와 '직관주의' 그리고 비트겐슈타인의 '자연주의'에 대한 논의는 일차적으로 논리적 원리들의 타당성 범위나 해석의 차이점을 보여준다. 그러나 배중률 논쟁을 놓고 본 '논리주의'와 '직관주의' 그리고 비트겐슈타인 '자연주의'의 입장 차이에는 표면적으로 드러나는 기호화된 논리적 원리와 그것의 해석 이상으로 철학적인 입장 차이가 있다. 이에 대한 검토는 '논리란 무엇인가'라는 질문으로 되돌아가도록 한다. 왜냐하면 논리주의나 직관주의 그리고 자연주의 모두 각각의 철학적 입장에 따라 배중률에 대해 서로 다른 태도를 보이기 때문이다.

무엇을 논리로 간주할 수 있는가? 어떤 논리적 원리가 더 근본적인가? 프레게가 비판하는 놀이 형식주의자들처럼 논리가 단순히 규칙을 가진 자의적 놀이라면 궁극적으로 논리는 놀이의 일부에 불과한 것이 아닌가? 그렇다면 그것을 논리라고 불러야 할 마땅한 이유가 어디 있는가? 이에 대하여 수정된 입장 가령 커리의 형식주의를 좇아 경험적 성과에 따라 논리를 평가한다고 할 경우, 논리는 단지 도구적 기능만 갖게 되는 것은 아닌가? 도구의 평가 기준은 무엇인가? 콰인 식의 실용성인가? 최고의 실용성을 갖는 것이 좋은 논리인가?

이에 대하여 논리주의, 직관주의 그리고 비트겐슈타인 모두 논리의 원리들을 '사유의 법칙'으로 간주하고 있다는 사실은 한번쯤 주목해 볼 만하다.[210] 논리에 관한 플라톤주의를 가정하지 않는 한, 논리주의의 (사유 법칙으로서의) 논리의 원리들을 맹목적으로 받아들이기는 어렵다. 왜냐하면 플라톤과 아리스토텔레스가 인정하듯 현실 영역에서 전통적 논리의 원리들이 항상 적용되는 것도 아니며(『국가』 477a-b, 479a-480, 『형이상학』 Γ, 1002a5-8 참조) 현실과 직접적으로 연관된 자연 언어에서 또한 마찬가지이기 때문이다. 특히 수학을 논리학으로 환원하려는 논리주의의 목적과는 달리 무한 영역에서는 전통적 논리의 원리들로 증명될 수 없는 문장들이 발생한다.

직관주의 입장 또한 유사한 문제점을 안고 있다. 비록 논리주의처럼 형이상학적인 존재를 가정하지 않을지라도 논리적 원리들에 관한 선험적 영역에서의 자명성 주장은 선험주의를 일종의 독단주의로 간주하는 커리의 비판을 벗어나기 어렵다. 특히 배중률을 포함한 몇몇 논리의 원리들을 제외한 여타의 원리들이 어떤 의미에서 직관적으로 자명한지는 사실상 분명하지 않다. 나아가 유한 수학에 관한 한 논리적 원리들이 타당하다고 할지라도 논리가 유한 수학을 위한 도구인가 하는 데에는 의문의 여지가 있다.

---

210 그러나 사유의 법칙으로서의 논리의 원리들이 이들에게서 모두 동일하게 평가되는 것은 아니다. 이에 대한 실질적인 논의가 배중률에 대한 "논리주의"와 "직관주의" 그리고 비트겐슈타인의 "자연주의"의 입장 차이를 통해 지금까지 검토되었다.

비트겐슈타인이 지적하듯 자연 언어의 실제적 형식과 추론이 고전 논리를 포함한 전통 논리의 주술형식(과 관계형식) 그리고 동어반복에 기초한 추론만으로 성립하지 않는다고 할 경우, 전통 논리의 원리들에 대한 한계는 더욱 자명해 보인다. 반면 비트겐슈타인 식 규약은 다음의 철학적 발상을 생각해 보도록 한다. 즉 전통 논리학의 논리적 원리들이 그것이 가정하는 세계의 대상들과 관련하여 발생하고 그러한 대상들에 대하여 타당한 원리로 작용하며 그러한 세계관을 구상하고 질서매기는 데서 성립할 수 있는 사유 법칙이라면, 한 세계관을 지배하는 논리의 원리들에 대한 탐구는 그러한 세계관을 공유하는 언어 집단의 사유 법칙으로도 간주될 수 있을 것이다.

그러나 비트겐슈타인은 한 문화로서의 한 언어 놀이를 말하고 있음에도 불구하고 환원주의 비판에 경도된 나머지[211] 논의가 단지 언어 놀이의 유사성과 차이성을 지적하는 선에 그칠 뿐이다. 반면 퍼지 논리의 경우 논리 철학적 의미는 사장되고 그 실용성이 지나치게 강조된 느낌이다.

논리 철학적 맥락에서 일차적으로 생각해 볼 수 있는 것은 사(史)적인 관계를 무시하지 않는 한에서 언어 공동체 나아가 인류 공동의 세계관을 지배하는 논리적 원리들을 다시 찾아보는 것이다.[212] 혹 자연 언어나 정보의 쓰임에 맞는 현실적인 논리 모형의 탐구가 진행될 수도 있다. 그러나 지나친 실용성의 강조는 논리를 단지 도구화할 뿐이다. 또 지나간 세계관에 대한 집착은 논리를 형이상학화하기 쉽다.

---

211 비트겐슈타인에게서 환원주의는 "일반성에 대한 열망"이나 "단순성에 대한 열망" 따위로 묘사되어 나타난다(BB, 17쪽, LC, 36쪽).

212 이러한 작업의 모범적 사례를 박동환(1993)에서 발견할 수 있다.

이 저술에서는 아직 논리가 무엇인지 또 논리를 어떻게 평가하는 것이 바람직한지에 대한 분명한 입장 표명이 이루어지지 않았다. 굳이 말하라면 현재 필자의 입장은 철학적 차원에서는 자연주의에, 형식적 차원에서는 구조주의에 가장 가깝다. 대체로 이 저술은 전자의 측면에 초점이 맞춰져 있다. 후자의 측면은 다른 저술 『논리와 구조』를 통해서 설명될 기회가 있을 것이다. 그러나 이러한 필자의 입장이 이 저술에서 일관되게 충분히 반영되었다고는 보기 힘들다. 또 필자는 자연주의와 구조주의가 어떻게 조화될 수 있는지 아직 답을 내리지 못한 상태이다. 그것은 필자 그리고 독자들이 앞으로 함께 고민해야 할 몫이다.

결론 부분에 해당하는 이 장을 다시 쓰고 싶었다. 그러나 '논리가 무엇인가'에 대한 분명한 입장이 정립되지 않은 채 이 장을 다시 쓰는 것은 쪽수를 늘리는 것 그 이상의 의미를 지니지 않는 것처럼 보였다. 반복된 지적이지만 한 가지 분명한 것은 필자의 논리에 대한 입장은 자연주의에 가깝다는 것이다. 그러나 그것만으로 비트겐슈타인의 논리 철학적인 입장을 지지하는 데에는 다소 무리가 있어 보인다. 보다 완결된 결론 구성은 다음 기회로 미루는 수밖에 없다.

한 가지 짚고 넘어가고 싶은 것은 필자가 이 글을 지금과 같은 방식으로 구성한 두 가지 이유이다. 첫째는 전통 논리학의 형성기라고 하여 배중률과 관련하여 플라톤과 아리스토텔레스의 논리 철학을 다룬 이유이다. 필자는 현대 논리학의 형성에 지대한 영향을 미친 논리주의가 그들의 철학에 힘입은 바 크며, 우리의 논리학 수업의 대부분을 차지하는 고전 논리는 그러한 철학적 입장과 밀접히 연관되어 있다는 점을 독자들이 숙지하였으면 한다. 즉 독자들이 논리학 수업을 들을 때 단지 기계적 차원의 훈

련이 아니라 이러한 면을 염두에 두고 논리학 수업을 들었으면 한다.

둘째는 이와 관련하여 직관주의와 비트겐슈타인 그리고 자데의 논리철학을 다룬 이유이다. 필자는 독자들이 일단 고전 논리에서 사용되는 개념과 논리적 훈련에 익숙해지는 것이 중요하지만, 고전 논리가 성립하기 위한 전제들과 (고전 논리의) 한계를 짚어보고 그것들을 문제 삼을 수 있었으면 하는 근본적인 바람이 있다. 즉 고전 논리에 얽매이기보다는 좀 더 자유로운 방식으로 논리에 접근했으면 한다. 이 책에서 다룬 직관주의 논리와 퍼지 논리뿐만 아니라 우리가 다루지 않은 양상 논리, 연관 논리, 다치 논리 등의 발생과 체계화는 그러한 문제의식에서 비롯된 것들이다.

필자는 체계성과 엄밀성을 갖춘 논리학을 좋아한다. 왜냐하면 특정 원리에 따라 체계적이고 엄밀한 방식으로 따져 보았을 때 필자의 논리에 대한 구상이나 직관이 잘못된 경우를 자주 발견해왔기 때문이다. 그 점에서 형식 논리학은 좋은 본보기를 제시한다. 좀 더 자유롭게 논리에 접근한다는 것이 반드시 논리가 지닌 체계성과 엄밀성을 해치지는 않는다. 독자는 어떻게 체계성과 엄밀성을 잃지 않으면서 보다 다양한 논리학을 고려할 수 있는지를 필자의 다른 저술 『논리와 구조』를 통해 좀 더 이해 할 수 있을 것이다.

참고문헌

김대성.(1992). "Formalization of the first-order predicate calculus in intuitionism". 연세대학교 수학과 석사학위논문.

김동식.(1995). 「자연주의 인식론의 철학적 의의」. 『철학적 자연주의』. 한국분석철학회편. 서울: 철학과 현실사.

김효명.(1995). 「흄의 자연주의」. 『철학적 자연주의』. 뉴턴 가버 · 이승종.(1998). 『데리다와 비트겐슈타인』. 이승종 · 조성우 옮김. 서울: 민음사.

박동환.(1993). 『동양의 논리는 어디에 있는가』. 서울: 고려원.

박만엽.(1998). 「비트겐슈타인의 수학 기초론 비판」. 중앙대 대학원 철학과 박사학위논문.

박정일(2002). 「튜링의 다리와 비트겐슈타인의 수학철학」, 『논리연구』, 5집 2호.

박우석.(1992). 「프레게의 포섭, 종속 구별」. 『연세철학』. 제1권.

양문흠.(1992a). 「소피스트 편에서의 '존재하는 것과 그렇지 않은 것을 구분하는 기준'의 문제」. 『철학연구』 제30집. 철학연구회.

______.(1992b). 「실재에 대한 이성적 인식의 조건: 소피스테스 편 248d-249d의 경우」. 『철학연구』 제31집. 철학연구회.

______.(1995). 「《소피스테스》에서의 형상들 사이의 '결합 능력'에 관한 고찰」. 『서양

고대 철학의 세계』. 한국 서양고전철학회편. 서울: 서광사.

양은석.(1993). 「논증과 전제의 필연성에 대한 비판적 탐구」. 연세대학교 철학과 석사학위논문.

______.(1997a).「논리적 개념의 불확정성에 관한 연구」. 연세대학교 철학과 박사학위논문.

______.(1997b).「논리적 원리들의 타당성에 관하여」.『논리연구』 제1집.

______.(1998a).「후기 비트겐슈타인의 자연주의적 언어관」. 분석철학회 1998. 봄 정기 학술발표문.

______.(1998b).「배중률의 언어 · 철학적 전제」.『철학』 제56집.

______.(1999a).「후기 비트겐슈타인 자연주의 언어철학」.『철학』 제60집.

______.(1999b).「진리함수와 의미론적 확장」.『논리연구』 제3집.

______.(1999c).『논리와 철학』. 서울: 동과서.

______.(2000a).「플라톤 '이다/아니다' 논의에 관하여」.『철학』 제64집.

______.(2000b).「비트겐슈타인 수리철학 논쟁」.『철학연구』 제50집.

______.(2002). 「자연주의 두 얼굴: 과학주의 대 반과학주의」.『철학』 제73집.

______.(2004). 「비트겐슈타인의 무한: 유사-유한주의」,『철학』, 78집.

______.(2014). 『논리와 구조』, 전주: 전북대출판문화원.

이건표.(1992). 『비트겐슈타인의 철학과 마음』. 서울: 자유사상사.

이승종.(1991). "Wittgenstein's Attitude toward Contradiction". Dr. dissertation of Graduate School of State Univ. of New York at Buffalo.

______.(2000). 「청년 비트겐슈타인의 수리철학」『철학적 분석』 제1호 봄.

______.(2002). 『비트겐슈타인이 살아있다면』, 서울: 문학과지성사.

이종권.(1993). 「배중률에 대한 직관주의의 반론」.『과학과 철학』. 제1집. 과학사상연구회. 서울: 통나무.

이혜경.(1992). "Fuzzy Relational Equations and Their Applications". 연세대학교 대학원 수학과 석사학위논문.

최세만.(1992). 「비트겐쉬타인의 '보여줌의 理說'과 철학」. 연세대학교 철학과 박사학위논문.

최희봉.(1996). 『흄의 철학』. 서울: 저작 아카데미.

코스코.(1995). 『퍼지식 사고』. 공성곤, 이호연 옮김. 서울: 김영사.

흄.(1994). 『오성에 관하여: 인간본성에 관한 논고 제1권』. 이준호 옮김. 서울: 서광사.

______.(1996). 『인간 오성의 탐구』. 김혜숙 옮김. 서울: 고려원.

Ackrill, J. L.(1965). "SYMPLOKE EIDON". *Studies in Plato's Metaphysics.* ed. by R. E. Allen, London: Routledge &Kegan Paul.

______.(1978). "Plato and the Copula: Sophists 251-259". Plato: *A Collection of Critical Essays.* ed. by G. Vlastos. Notre Dame: Univ. of Notre Dame Press.

Anderson, A. R.(1964). "Mathematics and the "Language Game"", *Philosophy of Mathematics*, New Jersey, Prentice-Hall.

Anderson, A. R. and Belnap, N. D.(1975). *Entailment: The Logic of Relevance and Necessity*, vol 1., Princeton: Princeton Univ. Press.

Anderson, A. R., Belnap, N. D., and Dunn, J. M.(1992). *Entailment: The Logic of Relevance and Necessity*, vol. 2, Princeton, Princeton Univ. Press.

Aristotle.(1933). "Metaphysics". vol. 17. bk1-9. *The Loeb Classical Library*. no. 271. trans. by H. Tredenick.

______.(1935). "Metaphysics". vol. 18. bk10-14. *The Loeb Classical Library*. no. 287. trans. by H. Tredenick. & G. C. Amstrong.

______.(1938). "Categories on Interpretation & Prior Analytics". vol. 1. *The Loeb Classical Library.* no. 325. trans. by H. P. Cooke. & H. Tredenick. Cambridge: Harvard Univ. Press.

______.(1960). "Posterior Analytics & Topics". *The Loeb Classical Library*. no. 391. trans.

by H. Tredenick. & E. S. Forster.

______.(1966). *The Works of Aristotle*. vol. VIII. London: Oxford Univ. Press.

______.(1968). *The Works of Aristotle*. vol. I. trans. by H. Tredenick. London: Oxford Univ. Press.

Arrington. R. L.(1986). "Wittgenstein and Contradiction". *Wittgenstein: Critical Assessments*. vol. III. London: Croom Helm. 1986. 75.

Baker, G. P. and Hacker, P. M. S.(1980). *Wittgenstein: Meaning and Understanding*. Oxford: Basil Blackwell.

______.(1984). *Scepticism, Rules and Language*. Oxford: Basil Blackwell.

______.(1985). *Wittgenstein: Rules, Grammar and Necessity*. Oxford: Basil Blackwell.

______.(1986). "Wittgenstein Today". Wittgenstein: *Critical Assessments*. vol. II. 47.

Beall, J. C. and Restall, G.(2006). *Logical Pluralism*. Oxford: Clarendon Press.

Bernays, P.(1986). "Comments on Ludwig Wittgenstein's Remarks on the Foundations of Mathematics", *Wittgenstein: Critical Assessments*. vol. III.

______.((1989). "On platonism in mathematics", Philosophy of Mathematics. (eds) P. Benacerraf & H. Putnam. Cambridge: Cambridge Univ. Press.

Black, M. (1966). *Language and Philosophy*. New York: Cornell Univ. Press.

Boole, G.(1954). *An Investigation of The Laws of Thoughts*. New York: Dover Publications, INC.

Bostock, D.(1978). "Plato on 'Is Not'". *Oxford Studies in Ancient Philosophy*. vol. II. ed. by J. Annas, Oxford: Clarendon Press.

Brouwer, L. E. J.(1975). *Collected Works*. vol. 1. ed. by A. Heyting. New York: North-Holland Publishing Company.

______.(1977). "Intuitionistic reflections on formalism". *From Frege to Gödel*.

______.(1977). "On the domains of definition of functions". *From Frege to Gödel*. (DDF)

______.(1977). "On the significance of the principle of excluded middle in Mathematics, especially in function theory, Addenda and Corrigenda, and further addenda and corrigenda(1923b,

1954, 1954a)". *From Frege to Gödel.* ed. by van Heijenoort. J. Cambridge: Harvard Univ. Press. (PEM)

______.(1981). *Brouwer's Cambridge Lectures on Intuitionism.* ed. by D. van Dalen. Cambridge: Cambridge Univ. Press. (BCLI)

______.(1989). "Consciousness, Philosophy and Mathematics". *Philosophy of Mathematics*. (CPM)

______.(1989)."Intuitionism and formalism". *Philosophy of Mathematics.* 2nd ed. ed. by Benacerraf. P. & Putnam. H. Cambridge: Cambridge Univ. Press. 1989. (IF)

Brown, B.(2002), "On paraconsistency". *A companion to philosophical logic*, (ed.) D. Jacouette. Oxford: Blackwell Publishers Ltd.

Carnielli, W. A. and MArcos, J.(2002). "A Taxanomy of C-Systems". *Paraconsistency*, (eds.) W. A. Carnielli et. al.. New York: Marcel Dekker Inc..

Cherniss, H.(1962). *Aristotle's Criticism of Plato and The Academy*. New York: Russell & Russell INC.

Chihara, C. S.(1963). "Mathematical discovery and concept formation", *Ludwig Wittgensteion: Critical Assessments*, vol. 3.7

______.(1963). "Wittgenstein's analysis of the paradoxes in his *Lectures on the Foundations of Mathematics", Ludwig Wittgensteion: Critical Assessments*, vol. 3.

______.(1977). "Wittgenstein's Analysis of the Paradox in his Lectures on the Foundations of Mathematics", The philosophical Review 86(3), 365-381.

______.(1986). "Wittgenstein's Analysis of the Paradox in his Lectures on the Foundations of Mathematics". *Wittgenstein: Critical Assessments*. vol. III. 74.

Cornford, F.(1979). *Plato's Theory of Knowledge*. London: Routledge & Kegan Paul LTD.

Copeland, B. J.(ed).(1996). *Logic and Reality*. Oxford: Clarendon Press.

Curry, H. B.(1989). "Remarks on the definition and nature of Mathematics". *Philosophy of Mathematics.*

Deneyer, N.(1993). *Language, Thought and Falsehood in Ancient Greek Philosophy*. London: Routledge & Kegan Paul LTD.

Descartes, R.(1985). "Discourse on the Method". *Philosophical Writings of DESCARTES.*

_______.(1985). "Rules for the Direction of the Mind". *Philosophical Writings of DESCARTES.* trans. by J. Cottinghamm(외) Cambridge: Cambridge Univ. Press.

Drury, M. O'C.(1981). "Some Notes on Conversations with Wittgenstein" & "Conversations with Wittgenstein". *Ludwig Wittgenstein: Personal Recollections*. ed. R. Rhees. Oxford: Basil Blackwell.

Dunn, J. M.(1986). "Relevance logic and Entailment". *Handbook of Philosophical Logic*, vol. 3, (eds.) D. Gabbay and F. Guenthner, Dordrecht: Reidel Publisher company.

Dummett, M.(1978). "Wang's Paradox". *Truth and Other Enigmas.* London: Duckworth.

______.(1981). *Frege : The Philosophy of Language*. 2nd ed. London: Ebenezer Baylis & Son LtD.

_______.(1986). "Wittgenstein's Philosophy of Mathematics". *Wittgenstein: Critical Assessments*. vol. III. 57.

______.(1991). *Frege : The Philosophy of Mathematics*. Cambridge: Harvard Univ. Press.

Engel, S. M.(1970). "Wittgenstein and Kant". Philosophical and Phenomenological Research, 30. Univ. of Buffalo.

Esenin-Volpin, A. S.(1970). "The Ultra-Intuitionistic Criticism and the Anti-Traditional Program for the Foundations of Mathematics" *Intuitionism and Proof Theory*. (eds.) J. Myhill, A. Kino, and R. E. Vesley. Amsterdam: North-Holland.

Field, H.(1980). *Science without Numbers.* Princeton: Princeton Univ. Press.

______.(1989). *Realism, Mathematics and Modality*. New York: Basil Blackwell.

Frascolla, P.(1994). *Wittgenstein's Philosophy of Mathematics.* London: Routledge.

Frege, G.(1970). "A critique elucidation of some points in E. Schroeder's Vorlesungen ueber die Algebra der Arithmetik". trans. by Geach. *Translations from the Philosophical*

Writings of Gottlob Frege. (SV)

_______.(1970). "Frege against The Formalists". trans. by Max Black. *Translations from the Philosophical Writings of Gottlob Frege*. (FAF)

_______.(1970). "Frege on Definition". trans. by Geach. P. T. *Translations from the Philosophical Writings of Gottlob Frege*. (FD)

_______.(1970). "Frege on Russell's Paradox". trans. by Geach. P. T. *Translations from the Philosophical Writings of Gottlob Frege*. (FRP)

_______.(1970). "Function and Concept". trans. by Geach. P. T. *Translations from the Philosophical Writings of Gottlob Frege*. (FC)

_______.(1970). "Illustrative Extracts from Frege's Review of Husser's Philosophie der Arithmetik" trans. by Geach. G. *Translations from the Philosophical Writings of Gottlob Frege*. (IE)

_______.(1970). "Negation". trans. by Geach. P. T. Translations *from the Philosophical Writings of Gottlob Frege*. (N)

_______.(1970). "On Concept and Object". trans. by Geach. P. T. *Translations from the Philosophical Writings of Gottlob Frege*. (CO)

_______.(1970). "On Sense and Reference". trans. by Max Black. *Translations from the Philosophical Writings of Gottlob Frege.* (SR)

_______.(1970). "Translation of Parts of some Points in E. Schroeder's Grundgesetze der Arithmetik. trans. by Jourdain. P. E. B. & Stachelroth. J. *Translations from the Philosophical Writings of Gottlob Frege.* (GDA)

_______.(1979). "Begriffsschrift" (Chapter1). trans. by Geach. P. T. *Translations from the Philosophical Writings of Gottlob Frege.* (B)

_______.(1979). *Posthumous Writings*. trans. by Long. P. & White. R. Chicago: Chicago Univ. Press. (PW)

_______.(1979). *Translations from the Philosophical Writings of Gottlob Frege.* ed. by Geach. G. & Max Black. Oxford: Basil Blackwell. (PWF)

______.(1980). *The Foundations of Arithmetic*. trans. by Austin J. L. 2nd ed. Evanston: Northwestern Univ. Press. (FA)

______.(1982). *The Basic Laws of Arithmetic.* trans. & ed. by Furth. M. Berkley & Losangeles. Univ. of California Press. (BLA)

______.(1988). "“Prototypes” and “Fuzziness” in the Logic of Concepts". Synthese, 75. Kluwer Academic Publishers.

Gabbay, D. M.(ed).(1994). *What is a Logical System*. Oxford: Clarendon Press.

Garver, N.(1994). "Naturalism and Transcendentality: The Case of 'Form of Life'". *Wittgenstein and Contemporary Philosophy*. ed. S. Teghrarian. England: Thoemmes Press.

Garver, N. and Lee, Seung-Chong.(1994). *Derrida & Wittgenstein*. Philadelphia: Temple Univ. Press.

Gier, N. S.(1981). *Wittgenstein And Phenomenology*. Albany: State Univ. of New York Press.

Gödel, K.(1986). "An interpretation of the intuitionistic propositional calculus". *Collected Works*. vol. 1. ed. S. Feferman. Oxford: Oxford Univ. Press.

Goguen, J. A.(1973/1981). "Concept Representation in Natural and Artificial Languages: Axioms, Extensions and Applications for Fuzzy Sets". *Fuzzy Reasoning and its Applications*.

Goldstein, L.(1989). "Wittgenstein and Paraconsistency". *Paraconsistent Logic*. (eds.) G. Priest et. al.. M nchen: Philosophia Verlag GmbH.

Guthrie, W. K. C.(1978). *A History of Greek Philosophy*. vol. V. Cambridge: Cambridge Univ. Press.

Haack, S.(1996). *Deviant Logic, Fuzzy Logic; Beyond the Formalism.* Chicago: The Univ. of Chicago Press.

Hacking, I.(1994). *What is Logic*. ed. by D. M. Gabbay. Oxford: Clarendon Press.

Hanfling, O.(1976). "Hume and Wittgenstein". *Impressions of Empiricism.* ed. G. Vesey. London: Macmillan.

Heyting. A.(1956). "Arithmetic". *Intuitionism: An Introduction.* (A)

______.(1956). "Disputation". *Intuitionism: An Introduction.* (D)

______.(1956). *Intuitionism: An Introduction*. Amsterdam: North-Holland Publishing Company.

______.(1956). "Logic". *Intuitionism: An Introduction.* (L)

______.(1956). "The intuitionist foundations of mathematics". *Philosophy of Mathematics.* (IFM)

______.(1989). "The intuitionist foundations of mathematics". *Philosophy of Mathematics.* 2nd ed.

Hilbert, D. and Ackermann, W.(1950). *Principles of Mathematical Logic*. New York: Chelsea Publishing Co..

______.(1977a). "The foundations of Mathematics". *From Frege to Gödel.*

______.(1977b). "On the infinite". *From Frege to Gödel.*

Hintikka, J. and Hintikka, M. B.(1986). *Investigating Wittgenstein*. Oxford: Basil Blackwell Ltd.

______. and Remes, U.(1974). The Method of Analysis. Dordrecht: D. Reidel Publishing Co. Hughes, G. E. and Cresswell, M. J.(1996). *An Introduction to Modal Logic*, London, Routledge.

Hume, D.(1951). *A Treatise of Human Nature*. Oxford: At the Clarendon Press. (『논고H』 & T)

______.(1957). *Enquiries Concerning the Human Understanding*. 2nd ed. Oxford: At the Clarendon Press. 1957. (E)

Husserl, E.(1970). *Philosophie der Arithmetik(1890-1901)*. Husserliana Band XII. herausgegeben von Eley. L.

Kant, I.(1920). *Prolegomena.* Leipzig: Verlag von Felix Meiner.

______.(1956). *Kritik der Reinen Vernunft*. Hamburg: Felix Meiner Verlag.

Kapp, E.(1967). *Greek Foundations of Traditional Logic*. New York: AMS Press.

Kielkopf, C. F.(1970). *Strict Finitism: An Introduction of Ludwig Wittgenstein's REMARKS ON THE FOUNDATIONS OF MATHEMATICS.* Mouton: the Hague.

Kirk, G. S.(1983). *The Presocratic Philosophers.* 2nd ed. Cambridge: Cambridge Univ. Press.

Kneale, W. and Kneale, M.(1978). *The Development of Logic.* Oxford: Clarendon Press.

Kohout, L. J.(1995). *Non-Classical Logics and Their Applications to Fuzzy Subsets.* Dordrecht: Kluwer Academic Publishers.

Kreisel, G.(1956). "Hilbert's Programme". *Philosophy of Mathematics.* 207-238쪽.

Kreisel, G.(미발표). *About Logic and Logicians*. vol. I: Philospphy.

Kripke, S. A.(1982). *Wittgenstein on Rules and Private Language*. Cambridge: Harvard Univ.Press.

Kuhn, T. S.(1975). *The Structure of Scientific Revolution.* 2nd ed. Chicago: The Univ. of Chicago Press.

Leinfellner, W.(1981). "The development of transcendentalism-Kant, Schopenhauer and Wittgenstein". *Wittgenstein Aesthetics And Transcendental Philosophy*. herausgegeben von K. S. Johannessen & T. Nordenstam. Wien: Verlag H lder-Pichler-Tempsky.

Lewis, C. I..(1918). *Symbolic Logic*. Berkley and Los Angeles: Univ. of California Press.

Lewis, D. K..(1973). *Counterfactuals. Oxford*: Basil Blackwell.

Lukasiewicz, J.(1970). *JAN LUKASIEWICZ Selected Works*. ed. by L. Borkowski.Amsterdam·London: North-Holland Publishing Co..

Maddy, P.(1990). *Realism in Mathematics*. Oxford: Clarendon Press.

______.(1997). *Naturalism in Mathematics.* Oxford: Clarendon Press.

Mares, E. D.(2004). *Relevant Logic,* Cambridge, Cambridge Univ. Press.

Marion, M.(1998). *Wittgenstein, Finitism,* and the Foundations of Mathematics. Oxford: Clarendon Press.

Mohanty, J. N.(1994). "Husserl's 'Logic of Truth'", *Mind, Meaning and Mathematics.* Dordrecht: Dkluwer Academic Publishers.

Munitz.(ed).(1973). *Logic and Ontology.* New York: New York Univ. Press.

Plato.(1921). "Theaetetus, Sophist". *The Loeb Classical Library.* no. 123. trans. by H. N. Fowler.

______.(1925). "The Statesman, Philebus, Ion". *The Loeb Classical Library.* no. 164. trans. by H. N. Fowler. & W. R. M. Lamb.

______.(1970). "Theaitetos, Der Sophist, Der Staatsmann". *Platon Werke*, VI. Herausgeben von G. Eigler. Darmatadt: Wissenschaftliche Buchgesellschaft.

______.(1982). *The Collected Dialogues of PLATO* 2. ed. by E. Hamilton & H. Cairns. New Jersey: Princeton Univ. Press.

Priest, G., and Routley, R.(1989a). "The history of paraconsistent logic: I. first historical introduction". *Paraconsistent Logic.*

Priest, G., and Routley, R.(1989b). "Systems of Paraconsistent logic: V. Systems of Paraconsistent logic". *Paraconsistent Logic.*

Quine, W. V.(1963). "Two dogmas of empiricism". *From A Logical Point of View*. New York: Harper & Row Publishers.

______.(1964). *Word and Object*. Cambridge: The MIT Press.

______.(1982). *Method of Logic.* 4th ed. Cambridge: Harvard Univ. Press.

______.(1989). "Truth by Convention". *Philosophy of Mathematics.*

Ramsey, F. P.(1954). *The Foundations of Mathematics and other Logical Essays.* ed. by R. B. Braithwaite, New York: the Humanities Press.

______.(1990). *Notes on Philosophy, Probability and Mathematics.* ed. M. C. Galavotti. Naples: Bibliopolis.

Rescher, N.(1968). *Topics in Philosophical Logic.* Dordrecht: D. Reidel Publishing Co..

Resnik, M. D.(1980). *Frege and The Philosophy of Mathematics.* London: Cornell Univ. Press.

______.(1996). "Ought There to be but One Logic?". *Logic and Reality*. ed. by B. J. Copeland. Oxford: Clarendon Press.

Rosen, S.(1983). *Plato's Sophist: The Drama of Original and Image*. London: Yale Univ. Press.

Ross, W. D.(1949). *Aristotle's Prior and Posterior Analytics.* London: Clarendon Press.

______.(1953). *Plato's Theory of Ideas*. 2nd ed. Oxford: Clarendon Press.

Russell, B.(1923). "Vagueness". Australasian J. Psychol. Philos. 1. (S. Haack(1996)에서 재인용)

______.(1956). "On the Nature of Acquaintance(1914)". *Logic and Knowledge*.

______.(1956). "On the Relations of Universals and Particulars(1911)". *Logic and Knowledge*. New York: The Macmillan Company.

______.(1980). "The law of Excluded Middle". *An Inquiry into Meaning and Truth*. London: Unwin Paperbacks. (LEM)

______.(1980). *The Problems of Philosophy*. Oxford: Oxford Univ. Press. (PP)

______.(1984). *Theory of Knowledge, 1913 Manuscript.* ed. by Eames. E. R. London: George Allen & Unwin Ltd. (TK)

______.(1998). *Principia Mathematica.* vol. I. 2ed ed. Cambridge: Cambridge Univ. Press. (PM)

Sanches, E.(1979). "Compositions of Fuzzy Relation". *Advances in Fuzzy Set Theory and Applications.* ed. by Gupta. M. M. Amsterdam: North-Holland Publishing Co..

Sayre, K. M.(1969). *Plato's Analytic Method.* Chicago: Univ. of Chicago Press.

______.(1983). *Plato's Late Ontology.* New Jersey: Princeton Univ. Press.

Schwyzer, H.(1986). "Thoughts and Reality: The Metaphysics of Kant and Wittgenstein". *Wittgenstein: Critical Assessments.* vol. II. 34.

Shanker, S. G.(1986). "Introduction: the portals of discovery". *Ludwig Wittgensteion: Critical Assessments*, vol. 3, London, Croom Helm Ltd.

Smith, B.(1994). "Husserl's Theory of Meaning and Reference". *Mind, Meaning and Mathematics.*

Smith, R.(1995). "Logic". *The Cambridge Companion to Aristotle.* ed. by J. Barnes. Cambridge: Cambridge Univ. Press.

Stalnaker, R. C..(1968). "A theory of conditionals". *Studies in Logical Theory.* Oxford: Blackwell.

Staten, H.(1986). *Wittgenstein and Derrida*. London: Univ. of Nebraska Press.

Strawson, P. F.(1985). *Skepticism and Naturalism: Some Varieties*. New York: Columbia Univ. Press.

Tietzen, R.(1994). "The Philosophy of Arithmetic: Frege and Husserl". Mind, Meaning and

Mathematics.

Troelstra, A. N. and van Dalen, D.(1988). *Constructivism in Mathematics* : An Introduction, i, Amsterdam: North-Holland.

Turner, R.(1984). *Logics For Artificial Intelligence*. Chichester: Ellis Horwood Limited.

Vlastos, G.(1973a). *"An Ambiguity in the Sophist". Platonic Studies*. New Jersey: Princeton Univ. Press.

______.(1973b). "The Unity of Virtues in the *Protagoras*". *Platonic Studies.*

Weyl, H.(1949). *Philosophy of Mathematics an Natural Science*. Princeton: Princeton Univ. Press.

______.(1968). *Gesammelte Abhandlungen*, ii, ed. K. Chandrasekharan. Berlin: Springer.

Wittgenstein, L.(1959). "Wittgenstein's Lectures, in 1930-3", in G. E. Moore, *Philosophical Papers.* London: Allen & Unwin. (M)

______.(1959). "Wittgenstein's Lectures, in 1930-3", in G. E. Moore, *Philosophical Papers.* London: Allen & Unwin. (M)

______.(1965). The Blue and Brown Books. New York: Harper & Raw Publishers. (BB)

______.(1967). *Zettel.* ed. by Anscombe. G. E. M. Berkeley & Los Angeles: Univ. of California Press. (Z)

______.(1969). *Notebooks 1914-1919.* ed. by von Wright. G. H. & Anscombe. G. E. M. Oxford: Basil Blackwell. 1969. (NB)

______.(1969). "Note On Logic". *Notebooks* 1914-1919. (NL)

______.(1969). *Philosophische Grammatik. Heraus.* von. R. Rhees. Oxford: Basil Blackwell. (PG)

______.(1972). *On Certainty.* ed. by Anscomb. G. E. M. & von Wright. G. H. trans. by Paul. D. & Anscomb. G. E. M. New York: Harper & Raw Publishers Inc.. (OC)

______.(1973). *Letters to Ogden. C. K.* ed. by von Wright. G. H. Oxford: Basil Blackwell. (L)

______.(1974). *Bemerkungen ber die Grundlagen der Mathematik.* Schriften 6. (RFM)

______.(1975). *Philosophical Remarks.* ed. by Rhees. trans. by R. Hargreaves. & R. White. New

York: Harper & Raw Publishers Inc.. (PR)

______.(1976). *Wittgenstein's Lectures on the Foundations of Mathematics Cambridge, 1939.* ed. by Diamond. C. New York: Cornell Univ. Press. (LFM)

______.(1978). *Philosophical Investigations.* trans. by Anscombe. G. E. M. Oxford: Basil Blackwell. (PI)

______.((1979). *Wittgenstein's Lectures, Cambridge* 1932-35, (ed.) A. Ambrose, Chicago, University of Chicago Press. (LWL2)

______.(1980). *Culture and Value*. ed. by von Wright. G. H. trans. by Winch. P. Oxford: Basil Blackwell. (CV)

______.(1980). *Philosophische Bemerkungen*. Schriften 2. Frankfurt am Main: Suchkamp Verlag. (PR)

______.(1980). *Wittgenstein und der Wiener Kreis von Friedrich Waismann.* Schriften 3. (WWK)

______.(1980). *Wittgenstein's Lectures, Cambridge* 1930-32, (ed.) D. Lee, Chicago, University of Chicago Press. (A)

______.(1980). Wittgenstein's Lectures, *Cambridge 1930-32*, from the notes of J. King & D. Lee, M. Anscombe, (Oxford: Blackwell), (LWL)

______.(1981). *Tractatus Logico-Philosophicus.* trans. by Ogdan. C. K. Routledge Kegan Paul Ltd. 1981. (TLP)

______.(1982). *Last Writings on the Philosophy of Psychology.* vol. 1. ed. by von Wright. G. H.trans. by Luckhardt. C. G. & Aue. M. A. E. Oxford: Basil Blackwell. (LPP)

______.(1982). *Bemerkungen ber die Philosophie der Pshcologie.* Schriften 8. (BPP)

______.(1985). *Lectures & Conversations on Aesthetics, Psychology and Religious Belief.* ed. by Barrett. G. C. Berkley: Univ. of California Press. (LC)

______.(1995). *Ludwig Wittgenstein: Cambridge Letters.* (eds) B. McGuinness & G. H. von Wright, Oxford: Blackwell. (LWC)

______.(1997). 『수학의 기초에 관한 고찰』. 박정일 옮김. 서울: 서광사.

Wright, C.(1980). *Wittgenstein on the Foundations of Mathematics.* Cambridge: Harvard Univ. Press.

Zadeh, L. A.(1972/1987). "A Fuzzy-Set-Theoretic Interpretation of Linguistic Hedges". *Fuzzy Sets and Applications: Selected Papers by L. A. Zadeh.* (FILH)

______.(1976a/1987). "A Fuzzy-Algorithmic Approach to the Definition of Complex or imprecise Concepts". *Fuzzy Sets and Applications: Selected Papers by L. A. Zadeh.* (FADC)

______.(1976b/1987). "The Concept of a Linguistic Variable and its Application to Approximate Reasoning". *Fuzzy Sets and Applications: Selected Papers by L. A. Zadeh.* (CLV)

______.(1979/1987). "A Theory of Approximate Reasoning". *Fuzzy Sets and Applications: Selected Papers by L. A. Zadeh*. (TAR)

______.(1984a/1987). "Coping with the Imprecision of the Real World: An Interview with Lofti A. Zadeh". *Fuzzy Sets and Applications: Selected Papers by L. A. Zadeh.* (FSA)

______.(1986). "Outline of a Theory of Usuality Based on Fuzzy Logic". *Fuzzy Sets Theory and Applications.* ed. by Jones. A.(외) Dordrecht: D. Reidel Publishing. Co.

______.(1987). "A Computational Approach to Fuzzy Quantifiers in Natural Language". *Fuzzy Sets and Applications: Selected Papers by L. A. Zadeh.* (CAFQ)

______.(1987). *Fuzzy Sets and Applications: Selected Papers by L. A. Zadeh.* ed. by Yager. R. R.(외) New York: John Willy & Sons. (FSA)

______.(1987). "Fuzzy Sets". *Fuzzy Sets and Applications: Selected Papers by L. A. Zadeh*.

______.(1987). "Fuzzy Sets as a Basis for a Theory of Possibility". *Fuzzy Sets and Applications: Selected Papers by L. A. Zadeh.* (FST)

______.(1987). "PRUF-A Meaning Representation Language for Natural Languages". *Fuzzy Sets and Applications: Selected Papers by L. A. Zadeh. (PRUF)*

______.(1987). "Similarity Relations and Fuzzy Orderings". *Fuzzy Sets and Applications: Selected Papers by L. A. Zadeh.*

______.(1987). "Syllogistic Reasoning in Fuzzy Logic and its Application to Usuality and Reasoning with Dispositions". *Fuzzy Sets and Applications: Selected Papers by L. A. Zadeh.* (SRFL)

______.(1987). "The Role of Fuzzy Logic in the Management of Uncertainty in Expert Systems". *Fuzzy Sets and Applications: Selected Papers by L. A. Zadeh.* (RFL)

Zinov'ev, A. A.(1963). *Philosophical Problems of Many-valued Logic.* (eds. & trs.) G. K ng & D.D. Comey. Dordrecht: D. Reidel Publishing Co

찾아보기

ㅇ

ㅈ

ㅊ

ㅋ

ㅌ

ㅍ

ㅎ

논리철학

배중률에 대한 철학적 반성

지은이 양은석
펴낸이 이남호
펴낸곳 전북대학교출판문화원

초판 1쇄 인쇄 2015. 9. 10
초판 1쇄 발행 2015. 9. 15

전북대학교출판문화원 전라북도 전주시 완산구 어진길 32 (풍남동2가)
기획 송덕호
디자인 이소형, 이진영
회계 · 행정 이진주
전화 (063) 219-5321~2
FAX (063) 219-5323
출판등록 2012년 8월 20일 제465-2012-000021호

값 25,000원

ISBN 978-89-98534-69-1 94170
ISBN 978-89-98534-66-0(세트) 94080

이 도서의 국립중앙도서관 출판예정도서목록(CIP)은 서지정보유통지원시스템 홈페이지(http://seoji.nl.go.kr)와 국가자료공동목록시스템(http://www.nl.go.kr/kolisnet)에서 이용하실 수 있습니다. (CIP제어번호 : CIP2015023474)